Integrierte Prozessmodellierung mit ARIS

Frank R. Lehmann ist Professor für Wirtschaftsinformatik an der Berufsakademie Ravensburg. Seine Lehrgebiete sind Geschäftsprozessmanagement, Modellierung mit ARIS, Organisation, E-Business und Informationsmanagement. Weiter hat er einen Lehrauftrag an der privaten Fachhochschule AKAD.

Zuvor war er in der Zentrale der Commerzbank AG, Frankfurt/M., Zentraler Servicebereich Information Technology Support, tätig. Seine Arbeitsgebiete waren dort Geschäftsprozessmodellierung mit ARIS, Datenmodellierung und die Gestaltung der Anwendungslandschaft.

Frank R. Lehmann

Integrierte Prozessmodellierung mit ARIS

dpunkt.verlag

Frank R. Lehmann
lehmann@ba-ravensburg.de

Lektorat: Christa Preisendanz
Copy-Editing: Ursula Zimpfer, Herrenberg
Herstellung: Birgit Bäuerlein
Umschlaggestaltung: Helmut Kraus, www.exclam.de
Druck und Bindung: Koninklijke Wöhrmann B.V., Zutphen, Niederlande

Fachliche Beratung und Herausgabe von dpunkt.büchern im Bereich Wirtschaftsinformatik:
Prof. Dr. Heidi Heilmann · Heidi.Heilmann@t-online.de

Bibliografische Information Der Deutschen Bibliothek
Die Deutsche Bibliothek verzeichnet diese Publikation in der Deutschen Nationalbibliografie; detaillierte bibliografische Daten sind im Internet über <http://dnb.ddb.de> abrufbar.

ISBN 978-3-89864-497-6

1. Auflage 2008

Ringstraße 19
69115 Heidelberg

5 4 3 2 1 0

Vorwort

Warum erscheint ein Buch zur Prozessmodellierung gemäß der Architektur integrierter Informationssysteme (kurz: ARIS), deren Kern die weithin bekannten ereignisgesteuerten Prozessketten (kurz: EPK) darstellen, jetzt? Vorgestellt wurden die EPKs bereits 1992 von den Herren Keller, Nüttgens und Scheer (vgl. [Keller et al. 1992]), sodass Kritiker einwerfen könnten, dass sie mittlerweise ein alter Hut seien. In der Tat handelt es sich bei EPKs nicht um eine Modeerscheinung, sondern um eine verbreitete, erfolgreiche und kontinuierlich weiterentwickelte Modellierungsmethode. Man denke in diesem Zusammenhang nur an die beständige Zunahme der zugehörigen Diagrammarten, die in der ARIS-Fachsprache »Modelltypen« genannt werden. Aber auch die Zahl der Symbole, die innerhalb des zentralen Modelltyps *eEPK* (eEPK = erweiterte EPK) zur Verfügung stehen, hat stark zugenommen. EPKs haben sich seit ihrer erstmaligen Vorstellung kontinuierlich zu einem Quasistandard in der fachlichen Modellierung von Geschäftsprozessen entwickelt.

Der Charme von EPKs liegt in der Kombination aus hoher Anschaulichkeit einerseits und sehr weitreichenden Modellierungsmöglichkeiten andererseits. EPKs werden somit wegen der Einfachheit vieler ihrer Konstrukte und wegen ihrer im Vergleich zu anderen Möglichkeiten der Prozessdarstellung auch für Laien in der Informationstechnik gegebenen leichten Lesbarkeit geschätzt. Gleichzeitig werden jedoch die Herausforderungen, die ihre Anwendung im Falle von komplexeren Aufgabenstellungen in der Praxis oft mit sich bringt, auch gerne unterschätzt.

Es ist folgerichtig relativ leicht, sich Grundlagenkenntnisse in der EPK-Modellierung anzueignen bzw. Grundlagenwissen über EPKs in groben Zügen darzustellen. Völlig zu Recht haben die Grundlagen der EPKs Eingang in die meisten einschlägigen Lehrbücher der Wirtschaftsinformatik und verwandter Gebiete gefunden. Die Darstellung dort ist in aller Regel kompakt gehalten, wodurch der grundsätzlich richtige Eindruck der Anschaulichkeit und leichten Erlernbarkeit verstärkt wird. Etwas tiefer in die Modellierung steigen Werke ein, die sich mit der Analyse und dem Management von Geschäftsprozessen beschäftigen, ob im Kontext der Einführung von Standardsoftware oder unabhängig davon, wobei dort das Thema der Modellierung von Prozessen zwangsläufig nur einen Themenbereich neben anderen darstellt.

Es fehlt allerdings eine aktuelle und umfassende Einführung, die sich speziell dem Thema »Prozessmodellierung mit ARIS«, d.h. EPKs und den wesentlichen anderen Modelltypen zur multiperspektivischen und integrierten Modellierung von Geschäftsprozessen, widmet und sich deshalb auch mit Aspekten der fortgeschrittenen Modellierungsarbeit beschäftigen kann. Diese Lücke – auf die nicht nur von studentischer Seite immer wieder hingewiesen wird, sondern die auch in der Unternehmenspraxis nicht selten festgestellt wird – soll dieses Buch schließen. Es beruht auf langjähriger eigener Modellierungserfahrung sowie umfangreichen Literaturrecherchen, womit insgesamt ein großes Reservoir an Erfahrungen aus Theorie und Praxis erschlossen wird. Bewusst wird in diesem Buch auf eine zu starke Orientierung am Werkzeug ARIS® oder sogar einer bestimmten Version desselben verzichtet, um eine möglichst breite und anhaltende Verwendbarkeit seiner Inhalte zu gewährleisten.

Zu danken ist in diesem Zusammenhang den ehemaligen Kollegen aus meiner Zeit bei der Commerzbank AG für die zahlreichen Diskussionen im Kontext Modellierung mit ARIS. Ebenso wertvoll für ein solches Buch waren auch die vielfältigen, nicht selten kritischen Fragen und Anmerkungen seitens zahlreicher Studierender gegenüber der Methode ARIS und/oder dem Werkzeug ARIS®, wobei die Differenzierung nicht immer leicht fiel. Diese spiegelten dabei oft ihre Erfahrungen aus der Unternehmenspraxis wider. Zur Vertiefung einzelner Aspekte dienten zahlreiche Diskussionen mit einer ganzen Reihe von Diplomandinnen und Diplomanden, die sich in ihren Diplomarbeiten mit dem Einsatz von ARIS zur Geschäftsprozessmodellierung in der Praxis auseinandergesetzt haben. Von Nutzen waren auch die Ergebnisse der in den letzten Jahren durchgeführten studentischen Projekte im Studiengang Wirtschaftsinformatik der Berufsakademie Ravensburg, die sich mit verschiedenen fortgeschrittenen Themen des ARIS-Einsatzes beschäftigt haben. Für die Darstellung häufiger Modellierungsfehler war die Auswertung typischer Anfängerfehler, die im Rahmen von Übungen in den Einführungsveranstaltungen in die Geschäftsprozessmodellierung mit ARIS sowie den entsprechenden schriftlichen und mündlichen Prüfungen immer wieder gemacht werden, sehr nützlich.

Besonderer Dank gilt darüber hinaus meinem Kollegen Herrn Prof. Dr. Michael Bächle für seine motivationsfördernde Unterstützung des Vorhabens, der Herausgeberin der Reihe, Frau Prof. Dr. Heidi Heilmann, für ihre akribische und konstruktive Begutachtung des Manuskripts, Frau Prof. Dr. Susanne Strahringer für ihre Hinweise und ihre nützlichen Erweiterungsvorschläge und schließlich der Lektorin Frau Christa Preisendanz, die die Zusammenarbeit mit dem Verlag in gewohnter Weise gleichermaßen angenehm als auch zielorientiert gestaltete.

Trotz aller eingeflossenen Sorgfalt wird sich mit Sicherheit noch der ein oder andere Fehler finden. Hinweise darauf oder auch inhaltliche Verbesserungsvorschläge werden gerne entgegengenommen. Des Weiteren bedingen die Mächtigkeit und die relative Offenheit der Konzeption ARIS, dass zwangsläufig an einigen Stellen subjektiv gefärbte Antworten auf Modellierungsfragen in Form von Empfehlungen gegeben werden müssen, die auf individuellen Erfahrungen und Einschätzungen beruhen, aber selbstverständlich nicht den Anspruch absoluter Wahrheiten erheben. Sein Ziel erreicht hat das Buch, wenn bei Leserinnen und Lesern – dieses eine Mal sei stellvertretend für alle anderen entsprechenden Stellen im Buch diese umständliche Formulierung gewählt – ein strukturiertes Gesamtbild der ARIS-Methode entsteht, das nicht vorrangig auf dem Niveau einfacher Modellierungsbeispiele stehen bleibt, sondern dazu beiträgt, die Potenziale und Herausforderungen der Methode im Zusammenhang mit ihrem umfassenden Einsatz in der Praxis realistisch einschätzen zu können.

Frank R. Lehmann

Ravensburg, im August 2007

Inhaltsverzeichnis

Anhang

1 Einleitung

1.1 EPKs und ARIS

ARIS steht heute für die »Architektur integrierter Informationssysteme«. In der Anfangszeit stand das Akronym ARIS für die »Architektur integrierter Systeme«, dies wurde jedoch im Laufe der Zeit präzisiert. Die ereignisgesteuerten Prozessketten (EPKs) bilden die zentrale Beschreibungssprache und damit den Kern der Methode ARIS. Für Einsteiger ist es manchmal verwirrend, dass ARIS und EPKs oftmals gleichgesetzt werden. Dies bedeutet, es wird meist stillschweigend vorausgesetzt, dass – selbst wenn nur von EPKs gesprochen wird – auch andere Modelltypen der ARIS-Methode zur Modellierung verwendet werden können, zum Beispiel *Wertschöpfungskettendiagramme, Funktionszuordnungsdiagramme, Ereignisdiagramme, Funktionsbäume oder Organigramme*, die nicht alle zur Modellierung von Prozessen, sondern vielmehr zur ergänzenden Modellierung von Daten, Funktionen, Organisationseinheiten usw. eingesetzt werden. Mit dem hier gewählten Titel »Integrierte Prozessmodellierung mit ARIS« soll genau dieses für die ARIS-Methode charakteristische Zusammenspiel mehrerer Modelltypen zur ganzheitlichen Modellierung von Prozessen ausgedrückt werden.

In der Praxis ist die Methode ARIS sehr eng mit dem entsprechenden Werkzeug der IDS Scheer AG verbunden, wenngleich z.B. der zentrale Modelltyp *eEPK* auch von diversen anderen Modellierungswerkzeugen unterstützt wird. Die Modelle in diesem Buch wurden deshalb zwar mithilfe des Werkzeugs ARIS® erstellt, jedoch wird der Einsatz dieses Werkzeugs nicht zwingend vorausgesetzt. ARIS® ist dabei eine eingetragene Marke der IDS Scheer AG. Ein Hinweis: »ARIS®« wird in diesem Buch verwendet, um auf das Werkzeug und damit ein Produkt der IDS Scheer AG Bezug zu nehmen. »ARIS« bezieht sich dementsprechend auf die Methode bzw. Konzeption ARIS, unabhängig von ARIS® bzw. einer bestimmten Version desselben.

Es wird ausdrücklich nicht beabsichtigt, eine konkrete Einführung in (das Werkzeug) ARIS® und seine Bedienung zu geben. Hierfür sei auf andere Werke und insbesondere auf die entsprechenden Dokumente des Anbieters IDS Scheer

AG verwiesen. In einem abschließenden Kapitel werden jedoch wesentliche Prinzipien und Potenziale des Werkzeugeinsatzes betrachtet, so weit wie möglich ohne dabei auf eine konkrete Version oder Variante des Werkzeugs ARIS® einzugehen, genau wie es in allen anderen Kapiteln auch gehandhabt wurde. Selbstverständlich stellt dieses generelle Streben nach einer möglichst zeitlosen Darstellung der ARIS-Konzeption in Teilen eine Gratwanderung dar, da an einigen Stellen eben doch auf die Gegebenheiten bzw. den Entwicklungsstand einer konkreten ARIS®-Version Bezug genommen werden muss, etwa wenn es darum geht, den Symbolvorrat einer EPK zu klassifizieren. Wo es unbedingt notwendig ist, wird die entsprechende ARIS®-Version dementsprechend genannt.

Prinzipiell erlauben jedoch auch verbreitete Grafikwerkzeuge (z.B. Microsoft Office Visio) die Erstellung von EPK-Modellen, sodass eine zu enge Anlehnung dieses Buchs an eine bestimmte Version des Werkzeugs ARIS® nicht zuletzt aus diesem Grund vermieden wurde, d.h., dass man grundsätzlich Prozessmodellierung mit ARIS betreiben kann, ohne das Werkzeug ARIS® einzusetzen. Die Ausdrucksmächtigkeit von EPKs, die mit einem Grafikwerkzeug erstellt werden, aber auch die Möglichkeiten zur Navigation zwischen und zur Verknüpfung von Modellen sind im Vergleich zu speziellen Modellierungswerkzeugen – wie nicht anders zu erwarten – deutlich begrenzt. Insbesondere fehlt die zentrale Verwaltung der Modellierungsobjekte auf Basis eines Repositories mit allen damit verbundenen Vorteilen. Zu ARIS® konkurrierende Modellierungswerkzeuge bieten hier zum Teil eher vergleichbare Möglichkeiten, siehe dazu Abschnitt 6.1. Je nach Einsatzzweck kann es aber auch genügen, mit einem Grafikwerkzeug zu modellieren (siehe Abschnitt 6.3).

Zu Anfang kann die Modellierung oft sogar ganz ohne Werkzeug erfolgen. Papier – z.B. am Flipchart – genügt zunächst vollauf, insbesondere zur Diskussion der Entwürfe in einer Gruppe von Modellierungsbeteiligten. Aber auch wenn man allein modelliert, empfiehlt es sich, mit einem Entwurf auf Papier zu starten. Die Flexibilität dieses Mediums und seine leichte Handhabbarkeit sind in der Anfangsphase kaum zu schlagen. Sobald die Entwürfe einen gewissen Stabilitätsgrad erreicht haben, wird das Verlangen nach einer Unterstützung durch die Informationstechnik automatisch so groß, dass man ein geeignetes Werkzeug einsetzen wird. Man sollte jedoch nicht erwarten, dass danach Papier keine Rolle mehr spielen würde. Gerade bei komplexer werdenden Modellen und Modelllandschaften kommt man ohne Ausdrucke der Modelle auf Papier in der Regel nicht aus. Sie dienen zur Präsentation von Ergebnissen, häufiger jedoch zur Diskussion und zur skizzenhaften Einarbeitung von Änderungen.

1.2 Zielsetzung

Dieses Buch widmet sich sowohl der Vermittlung von Grundlagenwissen als auch dem Umgang mit komplexeren Modellen und dem Zusammenspiel mit anderen Modelltypen im Rahmen der ARIS-Methode, ergänzt um gesammelte Erfahrungen aus der Praxis bezüglich der Auswahl relevanter Modelltypen, der Modellierung spezieller Situationen und häufig festzustellender Modellierungsfehler. Zielgruppen sind deshalb gleichermaßen Studierende, Lehrende und Praktiker.

Ein wichtiges Ziel dieses Buchs besteht darin, das Thema so aufzubereiten, dass Antworten gegeben werden sowohl auf Fragen, die sich beim erstmaligen Einstieg in die EPK-Modellierung ergeben, als auch auf Fragen, die erst im Zuge fortgeschrittenerer Modellierungsaktivitäten auftreten. Doch selbstverständlich wird man auch hier nicht auf jede Frage, auf die man beim Modellieren stoßen kann, eine unmittelbar passende Antwort finden können. Anderes zu behaupten wäre schlichtweg unseriös. Eigene Modellierungserfahrung bzw. die Beratung durch erfahrene Modellierer lässt sich eben nur beschränkt ersetzen. Nichtsdestotrotz soll die Schwelle, ab welcher man ohne fremde Hilfe nicht weiterkommt, mit diesem Buch angehoben werden. Hierzu dient auch die Erläuterung der verschiedenen Regeln, die bei der Modellierung von EPKs eingehalten werden sollten, ergänzt um Vorschläge praxisbewährter Konventionen zur Organisation der arbeitsteiligen Modellierungsarbeit in einem Unternehmen.

Dieses Buch soll den Leser – gleichgültig ob Student, Lehrender oder Praktiker – insbesondere auch für Problembereiche der fortgeschrittenen Modellierung sensibilisieren, die dem unbedarften Anwender der Methode so gar nicht ohne Weiteres bewusst sein dürften. Dies geschieht mit dem Ziel, Aufwand und Nutzen nicht trivialer Prozessmodellierungsvorhaben realistisch einschätzen zu können. Es wird auf besondere Modellierungssituationen aufmerksam gemacht, für die Lösungsvorschläge jeweils beschrieben werden. Dies alles erfolgt mithilfe von Beispielen und Übungen, womit der Charakter des Lehrbuchs für dieses spezielle Thema unterstrichen werden soll. Das Buch eignet sich somit zum Selbststudium der Methode.

Wert gelegt wird in diesem Buch auf Verständlichkeit und Anwendbarkeit in der Praxis. Ganz bewusst wird deshalb auf die Darstellung der zahlreichen Ansätze für eine theoretische Fundierung der EPKs verzichtet, denn eine solche wirkt erfahrungsgemäß auf viele Praktiker und auch Studierende eher abschreckend, wie das Beispiel der Petrinetze nur zu gut belegt. Es war auch nicht Ziel der Urheber der Methode, eher betriebswirtschaftlich denkende Beteiligte an der Modellierung zu exaktem mathematischen Denken zu zwingen. Es geht stattdessen um die praktische Anwendung des Methodenbaukastens – manche sprechen auch von »Methodenfamilie« –, den ARIS bietet. Nichtsdestotrotz werden einleitend neben den notwendigen Grundbegriffen diejenigen Themen kurz vorgestellt, in die die Prozessmodellierung meist eingebettet ist, insbesondere das Geschäftsprozessmanagement. Ziel ist somit, dem Leser zu vermitteln, dass die Ergebnisse der EPK-Modellierung für den unbeteiligten Betrachter verständlich und in diesem Sinne einfach sein müssen, um die Vorteile des Ansatzes auszuschöpfen. Auf der anderen Seite soll offensichtlich werden, dass die Anwendung der EPK-Methode nicht in jedem Fall einfach sein muss, dass hier vielmehr entsprechend vertiefte methodische Kenntnisse und Erfahrungen vorhanden sein müssen, um nutzenstiftende Modelle zu entwickeln.

Dieses Buch soll folglich dazu beitragen, eventuell vorhandene Grundkenntnisse aufzufrischen, zu vertiefen und dabei von Praxiserfahrungen anderer zu profitieren. Gerade der letztgenannte Punkt sollte nicht unterschätzt werden, denn man lernt zwar – hoffentlich – aus den eigenen Fehlern, es ist jedoch bekanntlich wenig effizient, jeden möglichen Fehler selbst gemacht und viel zu häufig erst mit großer zeitlicher Verzögerung erkannt zu haben. Es lohnt sich somit, von erkannten Fehlern, die andere im Zusammenhang mit der EPK-Modellierung gemacht haben, zu lernen und sich dadurch manch schmerzvolle Erfahrung zu ersparen.

1.3 Aufbau und Nutzungshinweise

Das Buch umfasst neben der Einleitung und dem Ausblick fünf Kapitel, die ganz bewusst nicht gleichgewichtig sind, weder von der Bedeutung noch vom Umfang her betrachtet. Im **zweiten Kapitel** werden die für das Verständnis des Themas »Prozessmodellierung« notwendigen Grundlagen gelegt. Neben der kurzen Erörterung zentraler Grundbegriffe wird eine knappe allgemeine Einführung in die Prozessmodellierung vorgenommen. Diejenigen Leser, die sich mit den Themenkreisen »Geschäftsprozesse«, »Prozessorientierung«, »Modellierung« und »Prozessmodellierung« bereits hinlänglich beschäftigt haben, können dementsprechend dieses Kapitel überspringen.

Das **dritte Kapitel** behandelt zunächst das ARIS-Konzept. Vorgestellt werden neben konzeptionellen Grundlagen, z.T. symbolisiert durch das bekannte »ARIS-Haus«, auch spezielle ARIS-Grundbegriffe, die für das Verständnis dieses Buchs wichtig sind. Hauptsächlich werden jedoch für jede Sicht des ARIS-Hauses einige ausgewählte, wichtige Modelltypen vorgestellt, die im Rahmen einer empfehlenswerten Vorgehensweise zur Prozessmodellierung mit ARIS vor der eigentlichen EPK-Modellierung zum Einsatz kommen sollten. Die Struktur des Kapitels orientiert sich deshalb auch weitgehend am ARIS-Haus. Ausgeklammert bleibt an dieser Stelle jedoch bewusst der Modelltyp *eEPK*, da diesem ein eigenes Kapitel gewidmet ist. Lesen sollten das Kapitel 3 all diejenigen, die sich umfassend über die ARIS-Konzeption und das Zusammenspiel der verschiedenen Modelltypen informieren und die Besonderheiten der einzelnen Modelltypen »im Schatten der EPK« auch in Form von Übungen vertiefen möchten.

Die EPK-Modellierung selbst ist Gegenstand des zentralen **Kapitels 4**. Diejenigen unter den Lesern, die sich ausschließlich für EPKs interessieren, d.h. einen Überblick über Elemente, über einzuhaltende Modellierungsregeln, gängige Modellierungskonventionen und Strukturierungsmöglichkeiten zur Gliederung von Modellen gewinnen möchten, sollten die ersten Abschnitte dieses Kapitels durcharbeiten. Wer Anregungen zur Modellierung spezieller Ablaufkonstrukte bzw. zur Vermeidung verbreiteter Fehler holen möchte, kann direkt in die entsprechenden Abschnitte des Kapitels 4 einsteigen. Es ist folglich nicht zwingend erforderlich, dass Einsteiger in die EPK-Modellierung das vierte Kapitel auf Anhieb komplett durcharbeiten und verstehen müssen, um korrekte EPK-Modellierung betreiben zu können. Stattdessen empfiehlt es sich, diejenigen Abschnitte, die sich eher an Leser mit Modellierungserfahrung richten, zu denken ist an Teile der Abschnitte 4.3 und 4.4, insbesondere aber an die Abschnitte 4.5 und 4.6, zunächst auszuklammern. Im Zuge zunehmender Modellierungserfahrung kann dann später der Wiedereinstieg punktuell erfolgen, etwa um sich über bestimmte Modellierungsfehler oder Problemfälle in der Modellierung zu informieren, denn grundsätzlich hat eine ganze Reihe von Abschnitten neben ihrer Funktion in der Gliederungsstruktur des Buchs auch jeweils den Charakter eines kompakten Nachschlagewerks, ablesbar an dem Bestreben einer möglichst vollständigen Auflistung aller relevanten Aspekte.

Im **fünften Kapitel** werden praxiserprobte Hinweise zur Organisation der Modellierungsarbeit gegeben, die dann von Interesse sind, wenn nicht mehr allein oder lediglich für eine überschaubare Zielsetzung – gleichgültig ob zur Lösung von Übungsaufgaben im Studium oder zur groben Darstellung eines Prozesses für eine Präsentation in der Praxis – modelliert werden soll, sondern Prozessmodellierung mit EPKs in einer Organisation fest etabliert, arbeitsteilig realisiert und werkzeuggestützt integriert werden soll. Aus dem Gesagten lässt sich schlussfolgern, dass das fünfte Kapitel sich eher an Leser aus der Praxis richtet, die EPK-Modellierung tatsächlich in größerem Stile betreiben wollen.

Das **Kapitel 6** soll schließlich den Einsatz entsprechender Modellierungswerkzeuge am Beispiel von ARIS® veranschaulichen, indem wesentliche Prinzipien und Potenziale ihres Einsatzes vorgestellt werden, ohne eine konkrete Bedienungsanleitung bieten zu wollen. Es werden Auswahlkriterien bezüglich Modellierungswerkzeugen für Prozesse vorgestellt – denn selbstverständlich gibt es Alternativen zu ARIS® –, und es wird erörtert, inwieweit es genügen kann, ein Grafikwerkzeug für die Modellierungsarbeit einzusetzen. Das sechste Kapitel wendet sich somit an diejenigen Leser, die noch keine oder nur eine rudimentäre Erfahrung im Umgang mit einem Modellierungswerkzeug besitzen und eine Vorstellung von dessen Unterstützungsmöglichkeiten im Rahmen der Modellierungsarbeit gewinnen wollen, aber auch an Leser, die entscheiden wollen, welche Art von Werkzeugunterstützung sie benötigen. Es wird darüber hinaus deutlich gemacht, dass Modellierung mit ARIS im Rahmen der Ausbildung an Hochschulen und anderen Bildungseinrichtungen möglich ist, ohne das Werkzeug ARIS® einzusetzen, wobei im Einzelfall zu prüfen ist, ob die damit verbundenen Einschränkungen der praktischen Umsetzung der Inhalte mit den Lernzielen in Einklang zu bringen sind.

2 Grundlagen

2.1 Grundbegriffe

Quasi alle Begriffe, die im weitesten Sinne Abläufe beschreiben, haben etwas gemeinsam: Sie besitzen keine allgemein anerkannte eindeutige Definition und werden dementsprechend facettenreich benutzt. Dies geht bis hin zu eher fragwürdigen Verwendungen. Mertens spricht in diesem Zusammenhang von »Plastikwörtern«, die im Zuge aktueller Modeerscheinungen für alle möglichen und eben auch vom Wortsinn her unmöglichen Einsatzgebiete angewendet werden, explizit nennt er unter anderem »Geschäftsprozess«, »Prozess« und »Optimierung« [Mertens 2006, S. 38].

Gerade deswegen ist es notwendig, entsprechende begriffliche Festlegungen für die folgenden Betrachtungen zu treffen, ohne in umfassende Terminologieanalysen und -diskussionen einsteigen zu wollen.

2.1.1 Syntax und Semantik

Im Zuge der Modellierung hat man es mit Zeichen unterschiedlichster Art zu tun: grafischen Symbolen, Texten usw. Es lohnt sich deshalb, einen kurzen Blick auf die entsprechende Lehre von den Zeichen, die Semiotik, zu werfen. Klassisch werden hierbei drei semiotische Dimensionen unterschieden: Syntax (bzw. Syntaktik), Semantik und Pragmatik, die jeweils aufeinander aufbauen.

Bezogen auf eine Modellierungsmethode versteht man unter **Syntax** den formalen Aufbau eines Modells, insbesondere den korrekten Aufbau und das Harmonieren der verwendeten Konstrukte der Methode (vgl. [Brugger 2005]). Entsprechend ermitteln Syntaxprüfungen die Übereinstimmung eines Modells mit der vorgegebenen Notation der Modellierungsmethode. Es wird untersucht, ob Knoten, Kanten, Benennungen und ihre Verknüpfungen den Vorgaben entsprechen. Im Falle von EPKs ist beispielsweise syntaktisch in Form von Regeln vorgeschrieben, dass bestimmte Knotentypen sich abwechseln müssen und dass es keine isolierten – d.h. nicht mit anderen verbundenen – Knoten geben darf. Die

Einhaltung dieser Regel lässt sich übrigens bei Einsatz eines Modellierungswerkzeugs auch automatisiert überprüfen (siehe dazu Abschnitt 6.2.9.3).

Doch was versteht man unter einem Knoten? **Knoten** sind inhaltlich bedeutsame Symbole einer Modellierungsmethode. Es gibt in einer EPK Symbole für Ereignisse, Funktionen, Klassen, Entitytypen usw., die jeweils eine bestimmte Semantik, d.h. eine bestimmte Bedeutung, haben, z.B. stehen Ereignisse für betriebswirtschaftlich relevante Zustandsänderungen. **Kanten** sind Verbindungen zwischen Knoten, dargestellt als Linien. Diese können eine Richtung haben und deswegen mit Pfeilspitzen versehen werden, man spricht dann von **gerichteten Kanten**. Die Gesamtheit der Knoten und Kanten, die miteinander verbunden sind, wird auch als **Graph** bezeichnet. In der Praxis spricht man statt von einem Graphen jedoch oft schlicht und nicht ganz eindeutig von »Modell«.

Die **Semantik** befasst sich mit inhaltlichen Aspekten. Es geht gemäß [Brugger 2005] um

- **inhaltliche Korrektheit**, d.h. die Übereinstimmung des Prozessmodells mit der Realität,
- **inhaltliche Vollständigkeit**, d.h. die Beantwortung der Frage, ob der Informationsgehalt des Modells detailliert genug ist,
- **Verständlichkeit** für den Benutzer des Modells,
- **Konsistenz,** d.h., dass das Modell keine inhaltlichen Widersprüche aufweist, und
- **Prägnanz,** die sich an präzisen Benennungen und der Vermeidung von Redundanz ablesen lässt, ergänzt um
- **methodenspezifische Besonderheiten,** abhängig von den einzelnen Elementen einer Modellierungsmethode und ihres Zusammenspiels, für die EPK wird dies ausführlich in Kapitel 4 dargestellt.

Folglich beleuchtet die Semantik, ob ein Modell den betrachteten Realitätsausschnitt *richtig* abbildet, wobei dies keineswegs bedeutet, dass dazu jede Einzelheit abgebildet werden muss. Dargestellt werden nur diejenigen Einzelheiten, die für den Modellierungszweck relevant sind. So kann es zum Beispiel für die Abbildung eines Reservierungsprozesses in einem Hotel unerheblich sein, ob eine Reservierungsanfrage per Briefpost, per Telefax oder per E-Mail eintrifft, sodass als Auslöser eines solchen Prozesses ein Objekt »Schriftliche Anfrage eingetroffen« genügt, ohne dabei die verschiedenen Medien unterscheiden zu müssen. Wichtig ist jedoch, dass auch die entsprechenden Modellierungsregeln des eingesetzten Modelltyps, z.B. des Modelltyps *eEPK*, eingehalten werden, d.h., dass zur semantischen Korrektheit auch die syntaktische Korrektheit kommt.

Die dritte semiotische Dimension – die **Pragmatik** – beschäftigt sich mit der Nutzung der Zeichen. Modelle können dabei als strukturierte Sammlungen von Zeichen verstanden werden. Im Zentrum steht dabei die Frage, ob und wie die

Modelle genutzt werden. Es soll verhindert werden, dass Modelle um ihrer selbst Willen entstehen, es ist folglich stets eine Kosten-Nutzung-Abwägung vor Beginn der Modellierungsaktivitäten durchzuführen. Ziel muss es sein, die Ergebnisse der Modellierung als Grundlage für das Fällen von Entscheidungen, für das Verbessern betrieblicher Abläufe o.Ä. zu verwenden. Dies bedeutet, dass die Modelle auf ihre Nutzer einwirken sollen, indem sie sie über neue, von ihnen noch nicht durchdachte, gleichwohl jedoch wichtige Zusammenhänge informieren und sie zu entsprechenden Handlungen veranlassen sollen. Handlungen können dabei z.B. Veränderungen ihrer eigenen Arbeitsausführung, ihrer Zusammenarbeit mit vor- und nachgelagerten Beteiligten im Prozess oder das Formulieren von Verbesserungsvorschlägen sein. Modelle besitzen damit eine pragmatische Dimension, ähnlich wie Informationen, die durch Wichtigkeit, Neuigkeitscharakter, Kontextbezug und Handlungsrelevanz für den Empfänger geprägt sind und sich so von schlichten Daten deutlich abgrenzen lassen (vgl. z.B. den Informationsbegriff in [Kuhlen 2004]).

Die sogenannten **Grundsätze ordnungsmäßiger Modellierung** fassen syntaktische und vor allem semantische, aber auch pragmatische Anforderungen an ordnungsgemäß erstellte Modelle zusammen (vgl. [Rosemann 1996]). Sie müssen auch bei der Prozessmodellierung mit EPKs stets eingehalten werden:

- **Grundsatz der Richtigkeit**
  Er besagt, dass Modelle, z.B. EPKs, syntaktisch und semantisch korrekt sein müssen, d.h., dass sie einerseits regelkonform konstruiert sind (syntaktische Richtigkeit) – beispielsweise stets mit mindestens einem Ereignis beginnen (siehe Abschnitt 4.1) – und andererseits die Realität korrekt abbilden (semantische Richtigkeit).
- **Grundsatz der Relevanz**
  EPKs sollen nicht mehr Details enthalten, als für den Modellierungszweck jeweils notwendig ist, etwa durch sparsame Verwendung von Erweiterungsobjekttypen (siehe Abschnitt 4.1.2).
- **Grundsatz der Wirtschaftlichkeit**
  Der Erstellungsaufwand einer EPK muss in Relation zum Nutzen des Verwendungszwecks und der Dauer ihrer Verwendung in einem wirtschaftlichen Verhältnis stehen, die Modellierung von EPKs ohne konkrete Nutzungsvorstellungen verbietet sich damit von vornherein. Dass die Quantifizierung des Nutzens von Modellen im Vergleich zur Bestimmung der anfallenden Kosten meist ungleich schwerer fällt, stellt dabei die zentrale Herausforderung dar.
- **Grundsatz der Klarheit**
  Ein an der Modellierung unbeteiligter Betrachter muss eine EPK verstehen können, vorausgesetzt er ist der Modellierungssprache EPK grundsätzlich mächtig, d.h., er kennt die Bedeutung ihrer zentralen Elemente. Im Rahmen der Modellierung ist somit weniger auf elegante, raffiniert wirkende Kon-

strukte als vielmehr auf die Verständlichkeit der Modelle zu achten. Zur besseren Verständlichkeit der Modelle ist der bewusste Einsatz von Redundanz in den Modellen im Einzelfall durchaus zu rechtfertigen.

- **Grundsatz der Vergleichbarkeit**
  Wenn man sich verschiedene EPKs in einem Unternehmen (oder einer vergleichbaren Organisation) ansieht, so sollen sie leicht vergleichbar sein. Dies wird am besten dadurch erreicht, dass Konventionen (Vorgaben) für die Gestaltung von EPKs für alle Modellierer unternehmensweit verbindlich festgelegt werden, z.B., dass EPKs stets mit der Leserichtung und damit Ausrichtung von oben nach unten zu modellieren sind.
- **Grundsatz des systematischen Aufbaus**
  Dieser Grundsatz wird durch das sichtenorientierte Integrationskonzept von ARIS sehr gut unterstützt (siehe Abschnitt 3.1.1). Hierdurch lassen sich EPKs mit Modellen anderen Typs, zum Beispiel Daten- oder Funktionsmodellen, über gemeinsam verwendete Elemente verbinden.

2.1.2 Prozess

»Prozess« gehört wie einleitend erwähnt zu den vielfältig verwendeten Wörtern. Das Wort ist lateinischen Ursprungs (lat.: *procedere*) und bedeutet ganz allgemein so viel wie »Voranschreiten«, d.h. bezeichnet wird eine Abfolge von Schritten. In technisch geprägten Bereichen, z.B. im Bereich von Betriebssystemen und der Softwaretechnik oder auch in der Chemie, wird der Begriff etwas anders verwendet als im Bereich der betriebwirtschaftlich geprägten Betrachtung und Modellierung von Abläufen im Unternehmen (vgl. z.B. [Rump 1999]). Die betriebswirtschaftliche Sichtweise steht jedoch bei der EPK-Modellierung von ihrer Konzeption her eindeutig im Vordergrund, ablesbar beispielsweise an der Formulierung, dass Ereignisse in EPKs betriebswirtschaftlich relevante Zustände abbilden (vgl. [Keller et al. 1992]). Eher technisch geprägte Interpretationen des Prozessbegriffs sind somit hier grundsätzlich nicht von Bedeutung.

Ein Prozess weist in der Regel hierarchische Strukturen auf, d.h., ein Prozess kann in mehrere Subprozesse gegliedert werden. Ein Prozess bezeichnet zusammengehörige und in sich relativ geschlossene Einheiten von Arbeitschritten auf unterschiedlichen Detaillierungsebenen (vgl. [Specker 2005]). Häufig wird eine Transformation von Eingaben (Daten, physische Objekte) in Ausgaben mithilfe von Ressourcen vollzogen. Unklar ist jedoch bereits, ob ein Prozess einen klar definierten Anfang und ein klar definiertes Ende besitzen muss. Auch über den Empfänger der Prozessergebnisse wird nicht zwangsläufig etwas ausgesagt (vgl. z.B. [Schmelzer & Sesselmann 2006]).

2.1.3 Geschäftsprozess

Die Tatsache, dass es im Unternehmen sehr viele Prozesse gibt, die sich hinsichtlich Komplexität und Bedeutung für das Unternehmen teilweise ganz erheblich unterscheiden, man denke etwa an die Gegensätzlichkeit von Prozessen wie *Kreuzfahrtschiff bauen* und *Büromaterial einkaufen* bei einer Werft, hat dazu geführt, dass man für Prozesse, die für das Unternehmen aufgrund der Bedeutung ihrer Ergebnisse *und* ihrer Häufigkeit besonders wichtig sind, den Begriff des Geschäftsprozesses geschaffen hat.

Eng verknüpft mit dem Begriff des Geschäftsprozesses ist der Gedanke der Prozessorientierung, der die Funktionsorientierung bei der organisatorischen Gestaltung eines Unternehmens ablösen soll. Er geht auf [Hammer & Champy 1994] zurück, die ihn im Zuge der von ihnen vorgestellten Methode des Business Process Reengineering populär gemacht haben. Kerngedanke dieses Ansatzes ist die grundlegende Neugestaltung von Ablauf- und Aufbauorganisation eines Unternehmens. Die geforderte Radikalität der Umgestaltung verleiht dem Ansatz einen geradezu revolutionären Charakter.

Erfolgreich verlaufene Reorganisationsprojekte, die diesem umfassenden Anspruch genügen, sind jedoch kaum bekannt geworden. Die Beharrungskräfte der betroffenen Organisationsmitglieder waren in der Regel zu groß. Beispielsweise fürchteten Manager um ihren Einfluss und Mitarbeiter um ihren Arbeitsplatz sowie den Wert ihrer beruflichen Erfahrung. Aus diesem Grund kann Business Process Reengineering am ehesten dann zum Erfolg führen, wenn die betreffende Organisation »nichts mehr zu verlieren hat«, d.h. Manager und Mitarbeiter ohnehin wegen drohender Insolvenz vor dem Verlust ihrer Arbeitsplätze stehen, und die radikale Umgestaltung als letzte Chance diese abzuwenden gesehen werden kann, sodass kaum Widerstände dagegen zu erwarten sind. Ansonsten gibt es alternativ dazu auch sogenannte evolutionäre Methoden zur kontinuierlichen Verbesserung der Geschäftsprozesse, z.B. *Kaizen* und *Six Sigma*. Diese versprechen zwar keine Quantensprünge in der Prozessleistung, stoßen dafür jedoch in aller Regel auf deutlich geringere Widerstände in der Organisation.

Auch bezüglich des Begriffs »Geschäftsprozess« herrscht keine Einigkeit hinsichtlich seiner genauen Definition. Dennoch werden einige Aspekte immer wieder genannt. Man vergleiche dazu u.a. [Davis 2003; Hammer & Champy 1994; Keller & Partner 1999; Rump 1999; Schmelzer & Sesselmann 2006; Staud 2006]:

- Ein Geschäftsprozess besteht aus einer **Menge von Aktivitäten** in einem zeitlichen, sachlogischen Zusammenhang, die häufig vernetzt und interdependent sind und die miteinander koordiniert und zielgerichtet abgestimmt werden müssen.
- Ein Geschäftsprozess fasst Aktivitäten auf **unterschiedlichen Aggregationsstufen** zusammen.

- Ein Geschäftsprozess stellt einen **Nutzen für einen (externen oder internen) Kunden** dar, und zwar im Sinne eines Ergebnisses von Wert.
- Ein Geschäftsprozess wirkt **wertschöpfend.** Dies gilt zumindest für sogenannte primäre, mit der eigentlichen Leistungserstellung betraute Geschäftsprozesse.
- Ein Geschäftsprozess wird **arbeitsteilig** bearbeitet, d.h., mehrere Personen sind beteiligt. Er durchläuft in der Regel mehrere Abteilungen und reicht mitunter über die Grenzen eines Unternehmens hinaus, d.h., er kann z.B. Prozessschritte, die von Lieferanten übernommen werden, integrieren.
- Ein Geschäftsprozess ist auf ein bestimmtes, **betriebswirtschaftlich relevantes Ziel** hin ausgerichtet.
- Ein Geschäftsprozess besitzt ein **messbares Ergebnis**, dazu werden Ziele und Messgrößen benötigt.
- Für die Durchführung eines Geschäftsprozesses werden **Ressourcen** (Menschen, Maschinen, Daten, Software usw.) eingesetzt.
- Ein Geschäftsprozess hat einen **definierten Anfang** und ein **definiertes Ende**.
- Ein Geschäftsprozess kann aus verschiedenen **Sichten** heraus betrachtet werden, neben der den Ablauf beleuchtenden Steuerungssicht z.B. aus einer Organisationssicht und einer Datensicht heraus.
- Ein Geschäftsprozess hat einen Verantwortlichen, den sogenannten **Geschäftsprozessverantwortlichen,** dem eine herausragende Stellung im Unternehmen zukommen soll.

Noch ein Hinweis

»Geschäft« deutet in diesem Zusammenhang auf Prozesse in privatwirtschaftlichen Unternehmen hin, es können jedoch genauso die wesentlichen Prozesse in sogenannten »Non-Profit-Organisationen« wie Schulen, Hochschulen oder Behörden identifiziert, mit EPKs dokumentiert und neu gestaltet werden (vgl. [Keller & Partner 1999]).

Hinsichtlich der Abgrenzung von Geschäftsprozessen untereinander gibt es kein absolut objektives Kriterium; Staud nennt als Beispiel die Auftragsabwicklung, die als Ganzes einen Geschäftsprozess bilden kann oder aber sich aus einzelnen Geschäftsprozessen – der Auftragsbearbeitung, der Materialbeschaffung, der Produktion, der Kalkulation und der Auslieferung – zusammensetzen kann (vgl. [Staud 2006]). In [Brugger 2005] wird ergänzend dazu darauf hingewiesen, dass vollständige, weitreichende Geschäftsprozesse in einem Unternehmen auch als Wertschöpfungskette bezeichnet werden (siehe dazu Abschnitt 4.4).

Von einem Geschäftsprozess zu unterscheiden ist eine **Geschäftsprozessinstanz** (bzw. Geschäftsprozessausprägung). So stellt z.B. die Bearbeitung des Schadensfalls vom 17.07.2007 von Herrn H. Köhler mit der Kundennummer 100000 eine Geschäftsprozessinstanz des Geschäftsprozesses *Schadensfall bearbeiten* bei einer Versicherung dar. Eine Geschäftsprozessinstanz ist somit eine konkrete Ausprägung eines Geschäftsprozesses (vgl. [Rump 1999]).

Ein **Geschäftsprozessmodell** ist das nach den Regeln der Beschreibungssprache – z.B. der Beschreibungssprache EPK – erzeugte Abbild eines Geschäftsprozesses. Es wird manchmal auch »Geschäftprozessschema« genannt. Hierbei wird auch von dem Metamodell der EPK gesprochen, gemeint sind vor allem der Vorrat an Objekttypen (»Symbole«) und die Regeln, wie die Objekttypen einzusetzen sind, mit deren Hilfe die einzelnen Geschäftsprozessmodelle konstruiert werden.

2.1.4 Geschäftsprozessmanagement

Eine einfache Wortanalyse ergibt, dass sich das Geschäftsprozessmanagement mit dem Managen von Geschäftsprozessen beschäftigt. Dazu zählen in Anlehnung an [Schmelzer & Sesselmann 2006] insbesondere die folgenden Aspekte:

- **Identifikation von Geschäftsprozessen**
  Es muss ermittelt werden, welche Geschäftsprozesse es in einem Unternehmen überhaupt gibt.
- **Planung von Geschäftsprozessen**
  Ausgehend vom Leistungsstand und der Leistungsentwicklung werden Prozessziele festgelegt, deren Erreichen über entsprechende Messgrößen geprüft wird.
- **Dokumentation von Geschäftsprozessen**
  Geschäftsprozesse können als Text, besser jedoch als (grafisches) Geschäftsprozessmodell unter Einsatz einer Beschreibungssprache dokumentiert werden, d.h. hier ist die integrierte Prozessmodellierung mit ARIS einzuordnen.
- **Gewichtung von Geschäftsprozessen**
  Die Geschäftsprozesse eines Unternehmens können nach verschiedenen Kriterien gewichtet werden, Ziel ist es dabei jeweils, Strategien für die weitere Entwicklung eines Geschäftsprozesses abzuleiten, z.B. das Fördern wichtiger Geschäftsprozesse oder das Auslagern weniger wichtiger Geschäftsprozesse.
- **Verbesserung von Geschäftsprozessen**
  Einsatz von Methoden zur evolutionären (z.B. *Kaizen*) oder revolutionären (z.B. *Business Process Reengineering*) Umgestaltung von Geschäftsprozessen, wobei die Umgestaltung im Einzelnen darin bestehen kann, Prozessschritte zu streichen, zusammenzulegen, zu parallelisieren, auszulagern o.Ä.
- **Steuerung von Geschäftsprozessinstanzen**
  Es wird die Bearbeitung der einzelnen Ausprägungen eines Geschäftsprozesses gesteuert.

- **Kontrolle von Geschäftsprozessen und -instanzen**
  Es werden Durchlaufzeiten, Prozesskosten, Auslastungsgrade usw. überwacht.
- **Organisation von Geschäftsprozessen**
  Geschäftsprozesse zu organisieren bedeutet unter anderem, dem Geschäftsprozess die notwendigen Ressourcen zuzuordnen.

Geschäftsprozessmanagement ist eng mit dem Thema »Prozessorientierung« verbunden. Die Organisationslehre betonte lange Zeit den Vorrang der Aufbauorganisation gegenüber der Ablauforganisation, d.h. den Vorrang der Gestaltung der Organisationseinheiten vor der Gestaltung der Geschäftsprozesse im Unternehmen. Dies änderte sich spätestens mit der phasenweise außerordentlich populären Methode des Business Process Reengineering (vgl. [Hammer & Champy 1994]), die eine Umkehrung propagiert, d.h., der Prozessgestaltung ist Vorrang einzuräumen und die Aufbauorganisation hat sich an der Ablauforganisation zu orientieren.

Als Ziel für die Gestaltung der Geschäftsprozesse und die Analyse der Anforderungen an die Informationstechnik gilt dementsprechend ausschließlich die Berücksichtigung der Unternehmensstrategie, nicht aber die Ausrichtung an einer funktionsorientierten Aufbauorganisationsstruktur. Die Idee der Prozessorientierung ist im Anschluss daran von vielen Autoren aufgegriffen worden. An die Grenzen der reinen Prozessorientierung stößt man allerdings dann, wenn nicht kurze Durchlaufzeiten, sondern optimale Ressourcenauslastung für den Unternehmenserfolg maßgeblich sind. Auch hinsichtlich der Gestaltung von Querschnittsfunktionen wie etwa Personal oder Informationstechnik kann die reine Prozessorientierung nicht überzeugen (vgl. [Becker & Meise 2005; Mertens 1997; Wall 2000]).

2.1.5 Workflow-Management

Eine spezielle Prozessart stellen Workflows dar. Wörtlich übersetzt könnte man von Arbeitsflüssen oder Arbeitabläufen sprechen. Beides trifft nicht den Kerngedanken, nämlich die automatisierte Steuerung eines Prozesses mit besonderen Anforderungen hinsichtlich seiner Strukturierung und Dokumentation – der als Workflow bezeichnet werden kann – durch ein Workflow-Management-System. Besser passen die Übersetzungen »Vorgang« bzw. »Vorgangssteuerungssystem«. Dabei können einzelne Prozessschritte (Teilvorgänge, Subworkflows) automatisiert durch Anwendungssysteme, andere manuell bzw. intellektuell durch Menschen ausgeführt werden (vgl. [Lehmann 1999]). Workflows befinden sich somit auf einer niedrigeren Aggregationsstufe als Geschäftsprozesse, es ist also eine wesentlich exaktere Beschreibung für einen Workflow nötig. Nicht als Workflows modelliert werden können deshalb solche Teilprozesse, die nur ungenügend vorhersehbar, strukturierbar und damit automatisierbar sind. Workflows beziehen sich dementsprechend in der Regel auch nur auf einen Teil eines Geschäftsprozesses oder anderer Prozesse in einer Organisation, da Geschäftsprozesse fast immer auch weniger gut strukturierte Prozessteile aufweisen, z.B. komplexe Entscheidungssituationen mit entsprechenden Ermessensspielräumen.

Workflows müssen wie andere Prozesse auch dokumentiert werden. Es bieten sich grundsätzlich alle Modellierungssprachen an, die für die Prozessmodellierung eingesetzt werden können. Eine davon ist die EPK, folgerichtig gibt es auch Workflow-Management-Systeme, die die Modellierung der speziellen Prozessart Workflows mithilfe von EPKs voraussetzen, sodass EPK-Kenntnisse auch im Bereich des Workflow-Managements nützlich sind. Dies gilt umso mehr, als dass auch bei der Nutzung anderer Workflow-Modellierungssprachen die oft in Form von EPKs modellierten Geschäftsprozesse den Ausgangspunkt der detaillierten Modellierung bilden.

2.2 Einführung in die Prozessmodellierung

In der Alltagssprache werden »Modell« und »Diagramm« häufig synonym verwendet. Genauer betrachtet kann ein Modell jedoch aus mehreren Diagrammen und ergänzenden textuellen Beschreibungen bestehen (vgl. [Brugger 2005]). So besteht beispielsweise ein EPK-Modell häufig aus verschiedenen EPKs, die hierarchisch oder in anderer Weise verknüpft sein können (siehe dazu Abschnitt 4.2). Außerdem können noch Beschreibungstexte hinzukommen.

2.2.1 Grundlagen der Modellierung

Das Wort »Modell« stammt aus dem Italienischen (ital.: *modello*) und bedeutet dort so viel wie »Muster«, »Entwurf«. Es wird von verschiedenen Fachrichtungen aufgegriffen und in unterschiedlicher Art und Weise verwendet. Maßgeblich für die Prozessmodellierung mit EPKs ist die wirtschaftswissenschaftliche Interpretation, die unter einem Modell ein konstruiertes, vereinfachtes Abbild tatsächlicher Wirtschaftsabläufe versteht. In [Davis 2003] werden folgende Charakteristika eines Modells und damit – aufgrund der Oberbegriff-Unterbegriff-Beziehung – auch eines Prozessmodells genannt:

- Repräsentation eines Realitätsausschnitts
- festgelegte Detaillierungstiefe
- Abbildung einer bestimmten Perspektive
- Momentaufnahme
- Zweckorientierung

Besonders zu betonen ist, dass mit der Repräsentation der Realität zwangläufig auch eine Abstraktion verbunden ist. Zu warnen ist allerdings vor dem häufigen Fehlschluss, dass ein Modell in jedem Fall der Realität, d.h. den tatsächlichen

Abläufen im Unternehmen, entsprechen muss (vgl. [Davis 2003]). Zwischen Ist und Soll existieren oftmals deutlich Unterschiede (siehe dazu auch Abschnitt 4.4.2).

Zur Modellierung selbst werden Sprachen benötigt, die zur Darstellung von Wirtschaftsabläufen geeignet sind. Die Kandidaten hierfür werden üblicherweise nach ihrem Formalitätsgrad klassifiziert. Unterschieden werden meist informale, semiformale und formale Sprachen. **Informale Sprachen** umfassen natürliche Sprachen wie das Deutsche, das Englische usw., aber auch informale grafische Darstellungen, d.h. frei gestaltbare Skizzen ohne festgelegte Syntax und Semantik. **Freie Skizzen** bieten den Vorteil, zielgruppenspezifisch beliebig ausgerichtet werden zu können. Sie können somit sehr flexibel als Kommunikationsgrundlage eingesetzt werden. Von Vorteil ist auch, dass sie bekanntermaßen mit beliebigen Grafikprogrammen einfach zu erstellen sind. Flexibilität und einfache Handhabung werden allerdings häufig erkauft durch Unvollständigkeit, Mehrdeutigkeit, Inkonsistenz und daraus resultierendem Erklärungs- und Diskussionsbedarf der entsprechenden Darstellungen.

Natürlichsprachliche Beschreibungen wiederum leiden unter der jeder natürlichen Sprache notwendigerweise anhaftenden Unschärfe. Sie neigen dazu, unübersichtlich zu sein, sodass Lücken, Widersprüche und andere Mängel nur schwer erkannt werden können. Beschreibungen in natürlicher Sprache unterscheiden sich von Verfasser zu Verfasser teilweise deutlich hinsichtlich der bevorzugten Wörter und Formulierungen, des Stils, des Detaillierungsgrads usw., sodass ein Zusammenfügen von Textteilen unterschiedlicher Autoren nur schwer zu einem Text führt, der keine deutlich erkennbaren Brüche aufweist. Vorteilhaft sind dagegen die Einfachheit des Umgangs mit natürlicher Sprache (z.B. mithilfe eines Textverarbeitungssystems), ihre allgemeine Verständlichkeit und ihre sehr große Ausdrucksmächtigkeit (vgl. [Allweyer 2005a; Lehmann 1999]). Trotzdem nutzt man in der Regel künstliche Sprachen zur Prozessmodellierung, die sich nicht »natürlich« gebildet haben, sondern bewusst von Menschen mit dem Ziel geschaffen wurden, präzisere Darstellungen zu ermöglichen. Unterschieden werden dabei formale und semiformale Sprachen.

Formale Sprachen erzeugen Beschreibungen mit mathematisch präziser Syntax und Semantik, ein Beispiel sind Petrinetze. Es wird dabei auf natürlichsprachliche Formulierungen so weit wie möglich verzichtet, um den angesprochenen Unschärfefaktor der natürlichen Sprachen auszuschließen. Formale Sprachen bilden die Basis für den Einsatz mathematisch-logischer Hilfsmittel, die eine sichere Werkzeugunterstützung mit Validierungsfunktionen zur Simulation von Abläufen und zur Aufdeckung von Fehlern ermöglichen (vgl. [Brugger 2005]). Ihr großer Nachteil besteht darin, dass sie für die Kommunikation auf breiter Basis vollkommen ungeeignet sind, da nur ein sehr kleiner Teil der an einem Prozess Beteiligten die entsprechenden formalen Sprachen beherrschen dürfte. Dazu zählen nur in den seltensten Fällen die Mitarbeiter aus betroffenen Fachabteilungen, die späteren Benutzer und die Geschäftsführung, Gruppen also, die insgesamt für einen Geschäftsprozess und damit den Erfolg und den Nutzen der Modellierungsarbeit von entscheidender Bedeutung sind. Sie würden durch den Einsatz von formalen Sprachen zur Prozessmodellierung weitgehend ausgegrenzt.

Semiformale Sprachen stellen demzufolge einen Kompromiss zwischen Formalität und Verständlichkeit dar. EPKs sind dieser Klasse zuzuordnen. Andere Beispiele semiformaler Sprachen sind Datenflussdiagramme (bzw. Informationsflussdiagramme) und UML-Anwendungsfalldiagramme (*Use Case Diagrams*). Sie besitzen eine vorgegebene Struktur und eine präzise definierte Syntax, werden oft aber durch zusätzliche informale Angaben in Textform oder in Form freier grafischer Elemente ergänzt. Die Semantik semiformaler Beschreibungen ist i.d.R. abhängig von Namen oder Zusatzerklärungen in natürlicher Sprache, sodass deren Problematik zumindest teilweise auch bei semiformalen Sprachen zum Tragen kommt, etwa in Form von Synonymen. Es muss allerdings auch betont werden, dass die Grenzen zwischen semiformalen und formalen Sprachen fließend sind (zur weiteren Vertiefung siehe z.B. [Lehmann 1999]).

2.2.2 Unternehmensmodellierung

Die Unternehmensmodellierung dient dazu, die Komplexität des Entwurfs, der Einführung, der Integration und des Managements von Informationssystemen im Unternehmen beherrschbar zu machen. Dazu wird das Unternehmen aus verschiedenen Perspektiven mithilfe von Modellen abstrakt beschrieben. Im Zentrum stehen dabei einerseits Daten- bzw. Objektmodelle und andererseits Geschäftsprozessmodelle. Zu denken ist aber auch an Modelle zur Beschreibung von Zielen, Strategien und Ressourcen (vgl. z.B. [Davis 2003]). Modelle dieser Kategorien bilden die Basis für die Kommunikation zwischen Unternehmensleitung, Anwendern und IT-Spezialisten. Hilfreich ist deshalb eine Integration der eingesetzten Sprachen, um perspektivenübergreifend diskutieren, analysieren und verbessern zu können, z.B. über die Unterstützungsleistung von Informationssystemen hinsichtlich der Erfolgsfaktoren des Unternehmens. Prozessmodellierung stellt somit eine zentrale Komponente im Rahmen der Unternehmensmodellierung dar. Neben Prozessen sind zur vollständigen fachlichen Beschreibung eines Unternehmens wie erwähnt auch Daten und Funktionen bzw. beide kombiniert als Objekte, aber auch die Aufbauorganisation zu modellieren.

Als Ziel der Unternehmensmodellierung werden oft unternehmensweite Modelle gesehen, die das Unternehmen als Ganzes beschreiben (z.B. ein unternehmensweites Datenmodell). Derartige Ziele sind jedoch nicht für jedes Unternehmen realistisch, sodass häufig auch solche Modelle mit Integrationscharakter, die nur Teilbereiche des Unternehmens abbilden, zur Unternehmensmodellierung gezählt werden. Auch zum Detaillierungsgrad der Modelle gibt es keine klaren Vorgaben. Mitunter wird deshalb auch von »Informationsmodellen« statt von

Unternehmensmodellen gesprochen, um keine falschen Erwartungen bezüglich des Abdeckungsgrads der Modelle zu wecken.

2.2.3 Prozessmodelle

Die Prozessmodellierung dient der Gestaltung der Ablauforganisation im Unternehmen. Der Einsatz grafischer Notationen geht auf [Nordsieck 1932] zurück, der sich mit der »schaubildlichen Erfassung und Untersuchung der Betriebsorganisation« beschäftigt hat, wobei das Besondere darin bestand, die Ablauforganisation als raumzeitliche Strukturierung der Aufgabenerfüllung zu begreifen, die separat von der Aufbauorganisation zu betrachten ist. Nordsieck gilt deshalb als einer der Begründer der für den deutschsprachigen Raum charakteristischen Aufteilung der Organisationslehre in eine Aufbauorganisationslehre und eine Ablauforganisationslehre.

Im Mittelpunkt der Prozessmodellierung steht der Kontrollfluss, d.h. die zeitlich-logische Abfolge der Funktionen. Interessant sind jedoch auch weitere Aspekte, z.B. Angaben darüber, welche Organisationseinheiten ein Geschäftsprozess durchläuft, wie häufig Wechsel der organisatorischen Zuständigkeit stattfinden, welche Informationen benötigt werden, welche Arbeitsmittel eingesetzt werden – sei es ein bestimmtes IT-Anwendungssystem oder schlicht ein Faxgerät – usw. Das Ziel besteht dabei darin, Schwachstellen in den Prozessen zu identifizieren – z.B. Flaschenhälse – und auf dieser Basis Ablauf- und Aufbauorganisation entsprechend umzugestalten, um diese Schwachstellen zu beseitigen.

Aufgrund der über lange Zeit vorrangigen Betrachtung aufbauorganisatorischer Aspekte wurde erst in jüngerer Vergangenheit eine Reihe von neuen Ansätzen zur Visualisierung von Abläufen/Prozessen vorgestellt. Diagrammsprachen zur Erstellung von Prozessmodellen sind zum Beispiel:

- Aufgabenkettendiagramme
- Blockdiagramme
- EPKs
- Flussdiagramme
- Kontrollflussdiagramme
- Petrinetze
- Programmablaufpläne
- Rasterdiagramme
- UML-Aktivitätsdiagramme
- UML-Sequenzdiagramme
- Vorgangskettendiagramme
- Wertschöpfungskettendiagramme

Solche grafischen Notationen mit festgelegten Regeln, d.h. künstliche, semiformale oder formale Sprachen, haben verglichen mit informalen Darstellungen viele Vorteile, jedoch auch einige Nachteile, wie Tabelle 2–1 zeigt, die auf Allweyer 2005a basiert und um einige weitere Aspekte ergänzt wurde.

Vorteile	Nachteile
■ Hohe Anschaulichkeit ■ Übersichtlichkeit ■ Förderung gleichartiger Darstellungen durch unterschiedliche Modellierer (Autoren) ■ Gute Eignung als Diskussionsgrundlage ■ Förderung eines einheitlichen Verständnisses des Realitätsausschnitts ■ Strukturierungsmöglichkeiten: horizontale und vertikale Zerlegungsmöglichkeiten ■ Attributierung eines Objekts möglich, z.B. Kosten, Durchlaufzeit, Ersteller, Status ■ Werkzeuge mit Zusatzfunktionen verfügbar (Simulation, Auswertung, ...)	■ Lernaufwand bezüglich der Notation (Modellierungssprache) ■ Lernaufwand bezüglich des eingesetzten Werkzeugs ■ Evtl. höherer Modellierungsaufwand ■ Akzeptanzprobleme wegen komplizierter wirkender Notation ■ Notwendigkeit der Einigung auf Modellierungskonventionen, da sonst weiterhin Interpretationsspielräume bestehen bleiben ■ Gefahr eines sprachlichen Grabens zwischen Sprachkundigen und Sprachunkundigen bezogen auf die eingesetzte Notation ■ Begrenzte Ausdrucksmöglichkeiten im Vergleich zur natürlichen Sprache

Tab. 2–1 *Vor- und Nachteile grafischer Notationen zur Prozessmodellierung*

Denkbar sind neben diesen Darstellungsformen, die auf einer festgelegten Notation beruhen, grundsätzlich auch textuelle, tabellarische oder freie grafische Darstellungen ohne spezielle Regeln, d.h. informale Darstellungen. Die Auswahl der geeigneten Dokumentationsform hängt grundsätzlich vom jeweiligen Einsatzzweck und damit von den Zielen der Prozessmodellierung ab (siehe Abschnitt 2.2.4). Falls Prozessmodellierung beispielsweise mit dem Ziel der Softwareentwicklung stattfindet, bietet sich unter Umständen die Nutzung von Diagrammtypen der UML an, die im Rahmen der Softwareentwicklung heute als Quasistandard gelten.

Allweyer gibt jedoch zu bedenken, dass die Kluft zwischen den Fachabteilungen und der Informatik aufgrund unterschiedlicher Denkweisen und Vorlieben bei der Berufswahl und den damit häufig verknüpften deutlich unterschiedlich ausgeprägten Persönlichkeitsmerkmalen bei Betriebswirten und Informatikern, aber auch aufgrund unterschiedlicher Beschreibungsnotwendigkeiten, etwa der groben Ablaufbeschreibung auf der Seite der Fachabteilung versus der exakten algorithmischen Beschreibung eines Prozesses für eine Maschine im IT-Bereich, stets einen Kommunikations- und Übersetzungsprozess erforderlich macht und somit nicht automatisch überbrückbar ist (vgl. [Allweyer 2005b]), sodass die Nutzung der UML hier kein Allheilmittel darstellt, wie folgendes Zitat deutlich zum Ausdruck bringt: »Gelegentlich wird der Versuch gemacht, Modellierungsnotationen, die auf einen bestimmten Einsatzzweck ausgerichtet sind, auch für andere Zwecke einzusetzen – z.B. *UML Use Case-Diagramme* für die Geschäftsprozessmodellierung [...]. Dies mag aus Sicht eines einzelnen Software-Entwicklungsprojektes sinnvoll erscheinen. Beim Aufbau eines durchgängigen Prozessmanagements, für das auch eine Vielzahl nicht-softwarespezifischer Aspekte von Bedeutung ist, wird man hier jedoch sehr schnell an Grenzen stoßen« [Allweyer 2005b, S. 179 f]. Dieser Einschätzung kann man sich nur anschließen.

2.2.4 Ziele der Prozessmodellierung

In Abschnitt 2.2.2 wurden bereits grob Beweggründe für die Erstellung von Unternehmensmodellen genannt. Speziell auf Prozessmodelle bezogen lässt sich eine ganze Reihe von Motiven finden, die die Modellierung von (Geschäfts-)Prozessen nahelegen (vgl. dazu [Davis 2003; Rosemann et al. 2005; Rump 1999]).

Im Rahmen der Organisationsgestaltung lassen sich demnach im Einzelnen folgende Ziele anstreben:

- **Dokumentation der Prozesse**
  Prozessmodelle dienen der übersichtlichen und verständlichen Abbildung der Prozesse. Die Prozesse können dadurch auch festgelegt und als verbindlich für alle Unternehmensangehörigen erklärt werden. Damit Mitarbeiter mehr als nur die Aufgaben ihres unmittelbaren Arbeitsumfelds überblicken können, sollten die Prozesse z.B. per Intranet unternehmensweit verfügbar gemacht werden. Hierzu zählt auch eine möglichst vollständige Übersicht darüber, welche Geschäftsprozesse und welche Anwendungssysteme im Unternehmen existieren. Eine solche Übersicht kann auch als »Prozess- und Anwendungslandschaft« bezeichnet werden.
- **Prozessorientierte Reorganisation**
  Prozessmodelle werden von Methoden zur kontinuierlichen Verbesserung von Prozessen als Grundlage verwendet. Unnötig doppelt ausgeführte Aktivitäten oder unklar zugeordnete Aktivitäten sind zu ermitteln. Die Identifikation von Schwachstellen, z.B. unzureichende Kapazitätsauslastung, lange Liegezeiten oder Personalengpässe, setzt konkrete Zeit-, Mengen- und Kostendaten sowie Angaben zur Ressourcenverfügbarkeit (z.B. Urlaub) voraus. Über die Beseitigung dieser Schwachstellen wird eine kontinuierliche Verbesserung angestrebt. Prozessmodelle können jedoch auch im Zuge des Business Process Reenginering eingesetzt werden, um radikal erneuerte Prozesse abzubilden.
- **Prozesscontrolling**
  Im Rahmen des Prozesscontrollings vergleichen Prozessverantwortliche Sollprozessmodelle mit der Istsituation der Prozesse. Ist- und Sollprozessmodelle erleichtern dabei bei Bedarf virtuelle Workshops zur Analyse und Umgestaltung von Geschäftsprozessen, da sie den nötigen Kommunikationsaufwand reduzieren.

- **Zertifizierung**
  Die Prozessdokumentation kann im Rahmen der Zertifizierung gemäß ISO 900x genutzt werden. Es werden Herstellungs- und Entwicklungsprozesse dokumentiert, die auch in einem Qualitätsmanagement-Handbuch genutzt werden können.
- **Benchmarking**
  dient dem Vergleich unternehmensindividueller Strukturen und ihrer Performanz mit vergleichbaren internen oder externen organisatorischen Einheiten, dazu werden diverse Prozesskennzahlen genutzt, die im Zuge der Erarbeitung und Analyse von Prozessmodellen gewonnen werden.
- **Wissensmanagement**
  Prozessmodelle sind als Basis für die Einarbeitung in betriebliche Sachverhalte und für Schulungszwecke einsetzbar. Ihre unternehmensweite Verfügbarkeit und ihre Nutzung fördern die Ausbreitung der in ihnen dokumentierten und durchgängig verwendeten einheitlichen Unternehmensfachbegriffe.
- **Kompetenzerweiterung**
  Prozessmodelle können generell zur Steigerung der fachlichen Kompetenz der involvierten Mitarbeiter aus den Fachabteilungen eingesetzt werden, indem diese ihr eigenes Arbeitsgebiet aus der Perspektive Außenstehender (Modellierer, IT-Experten) hinterfragt bekommen. Die Betrachtung des Arbeitsgebiets erfolgt aus einer für sie häufig neuen, übergreifenden Perspektive, sodass sich unter Umständen Nutzenaspekte für ihre zukünftige Arbeit ableiten lassen, da Zusammenhänge besser verstanden werden. In jedem Fall erlangen sie Modellierungswissen.
- **Prozesskostenrechnung**
  Prozessmodelle können bei entsprechender Pflege von kostenbezogenen Attributen mithilfe von Geschäftsprozessmodellierungswerkzeugen zur Unterstützung der Prozesskostenrechnung eingesetzt werden.

Im Rahmen der Anwendungssystemgestaltung lassen sich folgende Ziele anstreben:

- **Auswahl von ERP-Standardsoftware**
  Prozessmodelle können im Vorfeld einer ERP-Standardsoftware-Einführung dazu dienen, die bestehenden Prozesse dahingehend zu analysieren und zu prüfen, durch welche Standardsoftware diese am besten unterstützt werden können und welchen Anpassungsaufwand (»Customizing«) bezüglich der Software und/oder der eigenen Prozesse dies jeweils nach sich ziehen würde, um darauf aufbauend die Auswahlentscheidung zu treffen. Auf Basis der Ergebnisse der Geschäftsprozessmodellierung lässt sich somit planen, welche Teile des Unternehmens durch Einführung der Software unterstützt werden sollen, welche Informationsbedarfe vorliegen und wie die Schnittstellen zu den anderen Anwendungssystemen gestaltet werden müssen.

- **Modellbasiertes Customizing**
  dient der Konfiguration von Standardsoftware, z.B. mithilfe von **Referenzmodellen,** einer Art »Muster-Prozessmodellen«, wodurch der Software-Einführungsprozess deutlich beschleunigt wird. Eine vollkommen selbstständige Modellierung von Prozessen – ohne Nutzung von Referenzmodellen – erfordert viel Zeit und Wissen, sowohl in fachlicher als auch methodischer Hinsicht. Schwierig sind dabei oftmals insbesondere die Definition und die Abgrenzung der zu modellierenden Prozesse.
- **Softwareentwicklung**
  Prozessmodelle werden im Rahmen der Anforderungsanalyse (»Requirements Engineering«) zur Beschreibung der Anforderungen an die zu entwickelnde Software verwendet. Man verspricht sich einen verbesserten und vereinheitlichten Prozessentwurf durch Einsatz von Methoden, z.B. von ARIS. Gefördert werden im Falle der Nutzung eines zentralen Repositories die Standardisierung und Wiederverwendung von Komponenten, z.B. Teilprozessen. Erleichtert werden auch die Validierung und das Testen von Software anhand vorliegender Prozessmodelle, gerade im Vergleich zu rein verbalen Anforderungsbeschreibungen.
- **Workflow-Management**
  Geschäftsprozessmodelle dienen als abstrakte Beschreibungen der Vorgänge, die im Zuge der Workflow-Modellierung und -Implementierung ergänzt und verfeinert werden. Ziel ist dabei die Einführung von Workflow-Systemen, die Teile eines Geschäftsprozesses steuern (vgl. Abschnitt 2.1.5).
- **Simulation**
  Damit Geschäftsprozessmodelle bewertet und verglichen werden können, werden Prozessinstanzen mit den erforderlichen Daten von einer Software simuliert. Dazu sind Zeit-, Mengen- und Kostendaten sowie die Ressourcenverfügbarkeit im Modell zu spezifizieren. Ermittelt werden dabei bestimmte Kennzahlen (Bearbeitungszeiten, Kosten, Mitarbeiterauslastung). Das Verhalten der Prozesse wird im Sinne einer animierten Darstellung veranschaulicht. Untersucht wird das Systemverhalten im Zeitablauf mit dem Ziel der Identifikation von Schwachstellen oder der Ermittlung des entsprechenden Personalbedarfs.

Diese unterschiedlichen Ziele stellen vielfältige Anforderungen an Prozessmodelle, z.B. hinsichtlich der zu modellierenden Aspekte (siehe dazu Abschnitt 3.1.1).

3 ARIS-Konzept

3.1 Das ARIS-Haus

Das ARIS-Konzept stellt gemäß [Scheer 2002] einen allgemeinen Bezugsrahmen für die Geschäftsprozessmodellierung dar. Charakteristisch ist die Bereitstellung ebenen- und sichtenspezifischer Modellierungs- und Implementierungsmethoden. Dadurch soll die Komplexität der Modellierung von Prozessen sowie ihrer Implementierung reduziert werden. Die Modellierungsebenen und -sichten lassen sich im sogenannten »ARIS-Haus« einordnen (vgl. Abb. 3–1).

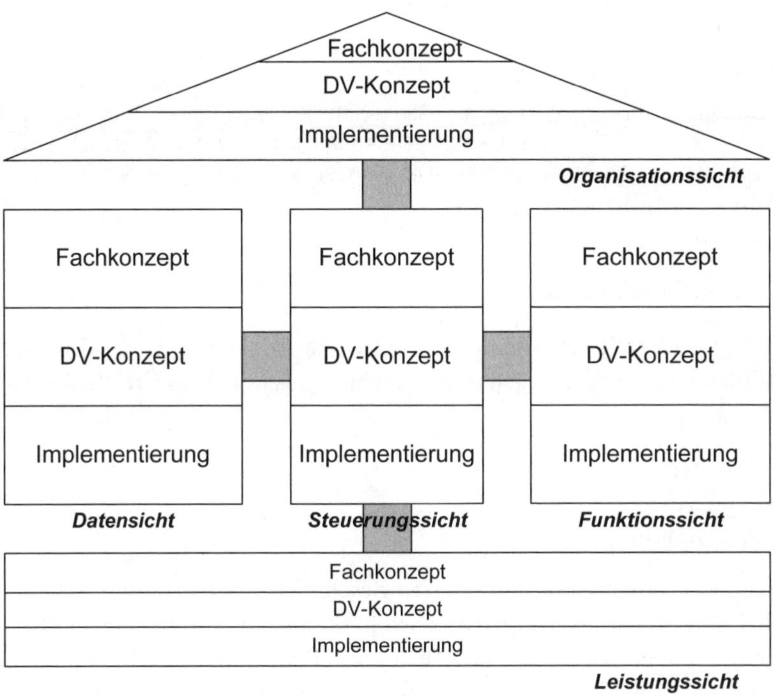

Abb. 3–1 *ARIS-Konzept (»ARIS-Haus«)*

Das durch das ARIS-Haus symbolisierte ARIS-Konzept hat große Bedeutung in der Theorie – in der Lehre – und der betrieblichen Praxis gewonnen (vgl. z.B. [Allweyer 2005a; Gadatsch 2005; Rump 1999; Staud 2006]).

3.1.1 Sichtenkonzept

Die Architektur des ARIS-Hauses gliedert sich in fünf Beschreibungssichten:

- Datensicht
- Funktionssicht
- Leistungssicht
- Organisationssicht
- Steuerungssicht

Deutlich zu erkennen ist in Abbildung 3–1 die zentrale Position der Steuerungssicht in der Mitte des Hauses. Für die Optimierung der Aufbau- und Ablauforganisation sind vorrangig die Steuerungssicht (für die Ablauforganisation) und die Organisationssicht (für die Aufbauorganisation) relevant. Die Unterscheidung verschiedener Sichten der Modellierung dient der Beherrschung der Komplexität durch Modellierung weitgehend unabhängiger (orthogonaler) Modellsichten und wird auch an anderer Stelle propagiert (vgl. für eine Übersicht entsprechender Ansätze [Lehmann 1999]).

Hinweis

Das Sichtenkonzept dient auch als Gliederungskonzept dieses Kapitels, d.h., die Abschnitte 3.3 bis 3.7 stellen die verschiedenen Sichten und wichtige der jeweiligen Sicht zuordenbare Modelltypen des ARIS-Konzepts vor. EPKs werden jedoch erst in Kapitel 4 betrachtet.

3.1.2 Schichtenkonzept

Zur umfassenden Beschreibung von Informationssystemen wird gemäß der ARIS-Konzeption jede der genannten Sichten zusätzlich in drei Beschreibungsebenen unterteilt:

- Fachkonzept
- DV-Konzept
- Implementierung

Die durch die Schichten repräsentierten Beschreibungsebenen unterscheiden sich bezüglich ihrer Nähe zur Informationstechnik. Sie entsprechen einem Phasenmodell der Softwareentwicklung (vgl. [Allweyer 2005a; Gadatsch 2005; Staud 2006]).

Nimmt man die betriebswirtschaftliche Problemstellung als Ausgangspunkt, so umfasst das **Fachkonzept** die Anforderungsanalyse und die Darstellung fachlich-betriebswirtschaftlicher Sachverhalte, unabhängig davon, ob und wie Informationssysteme eingesetzt werden sollen (vgl. [Allweyer 2005a]). Es erfolgen noch keine systemspezifischen Festlegungen, z.B. dahingehend, ob im Falle der Softwareentwicklung objektorientiert oder prozedural programmiert werden soll. Ebenso erfolgt die Modellierung unabhängig von eventuellen Einschränkungen, die der Einsatz von Standardsoftware mit sich bringt.

Gemäß [Allweyer 2005a] umfasst das **DV-Konzept** die Anpassung des Fachkonzepts an Anforderungen zur DV-technischen Umsetzung in einer allgemeinen, von der Implementierung unabhängigen Form. »DV-Konzept« steht hierbei für »Datenverarbeitungskonzept«. Es bildet die Fortführung des Fachkonzepts bei der Erstellung von Datenbanken oder bei der Programmierung. Statt von »DV« wird im heutigen Sprachgebrauch häufig von »IT« (Informationstechnologie) oder »IV« (Informationsverarbeitung) im erweiterten Sinn gesprochen, nichtsdestotrotz soll hier jedoch an der ARIS-Terminologie festgehalten werden. Fachkonzept und DV-Konzept sind dabei nur lose gekoppelt. Zum DV-Konzept zählen der Entwurf (»Design«) und die Definition, wie die Inhalte des Fachkonzepts mithilfe von Informationssystemen umgesetzt werden sollen, es erfolgt somit eine konkrete Bezugnahme auf die Technik, indem konkrete Architekturentscheidungen getroffen werden.

Die **Implementierung** wiederum beinhaltet die Umsetzung des DV-Konzeptes in konkrete Software- und Hardwarekomponenten zur Beschreibung der computerunterstützten Realisierung des Fachkonzepts. Hierzu zählen die Umsetzung der auf DV-Konzeptebene entworfenen Struktur sowie die Erstellung von Programmcode und lauffähiger Software.

Die beiden unteren Schichten sind vor allem dann von Bedeutung, wenn tatsächlich Software entwickelt werden soll. Für die Dokumentation, die Analyse und die Gestaltung von Geschäftsprozessen genügt die Fachkonzeptebene (vgl. [Allweyer 2005a]). EPKs sind der Fachkonzeptebene zuzuordnen, sodass sich die Betrachtungen in diesem Buch im Wesentlichen auf diese Schicht beschränken.

3.1.3 Vorgehensweise bei der Modellierung

Das ARIS-Konzept und das Werkzeug ARIS® schreiben keine bestimmten Modelltypen und keine Reihenfolgen vor, nach denen die unterschiedlichen Modelltypen einzusetzen sind. Sie bieten jeweils einen Baukasten von Modelltypen an, der jedoch nicht für alle Schichten und Sichten gleichermaßen gut »sortiert« ist. Je nach Problemstellung sind die angebotenen Modelltypen zu verwenden und zu verknüpfen. Gegebenenfalls sind jedoch auch andere Konzepte und Werkzeuge, wie etwa solche, die das Entwerfen von Anwendungssystemen und das Programmieren mit einer bestimmten Programmiersprache erlauben, heranzuziehen.

Das ARIS-Konzept ist sowohl für die Individualentwicklung von Anwendungssystemen als auch für die Einführung von Standardsoftware geeignet. In beiden Fällen werden alle Phasen (Schichten) durchlaufen, jedoch unterscheiden sich die Schwerpunkte und dementsprechend der Umfang und die Art der Beteiligung von Informatik- und Fachabteilung (vgl. [Kirchmer 1996]). Während bei der Entwicklung von Individualsoftware alle Phasen regulär zu durchlaufen sind (je nach eingesetztem Vorgehensmodell z.B. die Phasen Voruntersuchung – Fachkonzept – DV-Konzept – Implementierung – Test – Abnahme), steht im Fall der Entscheidung für die Einführung einer bestimmten Standardsoftware diese selbstredend dann auch zur Verfügung und muss »lediglich« an unternehmensspezifische Anforderungen (z.B. Schnittstellen zu Altsystemen) angepasst werden. Letzteres bedeutet, dass im Zuge der DV-Konzeption und Implementierung Customizing-Aktivitäten durchzuführen sind, d.h., die betriebswirtschaftlichen Merkmale des Unternehmens werden in Form von Parametern im Standardsoftwaresystem festgehalten. Schwerpunkt bei der Standardsoftwareeinführung ist jedoch die Phase der Fachkonzeption. Dabei wird auf der Basis von Referenzmodellen – die meist auch in Form von EPKs vorliegen – ein betriebswirtschaftliches Sollmodell erstellt (vgl. [Gadatsch 2005]).

Jost und Wagner plädieren dafür, ARIS durchgängig durch alle Schichten und Sichten einzusetzen, obwohl es natürlich auch gute Argumente dafür gibt, lediglich die Fachkonzeptschicht mit ARIS zu modellieren und für die Schicht des DV-Konzepts auf die aus der UML bewährten Darstellungsmöglichkeiten zurückzugreifen und entsprechende auf die Softwareentwicklung ausgerichtete Modellierungswerkzeuge zu verwenden, die die aktuellen UML-Standards unterstützen (vgl. dazu [Jost & Wagner 2005; Oestereich et al. 2003] und Abschnitt 4.7), um den für die Softwareentwicklung zuständigen Mitarbeitern stärker formalisierte und ihnen vertraute grafische Notationen anzubieten. Die eigentliche Implementierung kann zwangsläufig durch Methoden zur Prozessmodellierung zwar unterstützt, jedoch nicht vollkommen abgedeckt werden. Hierzu ist der Einsatz entsprechender Softwareentwicklungswerkzeuge unumgänglich.

3.2 ARIS-Grundbegriffe

Ein **Modelltyp** repräsentiert eine bestimmte Notation, die für die Modellierung eines oder mehrerer Aspekte von Prozessen genutzt werden kann, z.B. der Modelltyp *eEPK* oder der Modelltyp *Wertschöpfungskettendiagramm* für die Modellierung der Steuerungssicht. Weitere Beispiele für Modelltypen werden in den folgenden Abschnitten genannt. Von einem Modelltyp können beliebig viele Ausprägungen geschaffen werden, man spricht dann statt umständlich von Modelltypausprägungen in der Regel schlicht von ***Modellen***, Beispiel: Vom Modelltyp *eEPK* können als Ausprägungen die (konkreten) EPKs *Auftrag bearbeiten*, *Produkt entwickeln* und *Reklamation bearbeiten* im Sinne von Modelltypausprägungen (Modellen) geschaffen werden. Ein Modell fasst beliebig viele Ausprägungen (d.h. in diesem Fall konkrete Abläufe) zusammen, z.B. fasst das

Modell *Auftrag bearbeiten* die Ausprägungen *Auftrag Nr. 123 bearbeiten*, *Auftrag Nr. 124 bearbeiten* usw. zusammen.

Nicht selten wird beispielsweise statt vom »Modelltyp eEPK« auch von der »Methode EPK« gesprochen, ebenso wie manchmal von der »Methodenfamilie ARIS« die Rede ist. Eine Methode beinhaltet grundsätzlich eine Sprache und eine Vorgehensweise (vgl. [Ortner 2005]). Die Sprache EPK basiert auf Sprachelementen, d.h. den einzelnen Symbolen, die in einer EPK verwendet werden können, einer Syntax, d.h. Vorgaben hinsichtlich der Verknüpfung dieser Symbole, und einer Semantik, d.h. einer Festlegung der inhaltlichen Bedeutung der einzelnen Symbole, etwa eines Ereignisses oder einer Kante. Einzelheiten dazu werden in Kapitel 4 erläutert. Somit ist die Existenz der Komponente »Sprache« als Voraussetzung für eine Methode unstrittig. Zweifellos gibt es darüber hinaus auch zahlreiche, mehr oder weniger detaillierte Hinweise zum Vorgehen bei der EPK-Detaillierung, die von den Schöpfern der EPK, dem Anbieter des gleichnamigen Werkzeugs oder diversen anderen Autoren stammen. Es gibt jedoch nicht die Vorgehensweise zur Modellierung von EPKs, sodass hier davon Abstand genommen wird, von einer »Methode EPK« als Quasisynonym zu »Modelltyp eEPK« zu sprechen, schlichtweg, weil es *die* Methode EPK nicht gibt, da *die* Vorgehensweisen zur Konstruktion von EPKs genauso wie die Modellierungsergebnisse abhängig vom Modellierer bzw. Autor und seinem jeweiligen Erfahrungshintergrund sehr unterschiedlich ausfallen können. Stattdessen wird vom »ARIS-Konzept« oder von der »ARIS-Konzeption« gesprochen.

Das Spektrum der zu ARIS zählenden Modelltypen ist sehr umfangreich und nicht in letzter Konsequenz abgegrenzt, da es teilweise von der zugrunde gelegten Produktvariante und -version abhängig ist. Modelltypen können in der Regel einer Modellierungssicht und häufig auch einer Modellierungsebene (Modellierungsphase) zugeordnet werden. Entsprechende Zuordnungen werden im Werkzeug ARIS® durch die sichtenspezifisch gefilterte Auswahl möglicher Modelltypen getroffen. Den semantischen Schwerpunkt von ARIS in der Steuerungssicht unterstreicht dabei anschaulich die besondere Vielfalt verfügbarer Modelltypen in dieser Sicht.

Zu jedem Modelltyp gehört eine Menge von **Objekttypen**, die bei der Modellierung verwendet werden können. Die jeweilige Semantik (Bedeutung) eines Objekttyps ist dabei festgelegt. Objekttypen, die in verschiedenen Modelltypen vorkommen, ermöglichen die Integration dieser Modelltypen. Im ARIS-Konzept trifft dies insbesondere auf den Objekttyp Funktion zu, der in eEPKs, Funktionsbäumen, Wertschöpfungskettendiagrammen und vielen anderen Modelltypen vorkommt, oder den Objekttyp *Organisationseinheit*, der z.B. in einer eEPK und einem Organigramm verwendet wird. Ein Objekttyp kann dabei in den verschiedenen Modelltypen eine andere Darstellungsform besitzen, z.B. wird der Objekttyp Funktion in einer eEPK als Rechteck mit abgerundeten Ecken, im Wertschöpfungskettendiagramm als sogenanntes »Chevron-Symbol« dargestellt. Die Kettenelemente eines *Wertschöpfungskettendiagramms* werden nämlich gelegentlich – insbesondere mangels einer anderen treffenden und etablierten Benennung – aufgrund ihrer Ähnlichkeit zum Logo des Chevron-Konzerns – als Chevron-Symbole bezeichnet. Einzelheiten zum Modelltyp Wertschöpfungskettendiagramm folgen in Abschnitt 3.7.4.

Im Rahmen der Modellierung können beliebig viele Ausprägungen eines Objekttyps erstellt werden. Diese werden als »Objekte« bezeichnet, z.B. stellen die Objekte *Einkauf*, *Produktion*, *Vertrieb* Ausprägungen des Objekttyps *Organisationseinheit* dar. Jedes Objekt wird einmal angelegt und kann beliebig oft verwendet werden, man spricht dabei von »Objektausprägungen«, d.h. Ausprägungen eines Objekts. Beispielsweise kann das Objekt *Einkauf* mehrfach in einer EPK *Material beschaffen* verwendet werden, genauso jedoch auch in anderen Modellen genutzt werden. Im Falle der Nutzung eines Prozessmodellierungswerkzeugs wie ARIS® wird hierbei von sogenannten »Ausprägungskopien« gesprochen (siehe Abschnitt 6.2.2), die eine zentrale Pflege der Objektattribute erlauben. Objektausprägungen haben dagegen außer der individuellen Positionierung im Modell sowie Angaben über Beziehungen zu anderen Objektausprägungen keine weiteren Attribute, gepflegt werden stattdessen die Attribute des entsprechenden Objekts.

Modelle setzen sich aus **(Objekt-)Ausprägungen** konkreter **Objekte** unterschiedlichen **(Objekt-)Typs** zusammen. **Kanten** dienen der Verbindung der verschiedenen Objekte. Kanten sind einem bestimmten **Kantentyp** zuzuordnen. Sie können gerichtet oder ungerichtet sein. Dies und ebenso die jeweils möglichen Kantentypen hängen von den Objekttypen (Symbolen) ab, die sie verbinden. So sind zwischen Organisationseinheiten und Funktionen zahlreiche ungerichtete Kantentypen denkbar, die die Art der Mitwirkung der Organisationseinheit an der Ausführung der Funktion ausdrücken, z.B. *führt aus*, *entscheidet über*. Je nachdem, welches Werkzeug eingesetzt wird, stehen gegebenenfalls bereits Auswahllisten mit entsprechenden Kantentypen zur Verfügung.

Die Abbildung 3–2 erläutert zusammenfassend den Zusammenhang zwischen Modelltyp, Modell, Objekttyp, Objekt und Objektausprägung. Demnach ist jedes Modell genau einem Modelltyp zuzuordnen, umgekehrt können beliebig viele Modelle eines Modelltyps erstellt werden. Einem Modelltyp – z.B. der eEPK – sind endlich viele Objekttypen zugeordnet (z.B. die Objekttypen *Funktion*, *Ereignis*, *Stelle*, *Entitytyp*). Auf der anderen Seite kann ein Objekttyp verschiedenen Modelltypen zugeordnet sein. Beispiel: Der Objekttyp *Funktion* ist neben der eEPK auch dem Funktionszuordnungsdiagramm, dem Zieldiagramm, dem Funktionsbaum und vielen weiteren Modelltypen zugeordnet. Von einem Objekttyp können beliebig viele Ausprägungen in Form von Objekten geschaffen werden, beispielsweise können beliebig viele konkrete Funktionen als Ausprägungen des Objekttyps *Funktion* modelliert werden. Jedes Objekt ist dagegen genau einem Objekttyp zuzuordnen.

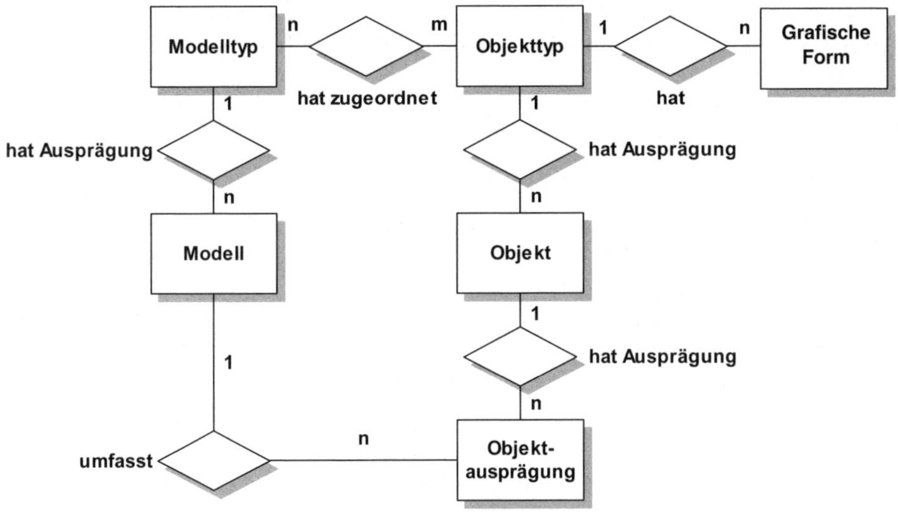

Abb. 3–2 *Metamodellausschnitt ARIS*

Von einem Objekt können im Sinne der ARIS-Konzeption beliebig viele Ausprägungen (im Sinne von Objektausprägungen) erzeugt werden. Beispiel: Das Objekt *Legitimation prüfen* kann mehrfach sowohl in einem als auch in verschiedenen Modellen verwendet werden. Zusätzlich wird die Beziehung zwischen Objekttyp und grafischer Form dargestellt. Sie besagt, dass einem Objekttyp verschiedene grafische Darstellungsformen zugeordnet sein können, z.B. dem Objekttyp *Funktion* die grafischen Formen *Rechteck mit abgerundeten Ecken*, *Chevron-Symbol* (Glied einer Wertschöpfungskette) oder *Oval* (Anwendungsfall bzw. »Use Case«). Eine grafische Form bezieht sich dagegen idealtypisch genau auf einen Objekttyp. Allerdings können die Unterschiede zwischen grafischen Formen im Einzelfall auch sehr gering ausfallen, wenn man beispielsweise die grafischen Formen von Objekttypen der Organisationssicht des Werkzeugs ARIS® betrachtet.

3.3 Modelltypen der Funktionssicht

Die Funktionssicht beschreibt auf fachkonzeptioneller Ebene die fachlichen Funktionen in einer Unternehmung in ihrer hierarchischen Struktur. Hierfür eignet sich z.B. der Modelltyp *Funktionsbaum*. In der Funktionssicht wird auch die Unterstützung von Geschäftszielen durch Funktionen abgebildet. Dazu dient der Modelltyp *Zieldiagramm*. Ein Anwendungssystemtypdiagramm beschreibt die Struktur eines Anwendungssystems, z.B. können entsprechende Teilfunktionen abgebildet werden. In Abbildung 3–3 werden die betrachteten Modelltypen der Funktionssicht klassifiziert nach Überblicksmodelltypen, zentralen Modelltypen und ergänzenden Modelltypen, wobei die Einteilung eine schwerpunktartige

Zuordnung bedeutet. In vergleichbarer Form werden die Modelltypen der anderen ARIS-Sichten jeweils am Anfang des betreffenden Abschnitts eingeführt.

	Funktionssicht	Organisationssicht	Datensicht	Leistungssicht	Steuerungssicht
Überblicks-Modelltypen			Fachbegriffsmodell		Prozessauswahldiagramm und -matrix Wertschöpfungskettendiagramm
Zentrale Modelltypen	Funktionsbaum Anwendungssystemtypdiagramm	Organigramm	eERM	Produktbaum	eEPK
Ergänzende Modelltypen	Zieldiagramm		eERM-Attributzuordnungsdiagramm		Ereignisdiagramm Funktionszuordnungsdiagramme

Abb. 3–3 *Vorgestellte Modelltypen der Funktionssicht*

3.3.1 Funktionsbaum

Funktionsbäume werden häufig als Einstiegs- oder Übersichtsmodelle genutzt. Dies lässt sich durch ihre Einfachheit und ihre vielfältigen Einsatzmöglichkeiten begründen, denn in einem Funktionsbaum werden Funktionen schlichtweg gruppiert und in Über- und Unterordnungsbeziehungen zueinander gesetzt. Funktionen sind fachliche Aufgaben, die einen Bearbeitungsgegenstand verändern. Sie können auf sehr unterschiedlichen Detaillierungsebenen modelliert werden. Ein Zerlegen von komplexen Funktionen in Teilfunktionen bis auf Ebene von Elementarfunktionen, die nicht mehr sinnvoll aufgespalten werden können, ist ratsam (vgl. [Scheer 2001]). Kriterien hierfür sind die geschlossene Bearbeitung an einem Arbeitsplatz oder eine geschlossene interne Aufgabenstruktur ohne Alternativen. Der Funktionsbaum dient der mehrstufigen hierarchischen Zerlegung bis zur Ebene der Elementarfunktionen. Funktionsbäume werden deshalb manchmal auch Hierarchiediagramme genannt. Die Modellierung eines Funktionsbaums ist insbesondere bei komplexen Funktionen empfehlenswert.

Scheer schlägt die Verrichtung, das Bearbeitungsobjekt und den Geschäftsprozess als Gliederungskriterien zur Strukturierung eines Funktionsbaums vor (vgl. Tab. 3–1, [Scheer 2001]).

Gliederungskriterium	Charakterisierung	Beispiele
Verrichtung	Gruppierung von Funktionen mit gleichen oder ähnlichen Transformationsvorschriften	■ Debitorenrechnung buchen ■ Kreditoren buchen ■ Lohnzahlungen buchen
Bearbeitungsobjekt	Gruppierung von Funktionen, die die gleichen Objekte bearbeiten	■ Auftrag erfassen ■ Auftrag stornieren ■ Auftrag ausliefern
Geschäftsprozess	Gruppierung der an einem Prozess beteiligten Funktionen	■ Lieferanten auswählen ■ Anfrage erstellen ■ Bestellung schreiben

Tab. 3–1 *Gliederungskriterien zur Strukturierung eines Funktionsbaums [Scheer 2001]*

Die Wahl des Gliederungskriteriums hängt vom Verwendungszweck ab, z.B. ob der Funktionsbaum als Vorstufe eines Prozessmodells erstellt und deshalb prozessorientiert gestaltet werden soll. In mehrstufigen Funktionsbäumen können die Gliederungskriterien auch wechseln. In vielen Fällen lässt sich das auch gar nicht vermeiden. Wichtig ist dabei, dass bei der Zerlegung einer konkreten Funktion in Teilfunktionen nur ein Zerlegungskriterium verwendet wird und nicht mehrere gleichzeitig. Ansonsten ist meist kaum noch zu überblicken, ob die zerlegte Funktion durch die gebildeten Teilfunktionen vollständig abgebildet wird. Grief rät im Unterschied dazu, sich auf ein Kriterium pro Baum insgesamt zu beschränken und bei Bedarf für jedes weitere Kriterium einen separaten Funktionsbaum zu erstellen (vgl. [Grief 2005]). Ein solches Vorgehen führt jedoch zwangsläufig zu einer Vielzahl von Funktionsbäumen, die wiederum schwer handhabbar ist.

Dem Modelltyp *Funktionsbaum* ist lediglich ein Objekttyp zugeordnet: die *Funktion*. Funktionen werden in der Regel durch ein Rechteck mit abgerundeten Ecken symbolisiert, das vom Werkzeug ARIS® standardmäßig grün dargestellt wird. Als Namenskonvention für Funktionen hat sich das Schema Substantiv (im Singular) + Verb (im Infinitiv) bewährt, wobei das Substantiv das Bearbeitungsobjekt und das Verb die auszuführende Verrichtung beschreiben, Beispiel: *Zimmeranfrage beantworten*.

Funktionsbäume dienen grundsätzlich der statischen Zerlegung übergeordneter Funktionen. Sofern der Funktionsbaum jedoch prozessorientiert gestaltet wurde, fließen auch dynamische Aspekte ein, d.h., in diesem Fall bildet der Funktionsbaum partiell Prozesse ab. Die Möglichkeiten zur Prozessmodellierung mithilfe von Funktionsbäumen sind jedoch stark begrenzt. Schon wenn es darum geht, parallele oder alternative Prozessschritte abzubilden, stößt dieser Modelltyp an seine Grenzen, da es keine Möglichkeiten gibt, diese Konstrukte dazustellen. Bei prozessorientiert gegliederten Funktionsbäumen spielt – im Gegensatz zu objekt- oder verrichtungsorientiert gegliederten – somit die Reihenfolge der Blätter des Baums durchaus eine Rolle. Und ebenfalls nur im Falle prozessorientiert gebildeter Funktionsbäume darf eine Funktion – ein »Blatt« des Funktionsbaums – in mehr als einer Ausprägung in einem Funktionsbaum vorkommen, da in Prozessen Funktionen selbstverständlich mehrfach verwendet werden können. Dies ist im Sinne einer anzustrebenden Wiederverwendung von Teilfunktionen (in Form von Prozessschritten) ausdrücklich erwünscht.

Beim Entwurf eines Funktionsbaums ist auf Ausgewogenheit zu achten. Dies bedeutet, dass Funktionen auf gleicher Hierarchieebene die gleiche Komplexität aufweisen sollen. Hinsichtlich der Zerlegungsbreite (»Wie viele Blätter pro Zerlegung?«) und Zerlegungstiefe (»Wie viele Ebenen insgesamt?«) sind jeweils maximal sieben Stufen zu empfehlen, mindestens aber jeweils zwei, da ansonsten der Zerlegungscharakter fehlt. Bei Bedarf können Zwischenebenen eingefügt oder auch eine Hierarchie von Bäumen gebildet werden, d.h., weitere Zerlegungsschritte werden in separate Funktionsbäume ausgelagert, um das Übersichtsmodell nicht zu groß werden zu lassen.

Der Beispielfunktionsbaum in Abbildung 3–4 zeigt eine Zerlegung der Funktion *Gast empfangen* an einer Hotelrezeption. Es wird unterstellt, dass dazu die sechs aufgeführten Teilaufgaben erledigt werden müssen, die in zeitlicher Abhängigkeit zueinander stehen, beispielsweise sollte das Überreichen der Zimmerschlüssel nicht vor dem Anmelden des Gastes erfolgen oder gar vor seiner Begrüßung. Deshalb wurde eine prozessorientierte Zerlegung gewählt. Man könnte hier natürlich einwenden, dass derartige Abhängigkeiten in einem Funktionsbaum nicht zwingend dargestellt werden müssen, hierfür eignet sich eine EPK weitaus besser. Andererseits bietet sich in diesem Fall auch keines der beiden anderen Zerlegungskriterien – objektorientiert oder verrichtungsorientiert – an, sodass hier wie in der Mehrzahl der Fälle von Zerlegungen von Funktionen mittels Funktionsbäumen in der Praxis zwangsläufig prozessorientiert zerlegt werden musste. Die Teilfunktion *Anmeldung durchführen* wird noch genauer betrachtet: Aus dem Funktionsbaum ist abzulesen, dass dazu die persönlichen Daten des Gastes, seine geplante Aufenthaltsdauer sowie seine Sonderwünsche festgehalten werden müssen. Die Verrichtung ist bei allen drei Teilfunktionen gleich: Es werden Daten erfasst. Somit konnte verrichtungsorientiert zerlegt werden.

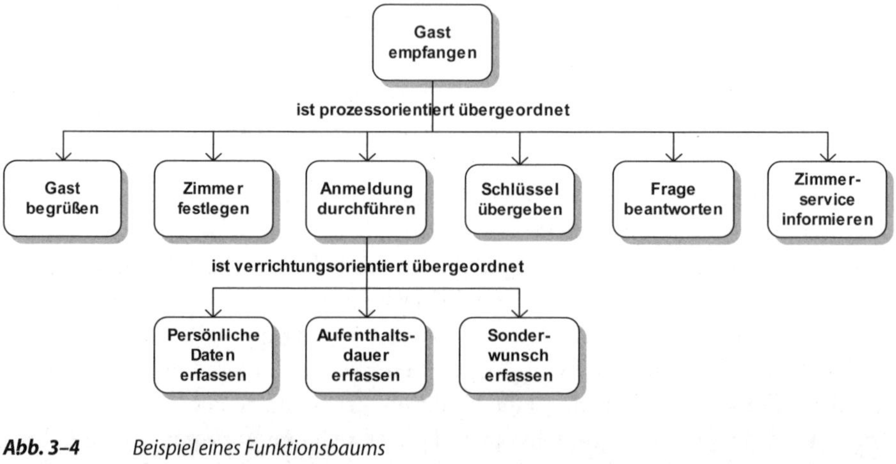

Abb. 3–4 *Beispiel eines Funktionsbaums*

3.3.2 Zieldiagramm

Ein Zieldiagramm beschreibt die Hierarchie der Ziele eines Unternehmens. Beginnend mit den Unternehmenszielen werden diese schrittweise heruntergebrochen bis auf die Ebene von Teilprozesszielen. Im Idealfall erreicht man eine vollständige Zielhierarchie. Dabei können selbstverständlich Unterziele als Mittel zur Verwirklichung des übergeordneten Ziels im Sinne einer Ziel-Mittel-Beziehung interpretiert werden. Ergänzend zu den Zielen können unterstützende Funktionen oder kritische Erfolgsfaktoren modelliert werden, um zu verdeutlichen, wie diese Ziele erreicht werden sollen.

Ziele stellen Aussagen über erwünschte Zustände dar. Sie können durch einen Zielinhalt (z.B. Auslastung der Zimmer), einen Zeitbezug (z.B. 2007), eine Zuständigkeit (z.B. Hoteldirektor), ein Zielausmaß (z.B. 60 % der Nächte) und gegebenenfalls durch einen geografischen Bezug (z.B. Gebäude A) definiert werden (vgl. z.B. [Schierenbeck 1999]). Ziele können untereinander gekoppelt sein. Ein Subziel kann mehrere Ziele unterstützen. Eine Funktion kann mehrere Ziele bzw. Subziele unterstützen. Die Zuordnung von Funktionen zu Zielen ist jeweils nach oben vererbbar, d.h., die Verknüpfung untergeordneter Ziele und Funktionen gilt auch für die übergeordneten Ziele und Funktionen (vgl. [Scheer 2001]).

Im Modelltyp *Zieldiagramm* bilden erwartungsgemäß Ziele den zentralen Objekttyp. Sie werden grafisch durch eine Dreieck-Rechteck-Kombination dargestellt (vgl. Abb. 3–5). Daneben stehen der bereits bekannte Objekttyp *Funktion* sowie Objekttypen für Erfolgsfaktoren und verschiedene Arten von Leistungen zur Verfügung. Sie dienen dazu, die Unterstützung von Zielen durch Funktionen und Leistungen (siehe Abschnitt 3.6) sowie die Beziehung zwischen Erfolgsfaktoren und Zielen auszudrücken. Erfolgsfaktoren sind Faktoren, die für den Unternehmenserfolg entscheidend sind, z.B. hohe Kundenzufriedenheit, hohe Produktqualität, hohe Flexibilität, hohe Termintreue, wobei sich diese Faktoren von Unternehmen zu Unternehmen in der Regel unterscheiden. Zieldiagramme können somit im Rahmen der strategischen Planung eingesetzt werden.

Dies lässt sich am Beispiel eines Zieldiagramms für ein Hotel ablesen. Als oberstes Ziel soll hier die Steigerung des Gewinns gelten. Damit gemessen werden kann, ob das Ziel auch erreicht wird, muss angegeben werden, welche Gewinnhöhe angestrebt wird. Dies kann – wie in Abbildung 3–5 geschehen – prozentual in Relation zu einer Vorperiode oder auch absolut, z.B. durch die Ziel-Benennung »200.000 € Gewinn«, angegeben werden. Im Rahmen einer strategischen Planung kann man nun zu dem Schluss kommen, dass sich dieses Ziel in fünf Teilziele aufspalten lässt, deren Erreichen insgesamt dem Erreichen des Gesamtziels gleichkommt. Bezüglich der Umsetzung ist dargestellt, dass bestimmte Unternehmensfunktionen (Marketing, Controlling) bzw. eine neue Verwaltungssoftware für das Erreichen einzelner Teilziele verantwortlich gemacht werden. Auf die Darstellung weiterer Maßnahmen (im Sinne auszuführender Funktionen) zum Erreichen der Teilziele wurde verzichtet.

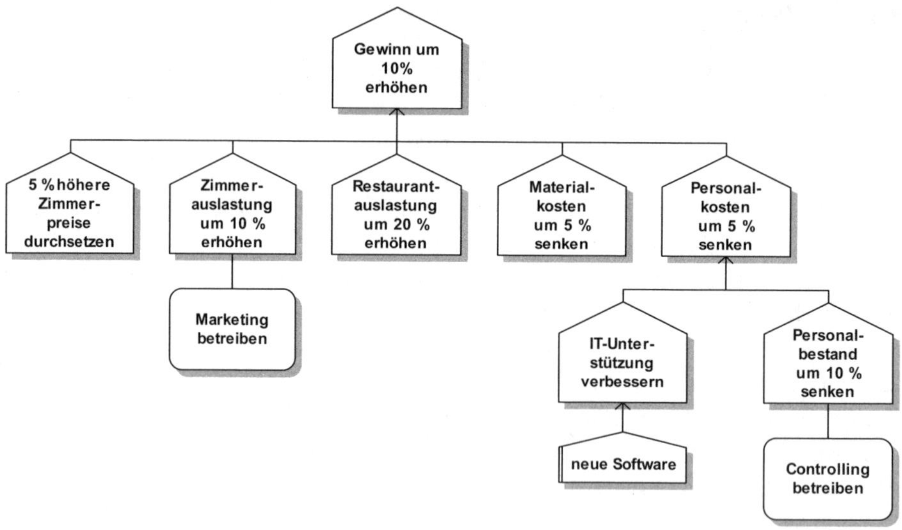

Abb. 3–5 *Beispiel eines Zieldiagramms*

3.3.3 Anwendungssystemtypdiagramm

Der Modelltyp *Anwendungssystemtypdiagramm* zählt zur DV-Konzept-Schicht. Anwendungssystemtypdiagramme dienen der hierarchischen Beschreibung der Module eines oder mehrerer Anwendungssystemtypen. Dargestellt werden kann z.B. die Untergliederung eines Anwendungssystemtyps in Module und DV-Funktionen. Dies wird in Abbildung 3–6 exemplarisch veranschaulicht. Dabei wird in dem Beispiel in der Abbildung angenommen, dass Erfassung und Pflege der Gastdaten grundsätzlich über ein eigenständiges Anwendungssystem erfolgen, sodass ein entsprechender Anwendungssystemtyp modelliert werden kann. Auf Implementierungsebene kommt der Modelltyp *Anwendungssystemdiagramm* zum Einsatz. Mit ihm kann ein konkretes Anwendungssystem mit seinen Komponenten modelliert werden. Anwendungssystemdiagramme sollen hier aufgrund ihrer Ebenenzuordnung nicht näher betrachtet werden.

Bedeutsam auf fachkonzeptioneller Ebene ist die Möglichkeit der Integration von Objekten, die in einem Anwendungssystemdiagramm angelegt wurden, in eine EPK. Zu denken ist dabei vor allem an Anwendungssystemtypen, Module und DV-Funktionen. Dadurch kann verdeutlicht werden, welche Prozessschritte durch welche Anwendungssysteme, Module oder DV-Funktionen unterstützt werden. Bei Bedarf kann noch genauer differenziert werden zwischen **Anwendungssystemklassen**, z.B. Werkzeugen zur Geschäftsprozessmodellierung, **Anwendungssystemtypen**, z.B. ARIS® 7.02 als einem Beispiel für ein solches Werkzeug, und **Anwendungssystemen**, z.B. ARIS® auf PC 11 in Raum MP215 als einem konkreten Exemplar eines solchen Werkzeugs. Als **Modulklassen** können bei-

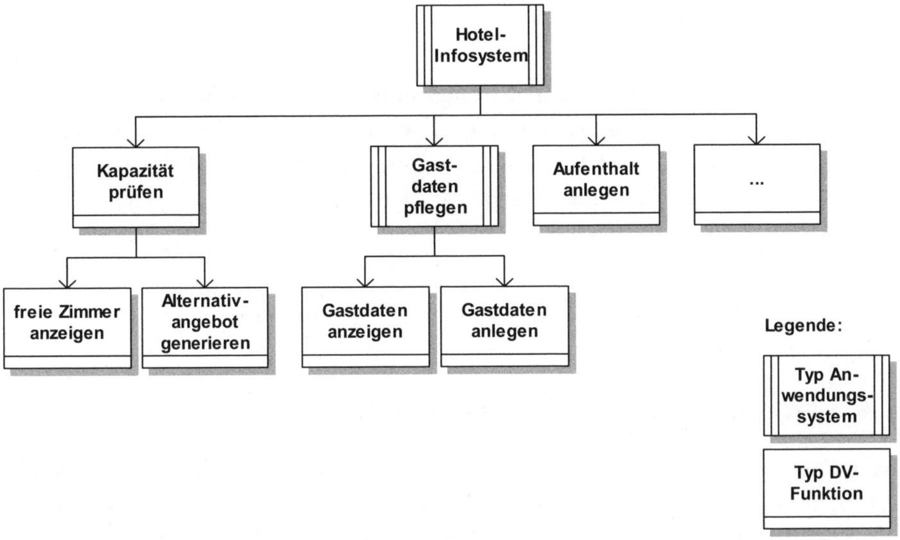

Abb. 3–6 *Beispiel eines Anwendungssystemtypdiagramms*

spielsweise Simulationskomponenten im Allgemeinen gelten, als **Modultypen** Simulationskomponenten für ARIS® 7.02 und als **Modul** eine konkrete Simulationskomponente für ARIS® 7.02 auf PC 11 im Raum MP215 (vgl. dazu auch [Scheer 2001]).

Über den im Anwendungssystemtypdiagramm möglichen Objekttyp *Ziel* kann die Verknüpfung zum Modelltyp *Zieldiagramm* hergestellt werden, sodass ausgedrückt werden kann, welcher Anwendungssystemtyp ein bestimmtes Ziel unterstützt. Davis empfiehlt, detaillierte Angaben zur Modulstruktur von Anwendungssystemen bzw. -typen, zu DV-Funktionen usw. im Anwendungssystem(typ)diagramm zu machen, in der EPK sich dagegen auf eine Zuordnung von Anwendungssystemen bzw. Anwendungssystemtypen zu beschränken (vgl. [Davis 2003]).

Übungen

Übung 1: Modellieren Sie einen **Funktionsbaum,** der die Aufgaben des Zimmerservice in einem Hotelzimmer bei einem Gästewechsel abbildet. Gehen Sie davon aus, dass folgende Aufgaben anfallen: das Entsorgen des Mülls, die Reinigung von Schlafraum und Bad, das Zurechtrücken der Möbel, das Lüften der Räume, das Neubeziehen des Bettes. Der Müll wird ganz zuletzt entsorgt, das Bett wird erst neu bezogen, nachdem die Möbel (z.B. das Bett) zurechtgerückt worden sind. Achten Sie darauf, dass Sie pro Zerlegung einer übergeordneten Funktion in Teilfunktionen nur jeweils ein Zerlegungskriterium (objektorientiert, prozessorientiert, verrichtungsorientiert) verwenden.

Übung 2: Modellieren Sie ein **Zieldiagramm** für das Geschäftsziel »90 % der Gäste empfehlen das Hotel weiter«. Welche Teilziele lassen sich ableiten? Welche Leistungen und Erfolgsfaktoren sind so wichtig, dass sie modelliert werden sollten?

Hinweis

Lösungsvorschläge zu den Übungen befinden sich im Anhang

3.4 Modelltypen der Organisationssicht

Es wurde bereits erwähnt, dass die Organisationslehre im deutschsprachigen Raum klassisch in zwei Teilbereiche zerlegt wird: in die Aufbauorganisation und die Ablauforganisation, dokumentiert im sogenannten »klassischen Analyse-Synthese-Konzept« der Organisationslehre (vgl. [Kosiol 1976]). Dahinter steht die Überlegung, dass es deutlich einfacher ist, das komplexe Thema Organisation einer Unternehmung getrennt aus zwei Perspektiven zu betrachten, statt strukturelle und ablaufbezogene Aspekte vereint und damit gleichzeitig zu gestalten. Das ARIS-Konzept sieht im Einklang damit für Aufbau- und Ablauforganisation getrennte Sichten vor: Die Aufbauorganisation ist Gegenstand der Organisationssicht, die Ablauforganisation – man kann auch von Prozessorganisation sprechen – ist Gegenstand der Steuerungssicht.

Zentrale Aufgabe der Organisationssicht ist somit die Modellierung der Aufbauorganisation. Dazu wird bekanntlich auch außerhalb des ARIS-Konzepts der Modelltyp *Organigramm* eingesetzt. Daneben werden jedoch auch noch andere Sachverhalte durch die Organisationssicht abgedeckt, ablesbar an den entsprechenden Modelltypen, die ARIS® anbietet: *Netzdiagramm*, *Netztopologie*, *technische Ressourcen* u. a. Es handelt sich offensichtlich um stärker an der Informationstechnologie orientierte Modelltypen, die nicht dem Fachkonzept, sondern den anderen Schichten (DV-Konzept, Implementierung) zurechenbar sind. Ihre Nutzungshäufigkeit in der Praxis ist eher begrenzt, da wie erwähnt der Schwerpunkt des Einsatzes des ARIS-Konzepts in der Fachkonzeptionsschicht liegt. Deshalb wird hier nur der Modelltyp *Organigramm* näher betrachtet (vgl. Abb. 3–7).

Die Organisationssicht ist im Übrigen auch durchaus im Rahmen der Entwicklung von Anwendungssystemen von Bedeutung. Allweyer nennt als Beispiele für die Implementierung aufbauorganisatorischer Aspekte in Anwendungssystemen das Finanzwesen (z.B. über eine Kostenstellenstruktur), die Planung (z.B. die Produktionsplanung für ein bestimmtes Werk) und die Vergabe von Benutzerrechten. Betont wird, dass eine separate Darstellung auf DV-Konzeptebene in der Regel nicht erforderlich ist (vgl. [Allweyer 2005b]).

	Funktionssicht	Organisationssicht	Datensicht	Leistungssicht	Steuerungssicht
Überblicks-Modelltypen			Fachbegriffsmodell		Prozessauswahldiagramm und -matrix Wertschöpfungskettendiagramm
Zentrale Modelltypen	Funktionsbaum Anwendungssystemtypdiagramm	Organigramm	eERM	Produktbaum	eEPK
Ergänzende Modelltypen	Zieldiagramm		eERM-Attributzuordnungsdiagramm		Ereignisdiagramm Funktionszuordnungsdiagramme

Abb. 3–7 *Vorgestellte Modelltypen der Organisationssicht*

3.4.1 Organigramm

Die Abbildung der hierarchischen Strukturen der Aufbauorganisation mithilfe eines Organigramms geschieht in ARIS nicht aus reinen Dokumentationsgründen, sondern als Grundlage für die Verwendung von Ausprägungen der aufbauorganisatorischen Objekte (Stellen, Personen, Organisationseinheiten usw.) in anderen Modellen, insbesondere in EPKs. Ziel ist dabei, in den Prozessmodellen ablesen zu können, welche Organisationseinheiten, Stellen oder Personen an welchen Prozessschritten in welcher Form beteiligt sind. Beispiele für Beteiligungsformen – realisiert über Kantentypen – sind: *ausführend, beratend, entscheidend* usw.

Zu empfehlen ist generell, die Organisationssicht in die Prozessmodelle zu integrieren, die Objekte der Organisationssicht aber nicht dort, sondern zentral in Form von Organigrammen anzulegen und zu pflegen (vgl. [Kugeler & Vieting 2005]). Als schematisches Beispiel dient in diesem Zusammenhang die Abbildung 3–8. Je nach Bedarf können dann im Rahmen der Prozessmodellierung Kopien der entsprechenden Objekte in die Prozessmodelle eingebunden werden. Dies hat mehrere Vorteile. Zum einen werden Benennungen, Struktur und Beziehungen von Organisationseinheiten und Bearbeitern zentral im Einklang mit den Vorgaben in Stellen- und Organisationsbeschreibungen angelegt und bei Bedarf geändert. Zum anderen kann bezüglich Auswertungen und Simulationen davon ausgegangen werden, dass alle Beanspruchungen einer Personalressource berücksichtigt werden und nicht aufgrund unterschiedlicher Benennungen hierbei unvollständige und damit in der Regel unbrauchbare Ergebnisse erzeugt werden. Dies gilt analog für technische Ressourcen, falls der hier nicht näher betrachtete Modelltyp *technische Ressourcen* eingesetzt wird.

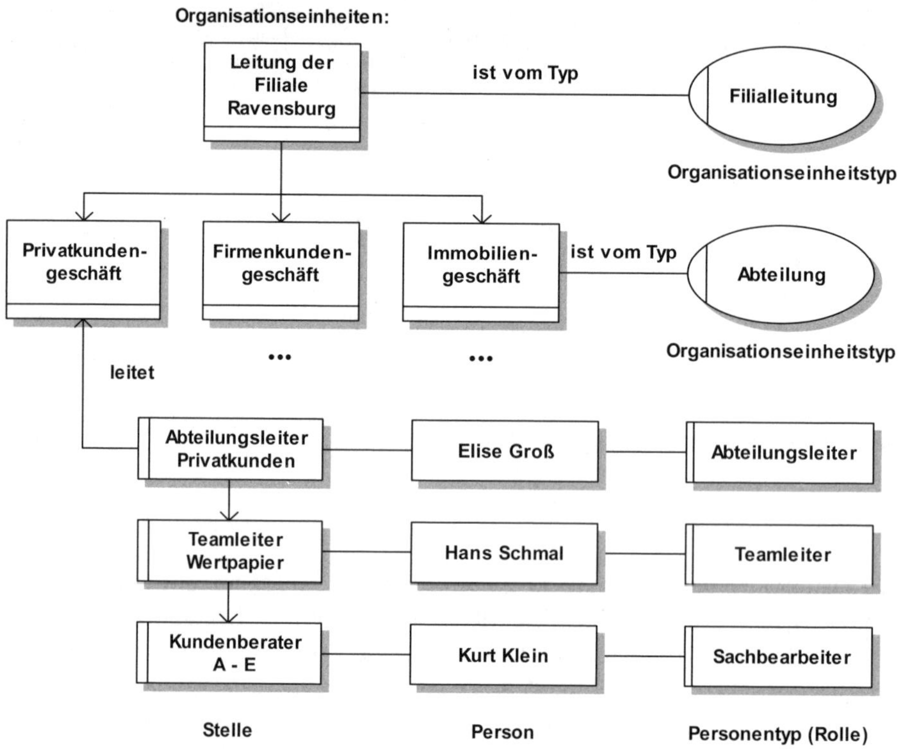

Abb. 3–8 *Schematische Darstellung eines Beispielorganigramms*

In der Organisationspraxis herrscht eine große Vielfalt an Darstellungsvarianten von Organigrammen. Organigramme werden dabei in der Regel mit beliebigen Grafikprogrammen erzeugt. Es ist deshalb nur konsequent, dass die ARIS-Konzeption durch ihr breites Angebot an Objekttypen, Symbolen und Kantenbeziehungen hier große Freiräume lässt, unternehmensinterne Konventionen aufzustellen bzw. beizubehalten. Die wesentlichen Objekttypen werden nachfolgend kurz vorgestellt. Standardfarbe im Werkzeug ARIS® ist für fast alle Objekttypen der Organisationssicht übrigens Gelb. Für die Erstellung von Schwarz-Weiß-Ausdrucken empfiehlt es sich dagegen, generell auf Farbe zu verzichten, um zu verhindern, dass die Lesbarkeit der Modelle durch schwarze Schrift auf grauem Grund beeinträchtigt wird. Aus diesem Grund wurde auch in diesem Buch auf eine Unterscheidung der einzelnen Symbole durch Graustufen oder Schraffuren verzichtet. ARIS bietet folgende Objekttypen zur Gestaltung eines Organigramms an:

- Der **Organisationseinheitstyp** wird wahlweise als Rechteck oder Oval – gelegentlich mit senkrecht gestrichelter Markierung – dargestellt und dient der Typisierung der verschiedenen Ebenen der Unternehmenshierarchie, z.B. den Ebenen *Geschäftsleitung – Bereich – Abteilung – Gruppe – Ausführung*. Es ist möglich, durch eine Nutzung beider Darstellungsformen zwischen Stäben (ovale Form) und Linienorganisationseinheiten (rechteckige Form) zu unterscheiden.

- Die **Organisationseinheit** – ebenfalls dargestellt wahlweise als Rechteck oder Oval, meist mit durchgezogener senkrechter Markierung – dient der Abbildung konkreter Organisationseinheiten, d.h. Ausprägungen der Organisationseinheitstypen. Beispiele hierfür sind der Bereich *Restaurants* oder die Abteilung *Hauswirtschaft* in einem Hotel, selbstverständlich auch ein Akronym wie etwa *ZIT S1* als Bezeichnung einer Organisationseinheit in einem Unternehmen. Es ist wiederum möglich, durch eine Nutzung beider Darstellungsformen zwischen Stabsabteilungen (ovale Form) und Linienabteilungen (rechteckige Form) zu unterscheiden.
- **Kanten** stellen in der Regel Über- und Unterstellungsverhältnisse im Unternehmen dar. Die Leserichtung ist dabei grundsätzlich von oben nach unten.
- Als **Kantentyp** zwischen Organisationseinheiten wird ausschließlich *ist übergeordnet* verwendet, entsprechend der allgemein für Organigramme geltenden Konventionen. Kanten zu Organisationseinheitstypen sind vom Typ *ist vom Typ* (vgl. Abb. 3–8).
- **Stellen** werden durch Rechtecke mit durchgezogener Markierung symbolisiert. Beispiele für Stellen sind *Abteilungsleiter Privatkundengeschäft*, *Teamleiter Wertpapiergeschäft für Privatkunden*; Stellen sind in der Regel unabhängig von konkreten Mitarbeitern definiert. Über eine Kante kann jedoch die Beziehung zum aktuellen Stelleninhaber (Objekttyp: *Person*) dargestellt werden.
- Der **Personentyp** – ein Rechteck mit gestrichelter Markierung – repräsentiert Rollen in der Unternehmung, z.B. *Direktor*, *Abteilungsleiter*, *Sachbearbeiter*, mit denen üblicherweise bestimmte Kompetenzen verbunden sind.
- **Personen** werden als Rechtecke ohne Markierung dargestellt. Dieser Objekttyp wird eingesetzt, wenn ein konkreter Mitarbeiter beschrieben werden soll, z.B. die Mitarbeiterin *Lisa Schulz*. Dies zu dokumentieren ist meist nur sinnvoll, wenn die Ausführung einer Funktion stellenunabhängig von einer konkreten Person erfolgen muss, z.B. die Unterzeichnung eines Vertrags durch einen bestimmten Gesellschafter eines Unternehmens (vgl. [Kugeler & Vieting 2005]). Es kann optional auch noch symbolhaft zwischen internen und externen Personen unterschieden werden. Dazu verwendet das Werkzeug ARIS® das Kürzel *EXT* in der rechten unteren Ecke des Rechtecks.

Daneben stehen in ARIS® 7.02 unter anderem Symbole für Kostenstellen, Gruppen, Standorte sowie für Systemorganisationseinheiten bzw. Typen von Systemorganisationseinheiten zur Verfügung. Unter Systemorganisationseinheiten werden dabei organisatorische Einheiten verstanden, die ein spezielles Anwendungssystem vorsieht, z.B. das *SAP R/3-System*. Je nach Anwendungsgebiet ist genau zu überlegen bzw. in Form von Modellierungskonventionen (siehe Abschnitt 4.1.4) vorab festzulegen, welche der genannten Objekttypen und Darstellungsformen hiervon tatsächlich zur Erstellung von Organigrammen genutzt werden sollen.

Bei der Vorstellung der verfügbaren Objekttypen ist dem Leser wahrscheinlich aufgefallen, dass in der Regel sowohl Typen als auch konkrete Ausprägungen von organisatorischen Einheiten durch eigene Symbole dargestellt werden können. Hier ist auf die korrekte Auswahl zu achten, da es z.B. vom konkreten Objekttyp abhängt, welche Kantentypen ein Werkzeug zur Modellierung von Geschäftsprozessen anbietet, um ein Objekt mit anderen zu verbinden. Es ist somit wichtig z.B. zwischen Organisationseinheitstypen und Organisationseinheiten zu unterscheiden. Aus diesem Grund lohnt auch ein genauerer Blick auf die gemäß der ARIS-Konzeption vorgesehenen verschiedenen Abstraktionsebenen, die zur Modellierung der Organisationssicht eingesetzt werden können (vgl. [Scheer 2001]):

- Modellierung auf **generalisierter Typebene**
  mit dem Zweck, den allgemeinen Aufbau einer Organisation, z.B. die Hierarchie *Geschäftsleitung – Bereich – Abteilung – Ausführung*, abzubilden.
- Modellierung auf **Typebene**
  Hier werden konkrete Ausprägungen der Typen der generalisierten Typebene dargestellt, zum Beispiel zur Beschreibung der Aufbauorganisation von Hotels einer Hotelkette, die für alle Hotels der Kette gilt, z.B. *Hoteldirektor – Küchenchef – Koch – Azubi – ...*
- Modellierung auf **Ausprägungsebene**
  Hier ist das Ziel die Beschreibung konkreter Ausprägungen, beispielsweise für das in Stuttgart betriebene Hotel dieser Hotelkette: *Hoteldirektor (Stuttgart) – Küchenchef (Stuttgart) – ...*

In Prozessen, die mehrfach in einer Organisation auftreten, z.B. in verschiedenen Niederlassungen, empfiehlt es sich gemäß [Scheer 2001], statt konkreter Organisationseinheiten oder Stellen jeweils den Organisationseinheitstyp bzw. Stellentyp anzugeben, um den Prozess nicht mehrfach modellieren zu müssen, vorausgesetzt die Abläufe und die Zuordnung der einzelnen Prozessschritte zu Aufgabenträgern sind tatsächlich identisch. Es empfiehlt sich somit auf Typebene den Organisationsaspekt zu modellieren und dementsprechend den Stellentyp *Hoteldirektor* und nicht die Stelle *Hoteldirektor (Stuttgart)* zu verwenden und schon gar nicht den konkreten Namen des derzeitigen Stelleninhabers mit dem Objekttyp *Person*. Denn nur so ist gewährleistet, dass der Prozess auch für ein anderes Hotel der Hotelkette passt, z.B. das Hotel in München, sodass Prozesse nicht standortspezifisch, sondern standortunabhängig und damit wiederverwendbar modelliert werden.

Übung

Übung 3: Erstellen Sie ein Organigramm für ein großes Hotel. An der Spitze dieses Hotels steht der Hoteldirektor. Er wird unterstützt von einem Direktionssekretariat, einer Personalabteilung, einer Sicherheitsabteilung und einem Verkaufsförderungsteam. Alle diese unterstützenden Einheiten sollen als Stabseinheiten dargestellt werden. In der Linie unterstehen dem Hoteldirektor ein 1. Küchenchef, ein Restaurantchef und ein Chef des Beherbergungsbetriebs. Dem 1. Küchenchef unterstehen die Chefs der beiden Küchen A und B. Dem Restaurantchef unterstehen die Chefs der beiden Hotelrestaurants, der Chef der Bar sowie der Keller. Die Organisationseinheit *Keller* hat dabei Stabsfunktion. Der Leiter des Beherbergungsbetriebs ist der Hausdame, dem Chef der Rezeption und dem Kongressmanager vorgesetzt. Der Hausdame unterstehen die Etagengouvernanten (Synonym dazu: »Etagenleiter«; Etagen werden hierbei als Abteilungen interpretiert) für die Hoteletagen 1 bis 3. Dem Rezeptionschef unterstehen die Kasse, der Portier und eine Stelle Reservierung. Die Ebene der sonstigen ausführenden Mitarbeiter ohne Vorgesetztenfunktion soll nur angedeutet werden. Man denke an Kellner, Pagen, Zimmermädchen usw.

3.5 Modelltypen der Datensicht

Die Datensicht dient der Beschreibung von Informationsobjekten und deren Beziehungen zueinander, hierbei wird ein sehr weit gefasster Informationsbegriff zugrunde gelegt. Das Spektrum reicht von einem einzelnen Datenfeld (z.B. dem Geburtsdatum) bis zu einer Datenbank mit beispielsweise den Kundenstammdaten (vgl. [Keller & Partner 1999]). Ziel der Datensicht auf Fachkonzeptebene ist ein semantisches konzeptionelles Datenmodell, das im Rahmen der DV-Konzeption in ein Datenmodell, das auf einem Datenbankverwaltungssystem basiert, überführt werden kann. Neben dem zentralen und weithin bekannten Modelltyp *Entity-Relationship-Modell*, der in der ARIS-Konzeption in einer erweiterten Form verwendet wird (Modelltyp *eERM*), soll hier als ergänzender Modelltyp das Fachbegriffsmodell vorgestellt werden, das sich besonders als Einstiegsmodell in die Datensicht eignet.

	Funktionssicht	Organisationssicht	Datensicht	Leistungssicht	Steuerungssicht
Überblicks-Modelltypen			Fachbegriffsmodell		Prozessauswahldiagramm und -matrix Wertschöpfungskettendiagramm
Zentrale Modelltypen	Funktionsbaum Anwendungssystemtypdiagramm	Organigramm	eERM	Produktbaum	eEPK
Ergänzende Modelltypen	Zieldiagramm		eERM-Attributzuordnungsdiagramm		Ereignisdiagramm Funktionszuordnungsdiagramme

Abb. 3–9 *Betrachtete Modelltypen der Datensicht*

3.5.1 Fachbegriffsmodell

Ein Fachbegriffsmodell bildet die Beziehungen zwischen den in einem Unternehmen verwendeten fachlichen Begriffen ab. Eine besondere Herausforderung stellt dabei häufig die Existenz unterschiedlicher Fachsprachen im Unternehmen dar, etwa in kaufmännisch geprägten Bereichen auf der einen und technisch geprägten Bereichen auf der anderen Seite. Diese unterschiedlichen Sprachwelten spiegeln sich dann auch in den entsprechenden Prozessmodellteilen wider, falls das Ziel einer übergreifenden Modellierung verfolgt wird (vgl. z.B. [Rosemann et al. 2005]). Ziel sollten deshalb generell unternehmensweit abgestimmte Fachbegriffe sein, um Teilprozesse, die in unterschiedlichen Bereichen modelliert wurden, zusammenfügen – integrieren – zu können, ohne dass im Gesamtmodell dann deutliche begriffliche Brüche festzustellen sind. Wichtig ist dabei eine richtige Begriffsbildung, d.h. jeweils die Wahl einer präzisen, aussagekräftigen Benennung sowie die Formulierung einer Definition, die die wesentlichen Merkmale des Begriffs (die sogenannte »Begriffsintension«) und Beispiele für Gegenstände, die unter den Begriff fallen (die sogenannte »Begriffsextension«), umfasst. Die Definition muss unbedingt unternehmensspezifische Bestandteile aufweisen – ansonsten würde die Verwendung von allgemein zugänglichen Fachwörterbüchern genügen – und im Unternehmen konsensfähig sein, d.h. unter Beteiligung der verschiedenen Bereiche im Unternehmen erarbeitet und verabschiedet werden.

Glossare als Fließtexte genügen in der Regel nicht, um dieses Ziel zu erreichen. Fachbegriffsmodelle gelten dagegen als ein übersichtlicher und strukturierter Ansatz, um die Terminologieproblematik in den Griff zu bekommen. Beispiele für häufig uneinheitlich verwendete Begriffe sind laut [Gadatsch 2005] und gemäß gleichlautender Erfahrungen des Autors *Kunde* und *Auftrag*. Fachbegriffsmodelle sind auch nützlich, wenn im Zuge der Einführung einer Standardsoftware Begriffe mit neuen Inhalten belegt werden müssen, weil die Standardsoftware dies so vorschreibt, obwohl die Begriffe vorher anders belegt waren. Diesbezügliche Zusammenhänge, Unterschiede, Synonyme usw. können so zu Anfang eines Einführungsprojekts leicht allen Beteiligten aufgezeigt werden.

Der Modelltyp *Fachbegriffsmodell* baut im Kern auf nur einem Objekttyp auf: dem ***Fachbegriff***, in ARIS® dargestellt als Rechteck mit einem angedeuteten aufgespießten Notizzettel in der rechten unteren Ecke. Fachbegriffe werden dabei über verschiedene Beziehungstypen miteinander verbunden, exemplarisch seien zur Veranschaulichung diejenigen genannt, die in der ARIS®-Version 7.02 zur Verfügung stehen:

- steht in Beziehung zu
- umfasst
- ist ein(e)
- klassifiziert
- ist Merkmal von
- kann sein
- ist Exemplar von
- hat
- ist Oberbegriff von
- ist Teil von
- Synonym (Vorzugsbenennung von)
- ist funktionaler Oberbegriff von

Häufig wird es mehrere Benennungen für einen Sachverhalt geben, sodass die Synonymbeziehung benötigt wird. Es ist wichtig, von den dadurch im Fachbegriffsmodell dokumentierten synonymen Benennungen unbedingt genau eine als Vorzugsbenennung festzulegen. Ausschließlich diese ist dann zur Benennung von Objekten und Modellen zu verwenden. Sollte es zahlreiche Synonyme zu einer Vorzugsbenennung geben, so können diese auch in ein separates Fachbegriffsmodell ausgelagert werden, das die Vorzugsbenennung und die Synonyme enthält. Auf diese Weise wird das zentrale Fachbegriffsmodell selbst überschaubar gehalten. Das separate Modell mit den Synonymbeziehungen wird bei Einsatz eines geeigneten Werkzeugs mit dem entsprechenden Fachbegriff im zentralen Modell über eine Hinterlegungsbeziehung verknüpft, wie sie in Abschnitt 4.2.2 erläutert wird. Als Layoutkonvention wird von [Rosemann et al. 2005] vorgeschlagen, bei gerichteten Beziehungen den Quellbegriff links unten, den Zielbegriff (bei Synonymen den Vorzugsbegriff) rechts oben zu platzieren, bei ungerichteten Beziehungen wird der Hauptbegriff rechts oben angegeben, der Kantentyp sollte links oberhalb der Kante entsprechend der üblichen Leserichtung platziert werden (vgl. dazu auch das Beispiel in Abb. 3–10).

Das Hauptziel der Fachbegriffsmodellierung besteht jedoch nicht darin, eine vollständige Datenstrukturierung vorzunehmen, sondern vielmehr eine Festlegung der zentralen Fachbegriffe im Unternehmen und ihrer Beziehungen untereinander zu schaffen. Für eine vollständige Strukturierung der Daten steht der Modelltyp *eERM* – das erweiterte Entity-Relationship-Modell – als Modelltyp zur Verfügung (siehe Abschnitt 3.5.2). Dieses lässt sich auf Basis eines vorhandenen Fachbegriffsmodells sehr viel leichter aufbauen. Zu diesem Zweck können im Fachbegriffsmodell auch Beziehungen zu den wesentlichen Objekttypen des eERM dargestellt werden, z.B. zu Entitytypen und Attributen.

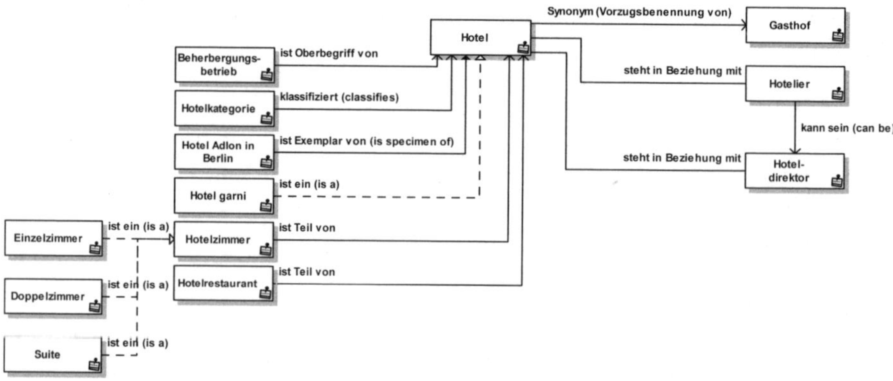

Abb. 3–10 *Beispiel eines Fachbegriffsmodells*

3.5.2 Erweitertes Entity-Relationship-Modell (eERM)

Der zentrale Modelltyp der Datensicht, das Entity-Relationenship-Modell, wurde in [Chen 1976] vorgestellt, er dient der Abbildung von Gegenständen und ihren Beziehungen zueinander. Er verwendet die Elemente *Entitytyp*, *Beziehungstyp* und *Attribut*. Das Entity-Relationship-Modell wurde mehrfach erweitert und deshalb spricht man inzwischen häufig von einem »erweiterten ERM«. Auch in der ARIS-Konzeption wird eine Erweiterung des ursprünglichen Ansatzes verwendet, der Modelltyp heißt dementsprechend *erweitertes Entity-Relationship-Modell*, meist abgekürzt mit *eERM*.

Als zentraler Objekttyp eines eERM dient der **Entitytyp,** den man außerhalb der ARIS-Konzeption manchmal auch »Entitätstyp« nennt. Entitytypen werden in ARIS® gewöhnlich als hellblaue Rechtecke dargestellt. Die einzelnen Entitäten (*Entities*) als Ausprägungen von Entitytypen sind wohl unterscheidbare Objekte der realen Welt. Diese Objekte können materiell oder abstrakt sein, es kann sich dabei auch um Personen handeln. Umgekehrt betrachtet werden Entitäten zu Entitytypen zusammengefasst, z.B. die einzelnen Kunden eines Unternehmens zum Entitytyp *Kunde*. Durch die Zusammenfassung der Beziehungen zwischen zwei Entitäten bzw. zwei Entitytypen gelangt man zum Beziehungstyp.

Beziehungstypen werden in ARIS® als (gelbe) Rauten dargestellt. Zwischen Entitäten und damit auch zwischen Entitytypen bestehen Beziehungen (Assoziationen), z.B. zwischen dem Entitytyp *Gast* und dem Entitytyp *Zimmer.* Über Kanten werden die Entitytypen mit der Raute verbunden. Die Raute wird mit dem Beziehungstyp beschriftet, z.B. *belegt.* Ein Beziehungstyp wird zum ***Uminterpretierten Beziehungstyp,*** wenn ihm eigene Attribute zugewiesen werden sollen, d.h., wenn der Beziehungstyp als Entitytyp verwendet werden soll. Dies wird durch ein eigenes Symbol in Form eines gelben Rechtecks, das die Raute des Beziehungstyps umschließt, dargestellt. Beziehungen können auch zwischen Entitäten eines Entitytyps auftreten, z.B. die Beziehung *Ehe* zwischen zwei Ausprägungen des Entitytyps *Person,* man spricht in diesem Fall von rekursiven Beziehungen.

Attribute repräsentieren gemeinsame Merkmale der Entitäten eines Entitytyps, z.B. kann der Entitytyp *Kunde* die Attribute *Kundennummer, Name, Geburtsdatum, Adresse* enthalten. Attribute werden als Ovale dargestellt. Man kann zwischen Schlüsselattributen, beschreibenden Attributen und Fremdschlüsselattributen unterscheiden. **Schlüsselattribute** (S-Attribute) – in ARIS® dargestellt als Ovale mit doppelter Randlinie, Standardfarbe: Weiß – identifizieren eine Entität eindeutig. Beispielsweise identifiziert das Schlüsselattribut *Kundennummer* eindeutig einen ganz speziellen Kunden, sofern jedem Kunden eine eindeutige Kundennummer zugeordnet wird. Die Identifikation kann grundsätzlich über ein einzelnes Attribut wie im Falle der Kundennummer oder über eine Gruppe von Attributen (Beispiel: *Name, Vorname, Geburtsdatum*) erfolgen. In Ausnahmefällen genügt allerdings auch diese Attributgruppe nicht, um einen Kunden eindeutig zu identifizieren, ggf. müssen deshalb weitere Attribute in die Gruppe einbezogen werden, z.B. das Attribut *Geburtsort.* Die eindeutige Identifikation über exakt ein Attribut wird in der Regel durch fortlaufende Nummern wie z.B. die *Zimmernummer* erreicht, diese haben meist keine beschreibende Funktion und werden oft als *künstliche Schlüssel* bezeichnet.

Die meisten Attribute haben keine Identifikationsfunktion, sie werden gemäß der ARIS-Methode **beschreibende Attribute** (b-Attribute) genannt und in ARIS® als weiße Ovale modelliert. Eine besondere Stellung nehmen **Fremdschlüsselattribute** (FS-Attribute) ein, dargestellt in ARIS® als weiße Ovale mit doppeltem Rand sowie links und rechts jeweils einer senkrechten Linie im Oval. Sie verkörpern Attribute eines Entitytyps, die bei einem anderen Entitytyp als Schlüsselattribut dienen. Sie besitzen in der Regel keine Identifikationsfunktion bezüglich des Entitytyps, dem sie als Fremdschlüssel zugeordnet werden.

Neben dem allgemeinen Beziehungstyp gibt es eine spezielle Art der Beziehung zwischen zwei Entitytypen: *Generalisierung* und *Spezialisierung,* d.h. eine Überordnung-/Unterordnungsbeziehung im Sinne der Vererbungsbeziehung *Oberbegriff-Unterbegriff,* die besagt, dass dem Unterbegriff stets alle Attribute des Oberbegriffs vererbt werden. Beispiel hierfür sind die Beziehungen zwischen *Hotelzimmer* (Oberbegriff), *Einzelzimmer* (Unterbegriff), *Doppelzimmer* (Unterbegriff) und *Suite* (Unterbegriff) (vgl. Abb. 3–11). Verwendet wird der Objekttyp

Generalisierung, in ARIS® dargestellt als ein grünes Dreieck. Hinweis: Statt als »Generalisierung« wird dieser Beziehungstyp oft auch als *is-a* (ist ein) bzw. *is-a/can-be* (ist ein/kann ein) bezeichnet, d.h., ein Exemplar des Subtyps ist immer auch ein Exemplar des Supertyps; ein Exemplar des Supertyps kann gleichzeitig auch ein Exemplar eines speziellen Subtyps sein.

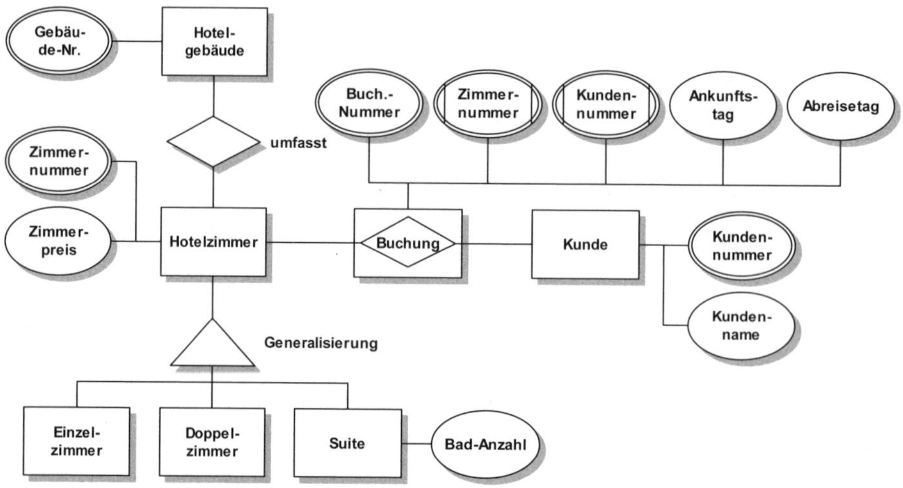

Abb. 3–11 *Bespiel eines eERM*

Generalisierung heißt, dass ähnliche Entitytypen (Subtypen) zu einem übergeordneten Entitytyp (Supertyp) zusammengefasst werden. Der Supertyp ist logisch über eine Supertyp-Subtyp-Beziehung mit den untergeordneten, spezialisierten Subtypen verknüpft. Gemeinsame Attribute der Subtypen können somit dem Supertyp zugeordnet werden. Dadurch können Redundanzen vermieden werden, da der Subtyp (Spezialisierungstyp) automatisch die gemeinsam genutzten Attribute vom Supertyp erbt (vgl. [Gadatsch 2005]). Die Subtypen können zusätzliche Attribute oder Beziehungen haben, in Abbildung 3–11 hat der Subtyp *Suite* das Attribut *Bad-Anzahl*.

Bei Einsatz des Werkzeugs ARIS® ist von der Verwendung des zusätzlich angebotenen Symbols *Cluster* als Zusammenfassung von Entitytypen und Beziehungstypen in einem eERM eher abzuraten, da zu einem Cluster keine Beziehungen zu Entitytypen oder Beziehungstypen, Attributen usw. abgebildet werden können. Es ist ebenfalls davon abzuraten, den ARIS-Objekttyp *Business-Objekt* zur fachlichen Beschreibung der Datensicht zu verwenden, da Ausprägungen dieses Objekttyps in einem eERM nicht in Beziehung zueinander zu setzen und nicht durch fachliche Attribute näher zu beschreiben sind (vgl. [Grief 2005]).

Abhängig vom Umfang der zu modellierenden Entitytypen und Attribute bietet es sich grundsätzlich an – um das eERM nicht zu überladen – die Attribute eines Entitytyps in ein *eERM-Attributzuordnungsdiagramm* (siehe Abschnitt

3.5.3) auszulagern, denn schon das einfache Beispiel in Abbildung 3–11 wirkt durch die Attribute recht voll.

3.5.3 eERM-Attributzuordnungsdiagramm

Abbildung 3–12 zeigt ein Beispiel eines eERM-Attributzuordnungsdiagramms. Modelle dieses Typs stellen oftmals eine sinnvolle Ergänzung zum Modelltyp *eERM* dar. Sie dienen dazu, Entitytypen Attribute vollzählig zuzuordnen, man muss sich hier nicht wie im eERM aus Platzgründen auf die wichtigsten beschränken. eERM-Attributzuordnungsdiagramme stellen somit eine Detaillierung der Entitytypen und ihrer Beziehungen im Hinblick auf die datenbanktechnische Umsetzung dar und sind damit Attributtabellen vergleichbar. Sie sind der Schicht *DV-Konzept* zuzuordnen.

Grief rät sogar von einer Modellierung der Attribute im eERM grundsätzlich ab und verweist konsequent auf den Modelltyp *eERM-Attributzuordnungsdiagramm*, den er dann durchgängig für jeden Entitytyp als genauere Beschreibung einfordert (vgl. [Grief 2005]). In diesem Fall würde auch eine saubere Trennung der Schichten vollzogen: Entitytypen und ihre Beziehungen im eERM zur Modellierung der Fachkonzeptschicht, die Attributierung eines Entitytyps oder eines Beziehungstyps in einem eERM-Attributzuordnungsdiagramm zur Modellierung der DV-Konzept-Schicht.

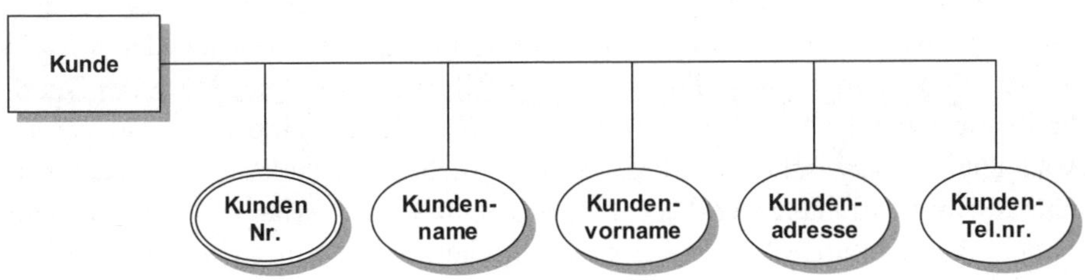

Abb. 3–12 *Beispiel eines eERM-Attributzuordnungsdiagramms*

Übungen

Übung 4: Erstellen Sie ein **Fachbegriffsmodell**, das folgende Fachbegriffe umfasst: Hotelzimmer, Zimmertyp, Bad, Dusche, WC, Minibar, Miniküche, Zimmermädchen, Raum, Raumgröße, Telefon. Gehen Sie davon aus, dass WC und Dusche Teile des Bads sind.

Übung 5: Modellieren Sie ein **eERM** für den Restaurantbereich von Hotels, berücksichtigen Sie dabei folgende Angaben:

a) Zu einem Hotel können mehrere Restaurants gehören. Ein Hotelrestaurant gehört zu genau einem Hotel.

b) Ein Hotelrestaurant wird von einem Restaurantchef geleitet. Ein Restaurantchef kann mehrere Hotelrestaurants leiten.
c) Ein Restaurantchef ist ein Mitarbeiter.
d) Ein Hotelrestaurant bietet mehrere Tische. Ein Tisch steht stets in einem bestimmten Restaurant.
e) Ein Tisch bietet eine bestimmte Anzahl Sitzplätze.
f) Ein Kunde kann einen oder mehrere Tische für eine bestimmte Zeit reservieren.
g) Kunden sind entweder Firmenkunden oder Privatkunden.
h) Zu einem Hotelrestaurant gehört eine Küche. Eine Küche kann mehrere Restaurants versorgen.
i) Eine Küche wird von einem Küchenchef geleitet.
j) Der Küchenchef ist ein Mitarbeiter.

3.6 Modelltyp der Leistungssicht

Die Erstellung von Leistungen ist zentrale Aufgabenstellung jeder Organisation. Geschäftsprozesse werden durchgeführt, die Leistungen erbringen sollen. Dazu werden in der Regel auch Leistungen benötigt, die einfließen, z.B. Rohstoffe, Vorprodukte, Informationen. Die Leistungssicht dient deshalb generell der Beschreibung materieller und immaterieller Input- und Outputleistungen – Sach- und Dienstleistungen aller Art – einschließlich der Geldflüsse (vgl. [Scheer 2001]). Sie ist erst später dem ARIS-Konzept hinzugefügt worden, sodass man in älteren Werken auch Darstellungen des »ARIS-Hauses« ohne sie findet. Durch die Betrachtung der Input- und Outputleistungen der einzelnen Prozesse werden Abhängigkeiten zwischen den Prozessen deutlich, denn die Prozesse stehen oftmals in Kunden-Lieferanten-Beziehungen zueinander. Hierbei erkennt man sehr schnell das verbreitete Problem der Geringschätzung interner Kunden-Lieferanten-Beziehungen, d.h., interne Lieferanten neigen dazu, sich gegenüber internen Kunden monopolistisch zu verhalten: Sie erbringen ihre Leistung tendenziell zu teuer, nicht termingerecht und nicht in der erforderlichen Qualität. Prozessorientierung bedeutet deshalb auch, interne Kunden ähnlich wichtig wie externe Kunden zu sehen und zu behandeln (vgl. [Schmelzer & Sesselmann 2006]).

Es ist somit festzuhalten, dass auch alle internen Prozesse Leistungen erstellen, z.B. erstellt die Reisekostenabrechnung die Leistung *geprüfte Reisekostenabrechnung* als Voraussetzung für das Ausführen von Folgeschritten, z.B. das Veranlassen der Überweisung der Reisekosten. Die Struktur der erstellten Leistungen lässt sich hierarchisch als Produktbaum darstellen. Auch Outsourcing-Überlegungen können auf der Zerlegung der Leistungen aufgebaut werden. Beantwortet werden Fragen wie etwa folgende: Welche Teilleistungen können ohne Bedenken fremdbezogen werden? Oder: Welche Teilleistungen zählen zu den eigenen Kernkompetenzen und sollten deshalb weiterhin intern erstellt werden?

3.6.1 Produktbaum

Im Werkzeug ARIS® existiert nur ein relevanter Modelltyp für die Leistungssicht: der Produktbaum, sodass zwangsläufig auch nur dieser vorgestellt werden kann (vgl. Abb. 3–13). Dieser ist der Ebene des Fachkonzepts zuzurechnen. Allweyer spricht dabei synonym von *Leistungsbaum*, Scheer von *Produktmodell* (vgl. [Allweyer 2005a; Scheer 2001]). Produktbäume können mit einfachen Stücklisten verglichen werden, sie zeigen, aus welchen Teilleistungen sich eine Gesamtleistung zusammensetzt (vgl. Abb. 3–14). Derartige Darstellungen helfen bei der Auswahl und der Strukturierung der erforderlichen Prozesse zur Leistungserstellung, indem dokumentiert werden kann, welcher Prozess welche Leistung erbringt, wobei man sich Gedanken über die Fertigungstiefe machen muss, ablesbar an enger oder weiter gefassten Prozessschritten. Dies bedeutet somit auch eine Festlegung, wie stark arbeitsteilig gearbeitet werden soll (vgl. [Allweyer 2005a]).

	Funktionssicht	Organisationssicht	Datensicht	Leistungssicht	Steuerungssicht
Überblicks-Modelltypen			Fachbegriffsmodell		Prozessauswahldiagramm und -matrix Wertschöpfungskettendiagramm
Zentrale Modelltypen	Funktionsbaum Anwendungssystemtypdiagramm	Organigramm	eERM	Produktbaum	eEPK
Ergänzende Modelltypen	Zieldiagramm		eERM-Attributzuordnungsdiagramm		Ereignisdiagramm Funktionszuordnungsdiagramme

Abb. 3–13 *Betrachtete Modelltypen der Leistungssicht*

Das Zerlegen von Dienstleistungen in Teilleistungen funktioniert prinzipiell genauso wie das Zerlegen materieller Leistungen in Form von Stücklisten, jedoch soll damit nicht ausgedrückt werden, dass sich eine Leistung in jedem Fall aus den untergeordneten Teilleistungen zusammensetzt, d.h., hier sind im Gegensatz zur Stückliste neben Teil-Ganze-Beziehungen (Kantentyp: *besteht aus*) auch allgemeine Beziehungen (Kantentyp: *steht in Beziehung mit*) und Generalisierungs-/Spezialisierungsbeziehungen (Kantentyp: *umfasst*) möglich.

Die Darstellung von Leistungen in Informationssystemen erfolgt in Form von Daten, deshalb existieren auch keine speziellen Modelltypen in ARIS für die Leistungssicht auf DV-Konzept- und Implementierungsebene. Die Beschreibung der vom Prozess erbrachten Wertschöpfungen (Produkte, Dienstleistungen) benötigt i.d.R. keine differenzierte Betrachtung der drei Ebenen.

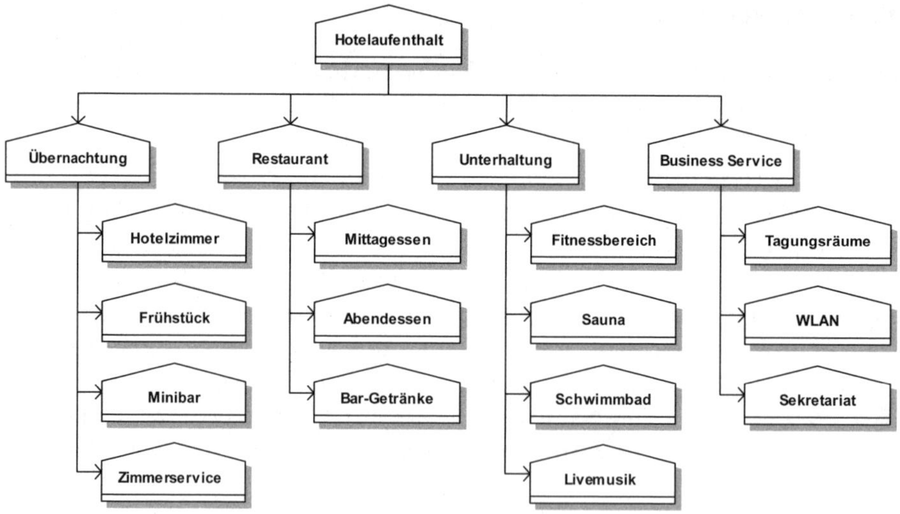

Abb. 3–14 *Beispiel eines Produktbaums für die Leistungen eines Hotels*

Generell ist festzuhalten und am Beispiel der Leistungssicht gut zu erklären, dass Zuordnungen zu einer Sicht nicht immer ganz eindeutig möglich sind (vgl. [Allweyer 2005a]). Stellt demnach z.B. ein Prüfprotokoll eine Leistung dar, die in der Leistungssicht dokumentiert werden soll? Oder steht man auf dem Standpunkt, dass man das entsprechende Protokoll zwar im Rahmen der Modellierung der Prozesssicht berücksichtigen kann, es jedoch nicht als erstellte Leistung, sondern schlicht als Dokument an die entsprechende Prüffunktion in der EPK modelliert?

Übung

Übung 6: Modellieren Sie einen **Produktbaum** für die Vermittlung externer Angebote durch ein Hotel. Denken Sie an Beförderungsmöglichkeiten, Veranstaltungen im kulturellen und sportlichen Bereich, Ausflüge usw.

3.7 Modelltypen der Steuerungssicht (ohne EPK)

Die Steuerungssicht integriert die bis hierher betrachten Teilsichten, d.h., sie beschreibt den betrachteten Prozess als Ganzes. Sie ist deshalb auch im Zentrum des ARIS-Hauses angesiedelt. Das ARIS-Konzept ist somit im Kern ein prozessorientierter Ansatz, der sowohl der Beschreibung der Unternehmensorganisation als auch der Architektur der betrieblichen Informationssysteme dient. Dies lässt sich sehr schön daran erkennen, dass etwa in der Version 7.02 des ARIS-Toolsets® der Steuerungssicht (Synonym: Prozesssicht) rund 80 verschiedene Modelltypen zugeordnet sind, sofern man hier keine Filterung einstellt und man alle

Varianten der einzelnen Modelltypen berücksichtigt. Dies sind deutlich mehr als jeder anderen Sicht zugeordnet sind.

Es ist offensichtlich, dass die Bedeutung dieser rund 80 Typen und ihre Verbreitung in der Praxis stark streuen. Neben dem dominierenden Modelltyp *eEPK* sind es nur wenige, die im Zusammenhang mit dem ARIS-Konzept bisher eine größere Verbreitung gefunden haben. Hierunter fallen insbesondere solche Modelltypen, die EPKs gut ergänzen, zu nennen sind die Modelltypen *Ereignisdiagramm, Funktionszuordnungsdiagramm, Prozessauswahldiagramm, Prozessauswahlmatrix, Wertschöpfungskettendiagramm* (vgl. Abb. 3–15). Auch eine ganze Reihe von Modelltypen der UML wird zur Steuerungssicht gezählt, auf eine detaillierte Darstellung dieser Modelltypen wird hier verzichtet, da sie für das ARIS-Konzept keine zentrale Rolle spielen und zur UML-Modellierung in der Regel andere Werkzeuge eingesetzt werden. Zum Thema »UML« existieren außerdem genügend einschlägige Veröffentlichungen, die Erläuterungen zu den zahlreichen UML-Diagrammtypen und somit auch zu der von ARIS® angebotenen begrenzten Auswahl an UML-Diagrammtypen bieten. Auf die Möglichkeiten der Verbindung von ARIS und UML wird dagegen in Kapitel 5 eingegangen.

	Funktionssicht	Organisationssicht	Datensicht	Leistungssicht	Steuerungssicht
Überblicks-Modelltypen			Fachbegriffsmodell		Prozessauswahldiagramm und -matrix Wertschöpfungskettendiagramm
Zentrale Modelltypen	Funktionsbaum Anwendungssystemtypdiagramm	Organigramm	eERM	Produktbaum	eEPK
Ergänzende Modelltypen	Zieldiagramm		eERM-Attributzuordnungsdiagramm		Ereignisdiagramm Funktionszuordnungsdiagramme

Abb. 3–15 *Betrachtete Modelltypen der Steuerungssicht (ohne EPK)*

Die Steuerungssicht betrachtet ein soziotechnisches System – ein System, das sich aus Menschen und maschinellen Systemen zusammensetzt – unter dem Gesichtspunkt der sachlogischen und zeitlichen Abfolge der einzelnen Teilfunktionen. Ein Prozess integriert damit auch Funktionen, die in der funktionalen Sichtweise nicht zusammengefasst werden würden, d.h., Prozesse durchlaufen Funktionsbäume horizontal. Da Prozesse eines soziotechnischen Systems nie exakt gleich ablaufen, benötigt man zur Modellierung ein Grundgerüst an schematisierbaren, wiederkehrenden Strukturen, die es dem Menschen erlauben, Handlungsabläufe trotz individueller Elemente als einheitliche Prozesse bzw. Geschäftsprozesse wahrzunehmen (vgl. [Specker 2005]).

3.7.1 Ereignisdiagramme

Ereignisse beschreiben im Sinne des ARIS-Konzepts den Eintritt von Zustandsänderungen von Informationsobjekten, wobei es sich nach [Keller et al. 1992] jeweils um einen betriebswirtschaftlich relevanten Zustand des Informationsobjekts handeln muss, der zur Bearbeitung einer Folge von Aktivitäten führen kann, z.B. *Kundenauftrag ist eingetroffen*. In der Regel werden diese Informationsobjekte im Datenmodell, z.B. mittels des Modelltyps *eERM* als Entitytypen, Attribute o.Ä., beschrieben, wodurch ein eindeutiger Bezug des Ereignisses zum Informationsobjekt hergestellt werden kann. Rump weist darauf hin, dass hier eine spezielle Interpretation des Ereignisbegriffes verwendet wird, da eben auch Zustandsbezeichnungen als »Ereignisse« bezeichnet werden, obwohl Ereignisse üblicherweise zeitpunktbezogen, Zustände dagegen intervallbezogen interpretiert werden (vgl. [Rump 1999]). Ereignisse bei ARIS besitzen gleichwohl stets ein Zeitintervall von null (vgl. [Kruse & Scheer 1992]).

Ereignisse werden als Sechsecke dargestellt, Standardfarbe in ARIS® ist dabei helles Purpur(rot), auch Magenta genannt. Als Namenskonvention gilt, dass ein Ereignis wenn möglich nach folgendem Schema zu benennen ist (vgl. [Davis 2003; Hoffmann et al. 1993]):

1. **<Substantiv>** (bezeichnet das Informationsobjekt), wobei der Singularform des Substantivs stets der Vorzug zu geben ist, z.B. »Auftrag« statt »Aufträge«
2. **[ist]** (optional, kann auch entfallen) bzw. in Ausnahmefällen, d.h. wenn die Singularform unsinnig ist: [sind]
3. **<Verb im Perfektpartizip>** oder **<Adjektiv>**

Beispiele dazu sind: *Vertrag [ist] geprüft, Kundendatensatz [ist] gelöscht, Antrag [ist] unvollständig, Kundendaten [sind] vollständig.*

Nicht korrekt wären dementsprechend Ereignisbenennungen wie *Bonität wird geprüft* (korrekt: *Bonität [ist] geprüft*), *Reservierung löschen* (korrekt: *Reservierung [ist] gelöscht*); *Beschwerde trifft ein* (korrekt: *Beschwerde [ist] eingetroffen*). Falls es unbedingt notwendig ist, kann der Teil <Substantiv> auch ein näher beschreibendes Adjektiv einschließen, z.B. *bestätigte Reservierung storniert,* falls es darauf ankommen sollte, dass nicht eine beliebige, sondern eine (schriftlich) bestätigte Reservierung storniert worden ist.

Man kann grundsätzlich folgende Ereignisarten unterscheiden (vgl. [Rosemann et al. 2005]). In Klammern werden dazu die entsprechenden Datenbankoperationen genannt:

1. Ein Ereignis beschreibt ein neu entstandenes Prozessobjekt, z.B. *Datensatz ist angelegt* [Create].
2. Ein Ereignis beschreibt den Endzustand eines Prozessobjekts, z.B. *Auftrag storniert* [Delete].

3. Ein Ereignis beschreibt eine Attributänderung,
   z.B. *Auftrag ist geprüft* [Update].
4. Ein Ereignis beschreibt das Eintreffen eines bestimmten Zeitpunkts,
   z.B. *Mahntermin ist erreicht.*
5. Ein Ereignis beschreibt eine prozessrelevante Bestandsveränderung,
   z.B. *Kreditlimit ist überschritten.*

Im Ereignisdiagramm können Zusammenhänge zwischen Ereignissen auf grober und auf feiner Modellierungsebene abgebildet werden. Einem Ereignis auf grober Ebene kann ein Ereignisdiagramm hinterlegt werden, in dem die Ereignisse auf feinerer Ebene und ihre Verknüpfungen dargestellt sind. Unter einer Hinterlegung wird gemäß der ARIS-Terminologie die Detaillierung eines Objekts, z.B. einer Funktion oder eines Ereignisses, mithilfe eines eigenen Modells verstanden. Dieses Detailmodell, das die internen Strukturen des Objekts abbildet, wird mit dem Objekt über eine sogenannte Hinterlegungsbeziehung verknüpft (siehe dazu auch Abschnitt 4.2.2).

Ereignisdiagramme können um sehr viele Erweiterungsobjekte ergänzt werden, sodass die Aussagekraft der Modelle weiter erhöht wird. Besonders hervorzuheben ist die Möglichkeit, Konnektoren (UND, ODER, ENTWEDER-ODER) zu verwenden, um Abhängigkeiten zwischen Teilereignissen ausdrücken zu können (siehe dazu Abschnitt 4.1.1.3). Konnektoren sind besonders im Zusammenhang mit EPKs von Bedeutung, deshalb werden sie erst dort eingeführt. Im Beispiel in Abbildung 3–16 werden sie nicht verwendet.

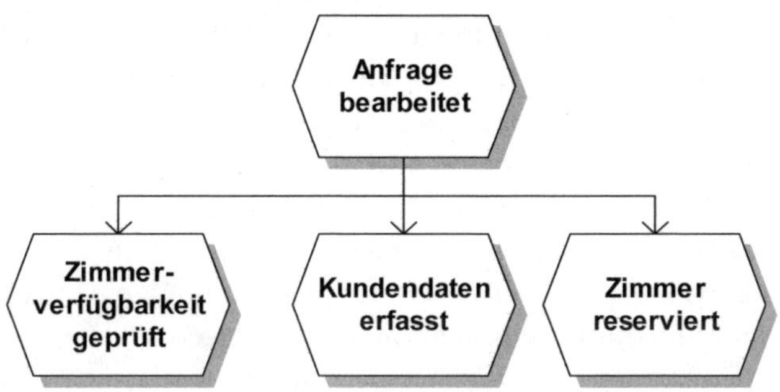

Abb. 3–16 *Beispiel eines Ereignisdiagramms*

Die Nutzung von zerlegten Ereignissen erfordert eine hohe Modellierungsdisziplin und -erfahrung (vgl. [Davis 2003]), denn es muss bei jeder Verwendung des Ereignisses bzw. seiner Teilereignisse sichergestellt sein, dass jeweils die korrekte Auswahl getroffen wurde, d.h., es ist genau zu überlegen, ob das Ereignis insgesamt oder lediglich eine zu bestimmende Menge der Teilereignisse sachlich zutreffend ist. Generell leidet unter derartigen Zusammenfassungen zwangsläufig die Aussagekraft eines Modells, dafür steigt dessen Übersichtlichkeit, wobei in Kauf genommen wird, dass der Zusammenhang zwischen Ereignis und Teilereignissen über ein zusätzliches Modell – das Ereignisdiagramm – hergestellt werden muss. Nach [Davis 2003] ist deshalb von der Nutzung dieses Modelltyps grundsätzlich abzuraten, er empfiehlt ihn lediglich für die organisationsübergreifende Modellierung, etwa eines Unternehmens und seiner Lieferanten. Eine Übung zu Ereignisdiagrammen folgt auf Seite 59.

3.7.2 Funktionszuordnungsdiagramme

Funktionszuordnungsdiagramme dienen zunächst einmal dazu, Input- und Outputdaten einer Funktion darzustellen. Sie verbinden somit die Daten- und die Funktionssicht, indem sie die Datenflüsse bezogen auf eine Funktion darstellen. Außerhalb des ARIS-Konzepts wird deshalb auch schlicht von Input-/Outputdiagrammen gesprochen. Es gibt jedoch einen guten Grund, weshalb ein anderer Name verwendet wird: Neben Datenobjekten (Entitytypen, Attributen usw.) können viele andere Objekte einer Funktion zugeordnet werden. Konkret können alle Objekttypen und deren Symbole zugeordnet werden, die auch in einer EPK zur Verfügung stehen, um Funktionen näher zu beschreiben. Deshalb wurde diesem Modelltyp der Name *Funktionszuordnungsdiagramm* gegeben. Es können quasi alle bisher vorgestellten Objekttypen, d.h. insbesondere Ziele, sämtliche Objekttypen der Organisationssicht, Fachbegriffe, die schon erwähnten Objekttypen des eERM (Entitytypen, Beziehungstypen, Attribute usw.), Leistungen und die Objekttypen von Anwendungssystemtypdiagrammen (Anwendungssysteme, DV-Funktionen, Module, usw.) zugeordnet werden.

Diese Zuordnungen sind grundsätzlich auch direkt in EPKs möglich – siehe dazu Abschnitt 4.1.2 – und benötigen folglich nicht zwingend einen eigenen Modelltyp. Eine intensive Nutzung dieser Zuordnungs- und damit Erweiterungsmöglichkeiten bei EPKs führt jedoch schnell dazu, dass die Modelle unübersichtlich werden. Deshalb werden Funktionszuordnungsdiagramme inzwischen hauptsächlich dazu eingesetzt, EPKs schlank zu halten und alle ergänzenden Objekte der anderen Sichten jeweils in ein für jede Funktion einer EPK gesondert anzulegendes Funktionszuordnungsdiagramm auszulagern.

Das Beispiel in Abbildung 3–17 zeigt ein Funktionszuordnungsdiagramm für die Funktion *Anfrage bearbeiten*. Dargestellt sind auf der linken Seite verschiedene sogenannte »Informationsträger«, über die die Anfrage eintreffen kann, die Datenbank *Kunde*, aus der die Kundenstammdaten gelesen werden können, sofern es sich um einen Stammkunden handelt, sowie der Datencluster *Kundenanfrage* als Dateninput, durch den es sich erübrigt, konkrete Entitytypen, Beziehungen und Attribute zu nennen (was natürlich alternativ auch möglich, jedoch aufwendiger wäre). Auf der rechten Seite wird die ausführende Organisationseinheit (der *Empfang*), das eingesetzte Anwendungssystem sowie als Datenoutput der Datencluster *Buchungsdaten* aufgeführt. Man erkennt, dass die Verwendung von Datenclustern weniger präzise ist, dies hat jedoch den Vorteil, dass Platz gespart wird und dass man sich im Rahmen der Fachkonzeption eben noch nicht unbedingt auf konkrete Entitytypen, Attribute usw. festlegen muss, deren Struktur unter Umständen noch gar nicht genau feststeht.

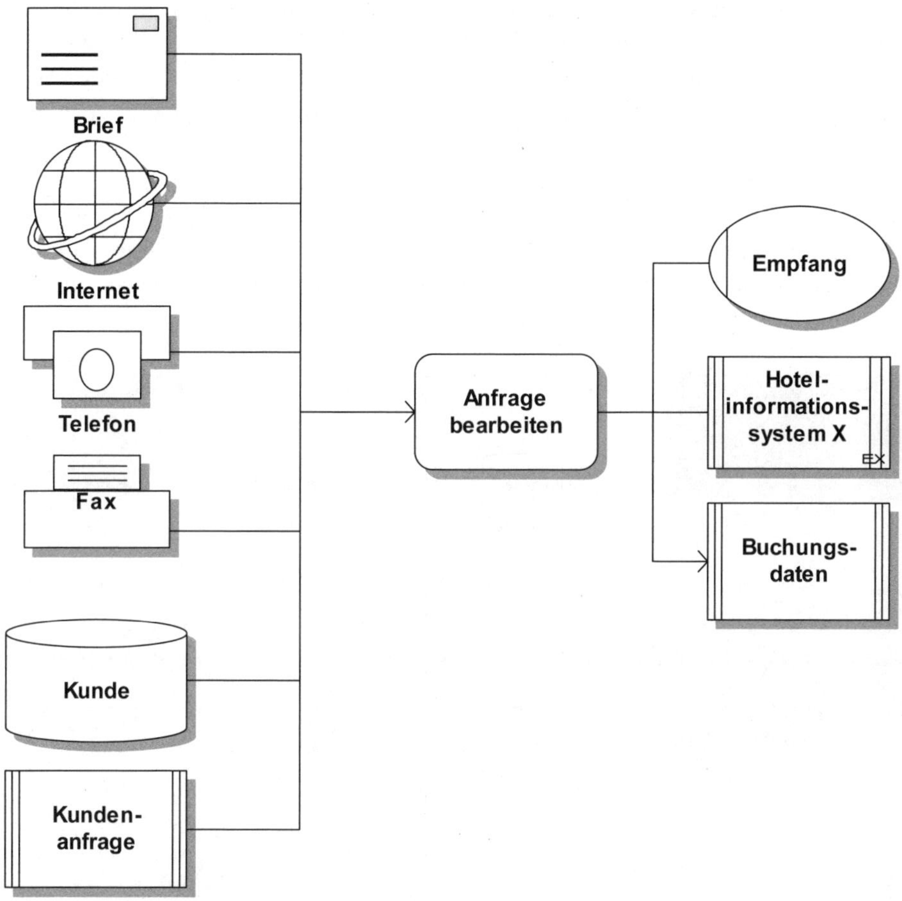

Abb. 3–17 *Beispiel eines Funktionszuordnungsdiagramms*

Da Funktionszuordnungsdiagramme von ihren Ausdrucksmöglichkeiten her lediglich eine Teilmenge der EPKs darstellen, wird auf eine weitere Vertiefung an dieser Stelle verzichtet und bezüglich Gestaltungs- und Anordnungsempfehlungen auf den Modelltyp *eEPK* verwiesen, der ausführlich in Kapitel 4 betrachtet wird.

3.7.3 Prozessauswahldiagramme und Prozessauswahlmatrizen

Diese beiden Modelltypen sollen zusammen behandelt werden, da sie von ihrer inhaltlichen Ausrichtung her sehr ähnlich sind. Prinzipiell genügt es somit, einen von beiden zu kennen. Die Namensgebung der beiden Modelltypen ist ohnehin etwas gewöhnungsbedürftig, da nicht so recht einsichtig wird, warum die eine Darstellung als Diagramm, die andere als Matrix bezeichnet wird und nicht zum Beispiel genau umgekehrt (vgl. dazu die Beispiele in Abb. 3–18 und 3–19). Nichtsdestotrotz handelt es sich um sehr nützliche Modelltypen, wie noch zu zeigen sein wird.

Verwendet werden in beiden Modelltypen die Objekttypen *Szenario*, *Hauptprozess* und *Prozess*, kenntlich gemacht durch den Anfangsbuchstaben des Objekttypennamens (S, H, P) in der rechten unteren Ecke des Funktionssymbols. Ein **Szenario** beschreibt gemäß der ARIS-Konzeption einen Geschäftsvorfall, d.h. einen bestimmten Ablauf innerhalb eines Geschäftsprozesses. Ein **Prozess** reprä-

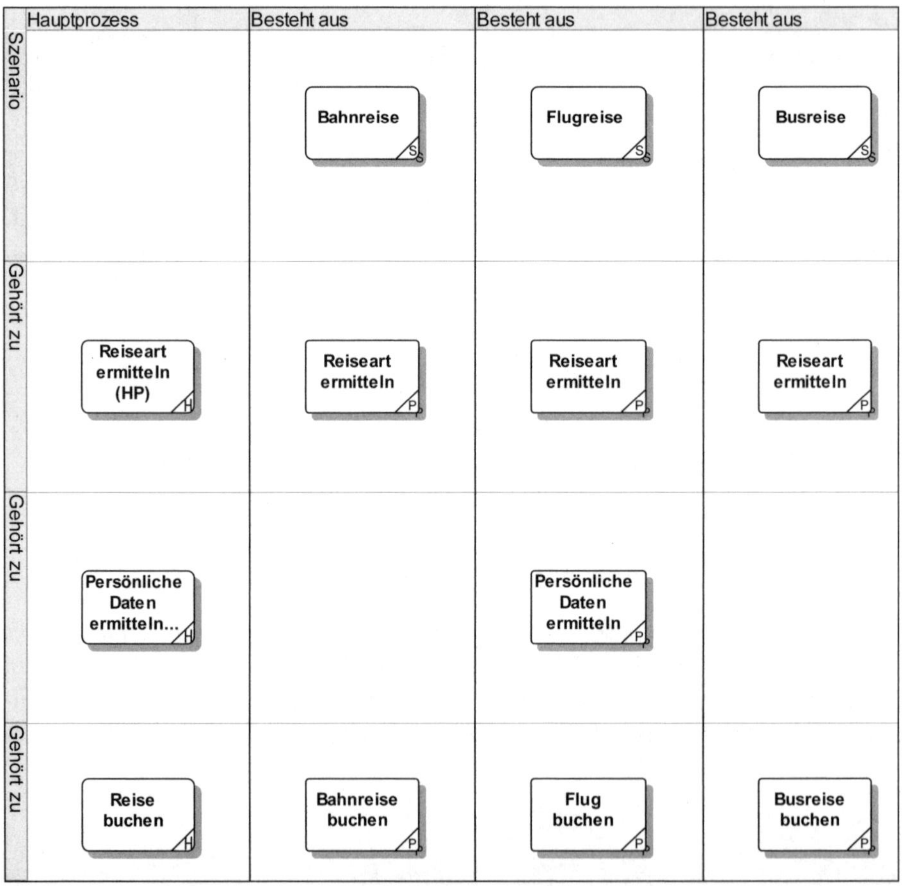

Abb. 3–18 Beispiel eines Prozessauswahldiagramms

sentiert Funktionen des Szenarioprozesses, die durch Prozessmodelle näher beschrieben werden. Ein **Hauptprozess** repräsentiert die Hauptfunktionen in den Funktionsbäumen, denen die Prozesse (Funktionen aus den Szenarioprozessen) zugeordnet sind.

Die Zusammenhänge zwischen *Szenarien, Hauptprozessen* und *Prozessen* lassen sich am besten an einem Beispiel veranschaulichen (siehe dazu Abb. 3–18). Unterschieden werden dabei drei Szenarien, nämlich die Buchung von Bahn-, Flug- und Busreisen. Das Prozessauswahldiagramm dient zur übersichtlichen Gegenüberstellung der drei alternativen Szenarien. Aus dem Eintrag in der tabellarischen Darstellung kann abgelesen werden, ob ein Hauptprozess bzw. eine nahe Variante desselben in dem jeweiligen Szenario verwendet wird oder nicht. Die äußerste linke Spalte beinhaltet die Hauptfunktionen (vgl. [Rolf 1998]), dargestellt als Hauptprozesse. Je nach Reiseart wird somit überlegt, welche Schritte für die Buchung notwendig sind. In dem einfachen Beispiel muss bei jedem Szenario zunächst ermittelt werden, welches Verkehrsmittel genutzt werden soll (Prozess: *Reiseart ermitteln*). Nur im Fall der Flugreise müssen detailliert persönliche Daten angegeben werden (Prozess: *Persönliche Daten ermitteln*), bei Bus- und Bahnreisen kann dieser Schritt entfallen. Abschließend werden die jeweiligen verkehrsmittelspezifischen Reisebuchungen vorgenommen (*Bahnreise buchen, Flug buchen, Busreise buchen*), ohne hier schon auf Einzelheiten eingehen zu müssen.

Während die vertikale Sicht den generischen Ablauf des Szenarioprozesses über die darin enthaltenen Teilprozesse aufzeigt, stellt die horizontale Sicht die verschiedenen Szenarien dar, für die der Hauptprozess ausgeführt wird (vgl. [Misof 2006]). Ein Szenario stellt dabei eine dynamische Sichtweise dar, sie beantwortet die Frage, welche Funktionen für einen konkreten Geschäftsvorfall benötigt werden. Ein Hauptprozess beinhaltet eine statische Zuordnung: Er ist als Hauptfunktion eines Funktionsbaums zu interpretieren (vgl. [Grief 2005]).

Ein Beispiel für eine Prozessauswahlmatrix, für die dieselben Gestaltungsprinzipien wie für das Prozessauswahldiagramm gelten, zeigt Abbildung 3–19. Zusammengefasst lässt sich festhalten, dass sich Prozessauswahldiagramme und Prozessauswahlmatrizen als Ausgangsbasis der fachlichen Prozessmodellierung eignen, da ihr Objekttypenspektrum begrenzt ist. Sie bieten eine Übersicht über Prozesse und Prozessvarianten. Es können verschiedene Prozessszenarien abgebildet werden, indem Hauptprozesse – Prozesse auf höchster Ebene – einzelnen Szenarien zugeordnet werden. Der Anwender kann danach festlegen, welche Funktionen der Szenarioprozesse bei der Modellierung berücksichtigt werden sollen. Prozessauswahlmatrizen oder -diagramme eignen sich somit zum Vergleich von Szenarien, aber auch als Übersicht über modellierte bzw. noch zu modellierende Prozesse.

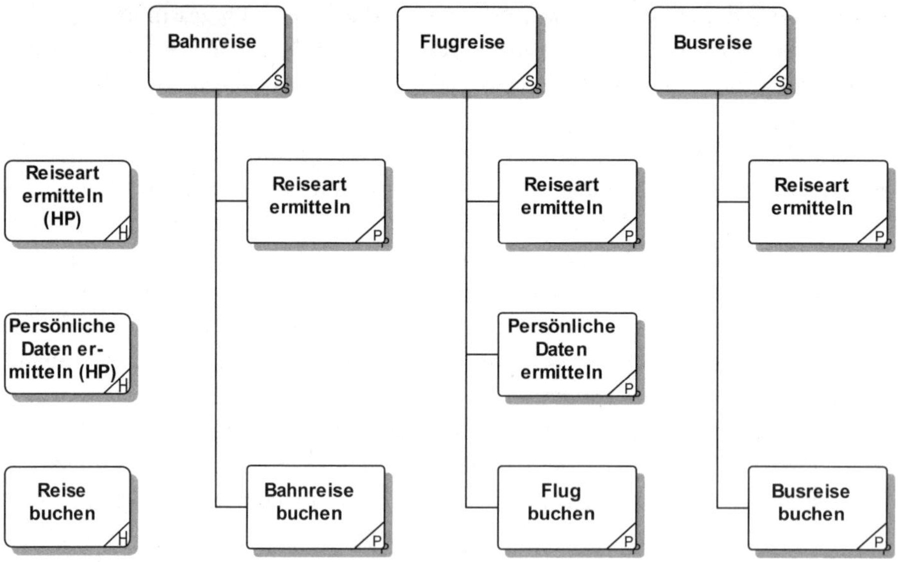

Abb. 3–19 *Beispiel einer Prozessauswahlmatrix*

3.7.4 Wertschöpfungskettendiagramme

Wertschöpfungskettendiagramme eignen sich vor allem als Überblicksmodelle. Sie lassen sich auf einen Ansatz von [Porter 1992] zurückführen und werden deshalb manchmal auch »Porter-Ketten« genannt. Sie dienen der Darstellung einer Funktionsabfolge, die gemäß Porter zur Wertschöpfung eines Produkts oder einer Dienstleistung beiträgt. Der Modelltyp *Wertschöpfungskettendiagramm* in ARIS unterscheidet dabei jedoch nicht wie Porter zwischen primären und sekundären Aktivitäten, sondern stellt eine einfache Ablaufverknüpfung von Funktionen auf hohem Abstraktionsniveau dar. Verwendet wird der Objekttyp *Funktion* mit zwei speziellen grafischen Darstellungen. Statt des sonst üblichen Funktionssymbols (ein Rechteck mit abgerundeten Ecken) wird ein Kettenglied durch ein Chevron-Symbol symbolisiert. Es sei daran erinnert, dass man von einem »Chevron«-Symbol spricht, weil es an das Logo des entsprechenden US-Konzerns erinnert. Für das erste Kettenglied steht ein etwas abgewandeltes Symbol mit einer senkrechten linken Begrenzungslinie zur Verfügung (vgl. dazu die Abb. 3–20).

Die einzelnen Kettenglieder sind über Vorgänger-Nachfolger-Beziehungen miteinander zu verknüpfen (Kantentyp: *ist Vorgänger von*), allerdings im Gegensatz zu einer EPK ohne Ereignisse und Konnektoren zu benutzen. Außerdem können hierarchische Funktionsbeziehungen ähnlich wie in einem Funktionsbaum abgebildet werden (Kantentyp: *ist prozessorientiert übergeordnet*). Der Modellierer muss sich somit ganz im Sinne eines Überblicksmodells von Einzelheiten lösen und auf grobe Zusammenhänge konzentrieren. Zur Vereinfachung wird meist auf die Darstellung von Parallelitäten verzichtet (vgl. [Specker 2005]). Alternative Kettensegmente können mangels entsprechender Konnektoren grundsätzlich nicht dargestellt werden. Es handelt sich dadurch im Vergleich zu EPKs um eine einfachere Art der Modellierung, Davis vermisst hierbei ausdrücklich die Ereignisse als Auslöser bzw. Ergebnisse der Funktionen (vgl. [Davis 2003]), womit indirekt ein zentraler Vorteil einer EPK gegenüber einem Wertschöpfungskettendiagramm hervorgehoben wird. Organisationseinheiten, Anwendungssystemtypen, Ziele, Leistungen usw. stehen dagegen dem Modelltyp *Wertschöpfungskettendiagramm* zur Verfügung. Ihre Verwendung birgt jedoch zwangsläufig die Gefahr in sich, gerade keine einfachen und damit übersichtlichen Modelle mehr zu erzeugen.

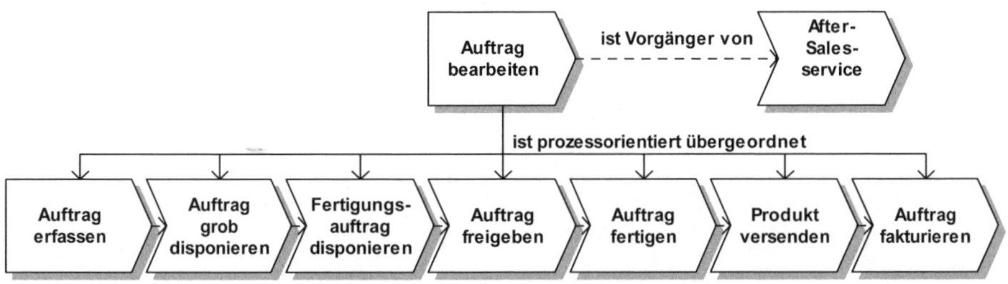

Abb. 3–20 *Beispiel eines Wertschöpfungskettendiagramms*

Wertschöpfungskettendiagramme können als Einstiegspunkt in detailliertere Prozessmodelle dienen (vgl. [Rosemann et al. 2005]). Auch können sie stufenweise verfeinert werden, entweder über eine Hierarchie von Wertschöpfungskettendiagrammen oder in Kombination mit anderen Modelltypen, z.B. *eEPKs* (siehe dazu Abschnitt 4.2.4).

Übungen

Übung 7: Modellieren Sie mögliche Teilereignisse des Ereignisses *Aufenthalt gebucht* mithilfe eines **Ereignisdiagramms.** Dabei soll zwischen verschiedenen Arten der Buchungsübermittlung unterschieden werden, um unterschiedliche Prozessschritte folgen lassen zu können, abhängig davon, ob eine Buchung per Brief, per Telefon, per Fax, per E-Mail, über ein Formular der eigenen Website oder durch ein Partnerunternehmen (Reisebüro, Busunternehmen) erfolgt ist.

Übung 8: Erstellen Sie ein **Prozessauswahldiagramm**, das verschiedene Beherbergungsszenarien unterscheidet: Ein Gast kann entweder Frühstück oder Halbpension oder Vollpension buchen, er kann jedoch auch nur übernachten wollen. Er kann auch ein Hotelzimmer für längere Zeit als Dauergast ohne Verpflegung mieten. Hotelzimmer werden täglich, bei Dauergästen alle zwei Tage gereinigt. Dauergäste bezahlen die Miete für ihr Hotelzimmer monatlich im Voraus, andere Gäste erhalten ihre Rechnung nach Beendigung ihres Aufenthalts.

Übung 9: Erstellen Sie ein *Wertschöpfungskettendiagramm* für ein Hotelrestaurant, das die Wertschöpfungskette vom Einkauf von Lebensmitteln bis zu deren eventuell nötigen Entsorgung umfasst.

4 Ereignisgesteuerte Prozessketten

Die Beschreibungssprache *erweiterte ereignisgesteuerte Prozesskette* stellt den zentralen Modelltyp in der ARIS-Konzeption dar. Häufig werden ereignisgesteuerte Prozessketten kurz als »EPK« (bzw. im Plural »EPKs«) bezeichnet. Entwickelt wurden sie am Institut für Wirtschaftsinformatik der Universität des Saarlandes in Kooperation mit der SAP AG (vgl. [Keller et al. 1992]). Sie bilden selbstverständlich auch die Basis des Werkzeugs ARIS® der IDS Scheer AG. Der Modellierungsansatz der EPK hat sich in der Praxis als federführende semiformale Methode zur Modellierung von Geschäftsprozessen durchgesetzt. Ihre weite Verbreitung ist unter anderem darauf zurückzuführen, dass die SAP AG die EPKs für ihr Produktportfolio übernommen hat.

Nicht selten wird die Methode ARIS mit diesem einen Modelltyp *eEPK* gleichgesetzt. Das kleine vorangestellte *»e«* steht für *erweiterte* EPK, auf die Möglichkeiten der Erweiterung wird noch ausführlich eingegangen. Im üblichen Sprachgebrauch fällt das »e« als Kennzeichnung der Erweiterung jedoch meist weg. Dem passt sich dieses Buch an. Häufig ist außerdem nicht klar ersichtlich, ob mit »EPK« tatsächlich nur der eine Modelltyp *eEPK* gemeint ist oder auch andere Modelltypen darunter subsumiert werden, die als Ergänzungen zu diesem Modelltyp verstanden werden können, insbesondere die in Kapitel 3 vorgestellten Modelltypen. Die im Zuge der Modellierung anderer Sichten angelegten Objekte finden bei der Modellierung der EPKs häufig Verwendung, weshalb – es sei nochmals daran erinnert – die Modellierung der Steuerungssicht, und innerhalb der Steuerungssicht wiederum die detaillierte Prozessmodellierung in Form der EPKs, ganz zum Schluss der Modellierungsarbeit erfolgen sollte (vgl. zu dieser Reihenfolge auch Abb. 4–1).

Die Methode der ereignisgesteuerten Prozessketten basiert im Wesentlichen auf der Petrinetz-Theorie (vgl. [Petri 1962; Reisig 1985]). EPKs können als Variante der Bedingungs-Ereignis-Netze – einer einfachen Petrinetz-Art – verstanden werden, die um logische Verknüpfungsoperatoren (auch *Konnektoren* genannt, siehe Abschnitt 4.1.1.3) erweitert wurde (vgl. [Scheer et al. 1995]).

	Funktionssicht	Organisa-tionssicht	Datensicht	Leistungs-sicht	Steuerungssicht
Überblicks-Modelltypen			Fachbegriffs-modell		Prozessauswahldia-gramm und -matrix Wertschöpfungs-kettendiagramm
Zentrale Modelltypen	Funktionsbaum Anwendungs-systemtyp-diagramm	Organigramm	eERM	Produktbaum	eEPK
Ergänzende Modelltypen	Zieldiagramm		eERM-Attribut-zuordnungs-diagramm		Ereignisdiagramm Funktionszuord-nungsdiagramme

Abb. 4–1 *Einordnung des Modelltyps eEPK in die Gesamtheit der betrachteten Modelltypen*

EPKs bilden den Kontrollfluss und damit den dynamischen Aspekt eines Prozesses ab. Sie sind semiformal (vgl. Abschnitt 2.2.1). Das heißt, sie genügen nicht den Anforderungen an eine formale Methode, besitzen dafür jedoch entsprechende Flexibilität und Ausdrucksmächtigkeit, um vielseitig eingesetzt werden zu können, sodass EPKs zur Dokumentation von Geschäftsprozessen und als Diskussionsgrundlage hervorragend geeignet sind. Für eine umfassende Konsistenzprüfung oder eine automatische Verarbeitung von EPK-Modellen – z.B. in Werkzeugen zur Simulation und Verifikation – ist jedoch eine formale Definition der Syntax und Semantik der Modelle nötig. Eine solche theoretische Begründung lässt sich z.B. durch ihre Übersetzung in ein Petrinetz erreichen (vgl. [Langner et al. 1997]). Damit verbunden sind jedoch stets Einschränkungen hinsichtlich Flexibilität und Ausdrucksmächtigkeit der EPK-Modellierung.

Dieses zentrale Kapitel befasst sich zunächst mit den Grundlagen der EPK-Modellierung. Vorgestellt werden die Grundelemente einer EPK, die wesentlichen Erweiterungsmöglichkeiten, die aus einer EPK eine eEPK machen, sowie Modellierungsregeln und -konventionen. Es schließen sich verschiedene Möglichkeiten der Strukturierung von EPKs an. Danach folgen Hinweise zur Modellierung spezieller Ablaufsituationen sowie Erkenntnisse aus der Praxis, welche Fehler in der Modellierung besonders häufig gemacht werden und wie sie vermieden werden können. Im Anschluss daran werden noch nicht abschließend gelöste Problemfälle in der fortgeschrittenen EPK-Modellierung und mögliche Erweiterungen der EPK-Methode zur Lösung dieser Problemfälle skizziert. Zum Schluss werden – basierend auf zahlreichen individuellen Einschätzungen aus Theorie und Praxis – Vor- und Nachteile der Modellierung mit EPKs zusammengefasst dargestellt.

4.1 Grundlagen der Modellierung mit EPKs

Zu den Grundlagen zählen insbesondere die wichtigsten Objekttypen und sonstigen Elemente, die dem Modelltyp *eEPK* zugeordnet sind. Einige davon sind bereits durch ihre Verwendung in anderen Modelltypen bekannt (vgl. Kapitel 3), sie werden dementsprechend hier vor allem unter dem speziellen Blickwinkel ihrer Verwendung in EPKs betrachtet. Ebenfalls zu den Grundlagen zählt ein umfassender Überblick über einzuhaltende Regeln und weitverbreitete Konventionen, wobei die Grenzen zwischen regelgerechter Modellierung entsprechend der ARIS-Konzeption und organisationsspezifischen Festlegungen, wie etwa in einem Unternehmen mit ARIS® modelliert werden soll, an einigen Stellen fließend sind. Die Modellierungsregeln werden orientiert an ihrem Bezug zu den einzelnen Grundelementen mit diesen zusammen schrittweise eingeführt. Im Anhang findet sich zum leichteren Nachschlagen eine Gesamtübersicht der Modellierungsregeln.

4.1.1 Grundelemente

Einführend werden diejenigen Objekttypen betrachtet, aus denen sich eine einfache EPK zusammensetzen lässt: Funktionen, Ereignisse, Konnektoren und Prozessschnittstellen, ergänzt um die Darstellung von Prozessinstanzen. Auf ein weiteres Grundelement wird hier nicht gesondert eingegangen: die Kanten. Für eine einfache EPK sind ausschließlich gerichtete Kanten relevant, die den Kontrollfluss darstellen und die Grundelemente verbinden. Andere Kantentypen werden erst im Zusammenhang mit Erweiterungsobjekttypen von EPKs bedeutsam (siehe dazu Abschnitt 4.1.2).

4.1.1.1 Funktionen

Gewöhnlich werden Funktionen wie bereits mehrfach erwähnt als Rechtecke mit abgerundeten Ecken dargestellt. Sie dienen zur Beschreibung von Aufgaben, Tätigkeiten oder Aktivitäten, die in einer Organisation anfallen. Abgebildet werden können sowohl Tätigkeiten eines Mitarbeiters (manuell, intellektuell oder werkzeuggestützt) als auch Aufgaben, die ein Anwendungssystem übernimmt, z.B. eine Transaktion. Die Festlegung des Umfangs einer Funktion bleibt dabei dem Modellierer überlassen.

Funktionen sind grundsätzlich sowohl gruppierbar als auch weiter untergliederbar, z.B. mithilfe eines Funktionsbaums (vgl. Abschnitt 3.3.1). Funktionen können demnach einerseits in anderen Funktionen enthalten sein und andererseits in Teilfunktionen zerlegt werden. Ausnahmen bilden Elementarfunktionen, die nicht weiter zerlegt werden sollten, da dies betriebswirtschaftlich nicht sinnvoll wäre. Eine weitere Ausnahme kann ggf. auch eine Sammelfunktion bilden, die *Unternehmen X betreiben* oder ähnlich benannt wird und sämtliche Aufgaben eines Unternehmens zusammenfasst, selbst aber nicht mehr als Teil einer übergeordneten Funktion angesehen werden kann (vgl. [Rump 1999]).

Der Begriff der Funktion kann auf allen Hierarchiestufen verwendet werden. Mitunter wird alternativ und abhängig vom Modelltyp jedoch auch von *Wertschöpfungskettenglied*, *Prozess*, *Prozessschritt*, *Teilfunktion*, *Elementarfunktion* oder – ungeachtet konzeptioneller Unterschiede im Detail – von *Anwendungsfall* (*Use Case*) gesprochen. Dies hängt damit zusammen, dass gemäß der ARIS-Konzeption allen genannten Varianten der Objekttyp *Funktion* zugrunde liegt. Dadurch ist es möglich, eine EPK über den Objekttyp *Funktion* mit einer großen Anzahl weiterer Modelltypen, in denen das Funktionssymbol unverändert oder in einer der genannten Varianten vorkommt, zu verknüpfen, dies gilt z.B. für folgende Modelltypen:

- Anwendungssystemdiagramm
- Anwendungssystemtypdiagramm
- Funktionsbaum
- Funktionszuordnungsdiagramm
- Informationsflussdiagramm
- Klassendiagramm
- Leistungsbaum
- Prozessauswahlmatrix
- Regeldiagramm
- UML Activity Diagram
- UML Use Case Diagram
- Vorgangskettendiagramm (kurz: VKD)
- Wertschöpfungskettendiagramm
- Zieldiagramm
- Zugriffsdiagramm
- ...

Zählt man alle Varianten von Modelltypen dazu, so kommt der Objekttyp *Funktion* in über 50 verschiedenen Modelltypen vor und bildet damit das Rückgrat der Integration eines Großteils der im Zuge der Prozessmodellierung zu erstellenden Modelle.

Wichtig

In der ARIS-Konzeption wird keine typbezogene oder symbolhafte Unterscheidung zwischen Prozessen und Funktionen vorgenommen, d.h., es gibt keinen Objekttyp *Prozess*, stattdessen wird durchgängig der Objekttyp *Funktion* mit seinen verschiedenen Varianten, die sich vorrangig durch ihre grafische Gestalt unterscheiden, verwendet. Begründet werden kann dies damit, dass bei einer erweiterten, detaillierteren Systembetrachtung aus einer einzelnen Funktion (Beispiel: *Anfrage prüfen*) stets ein Prozess abgeleitet werden kann, der sich aus mehreren Prozessschritten (im Beispiel: die einzelnen Prüfschritte) zusammensetzt, die wiederum sequenziell, alternativ oder parallel ausgeführt werden können, und der z.B. in Form einer EPK dokumentiert werden kann (vgl. [Schütte 1998]). Dies gilt auch umgekehrt: Aus einem Prozessschritt in einer EPK kann beispielsweise ein Blatt in einem Funktionsbaum (und damit eine Funktion) werden. In ARIS werden »Funktion« und »Prozess« deshalb synonym verwendet. Dieses Zusammenspiel zwischen statischer und dynamischer Betrachtung von Funktionen ist für die Prozessmodellierung von wesentlicher Bedeutung. In Abschnitt 4.2 wird erläutert, wie Verknüpfungen zwischen Modellen konkret realisiert werden können.

Es handelt sich bei Funktionen im Gegensatz zu Ereignissen um aktive Elemente. Sie übertragen Eingabe-/Ausgabedaten und besitzen die sogenannte Entscheidungskompetenz. Dies bedeutet, dass im Zuge ihrer Ausführung – gleichgültig ob durch Menschen oder Maschinen – darüber entschieden werden kann, welcher von mehreren möglichen Prozesszweigen anschließend durchlaufen werden soll. Die Entscheidungskompetenz von Funktionen und das definitionsgemäße Nichtvorhandensein von Entscheidungskompetenz bei Ereignissen sind Gegenstand wichtiger Modellierungsregeln, die nachfolgend eingeführt werden. Angesichts der großen Bandbreite an Modellierungsregeln werden die einzelnen Regeln in diesem Buch schrittweise vorgestellt und durch eine spezielle Nummerungssystematik gekennzeichnet, damit im Folgenden auf sie Bezug genommen werden kann.

Ausschließlich auf Funktionen beziehen sich die Regeln F1 bis F3 (vgl. z.B. [Davis 2003; Keller & Partner 1999; Nüttgens & Rump 2002]). Weitere Regeln werden in Verbindung mit der Vorstellung der anderen Grundelemente einer EPK eingeführt.

Funktionsregeln

Regel F1: Funktionen haben genau eine eingehende und genau eine ausgehende Kante.

Regel F2: Auf eine Funktion folgt stets ein Ereignis und umgekehrt. Funktionen folgen somit grundsätzlich nicht direkt aufeinander.

Regel F3: Funktionen besitzen die Kompetenz, Entscheidungen über den weiteren Ablauf zu treffen.

4.1.1.2 Ereignisse

Ereignisse wurden bereits in Abschnitt 3.7.1 eingeführt. Sie dienen in einer EPK dazu, die Aussagekraft der Modelle deutlich zu erhöhen. Ereignisse steuern den Kontrollfluss, d.h., Ereignisse lösen Funktionen aus (Beispiel: *Auftrag ist eingetroffen*) oder beschreiben das Ergebnis einer Funktionsausführung (Beispiel: *Auftrag ist bearbeitet*) (vgl. [Staud 2006]). Nicht zufällig heißt der Modelltyp »**ereig**nisgesteuerte Prozesskette«. Ein Verzicht auf Ereignisse und Konnektoren hätte zwar schlanke und übersichtliche, dafür jedoch auch wenig nützliche Prozessketten zur Folge, wie in [Davis 2003] beispielhaft erläutert wird (vgl. dazu auch

Abb. 4–2). In der genannten Abbildung wird im Teil a) eine Funktionsabfolge ohne Ereignisse und ohne große Aussagekraft gezeigt. Im Teil b) wurden Ereignisse ergänzt. Insbesondere das auslösende Ereignis »Auftrag eingegangen« erhöht die Aussagekraft. Am Ende steht dagegen ein Fragezeichen, da verschiedene Ergebnisse des Prozesses vorstellbar sind, die nicht durch nur ein Ereignis zusammengefasst werden können, d.h., eine Benennung des Ereignisses nach der Funktion »Auftrag prüfen« mit »Auftrag geprüft« ist nicht sinnvoll, da damit quasi ausgeschlossen würde, dass es auch zu negativen Prüfergebnissen mit abweichenden Folgeschritten kommen kann. Im Teil c) erkennt man den Informationsgewinn, der durch die Verwendung von Ereignissen erzielt wird. Es wird zwischen zwei möglichen Ereignissen unterschieden, die Ergebnis der Prüffunktion sein können. Für diese Art der Darstellung wird ein weiteres Grundelement benötigt, das im nächsten Unterkapitel vorgestellt wird: ein XOR-Konnektor, der eine Fallunterscheidung im Sinne einer Entweder-oder-Entscheidung einleitet. Ereignisse haben jedoch im Gegensatz zu Funktionen keine Entscheidungskom-

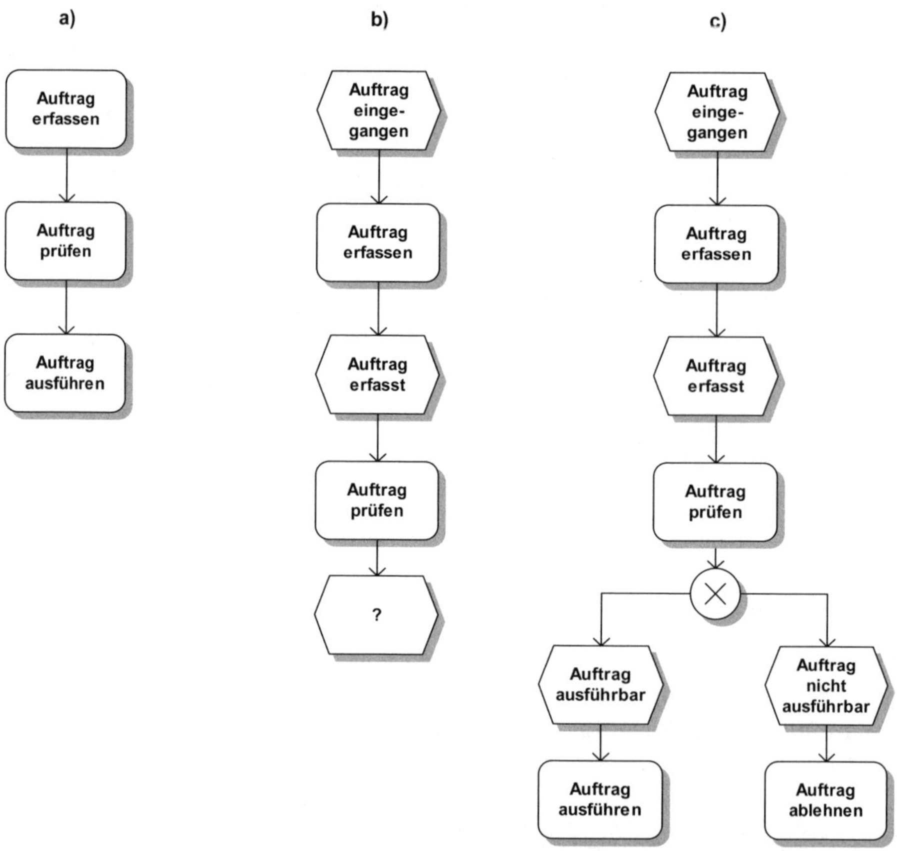

Abb. 4–2 *Demonstration der Vorteile von Ereignissen in der EPK-Modellierung [Davis 2003]*

petenz, d.h., auf sie dürfen keine Verzweigungen folgen, die eine Entscheidung voraussetzen.

Konventionen für die Benennung von Ereignissen wurden bereits eingeführt. Es ist darauf hinzuweisen, dass erste und letzte Ereignisse in EPKs eine besondere Bedeutung haben. Erste Ereignisse sind Auslöser eines Prozesses, die aus der Außenwelt stammen, »Außenwelt« ist dabei als Gegensatz zur »Innenwelt« eines Prozesses zu verstehen. Ereignisse aus der Außenwelt eines Prozesses müssen nicht von außerhalb eines Unternehmens stammen, es genügt, wenn sie z.B. das Ergebnis eines anderen Prozesses im Unternehmen sind. Sie beziehen sich auf den Prozess als Ganzes und nicht nur auf die erste Funktion in dem Prozess (vgl. Abb. 4–3). Umgekehrt fassen letzte Ereignisse die Ergebnisse des Prozesses insgesamt zusammen, die sich nicht zwingend aus der zuletzt in dem Prozess ausgeführten Funktion ableiten lassen müssen (vgl. [Davis 2003]). Ereignisse können sich somit auf die vorhergehende Funktion bzw. auf die vorhergehende Prozesskette im Sinne eines Ergebnisses beziehen, auf die nächsten Prozessschritte verweisen oder von außen kommen.

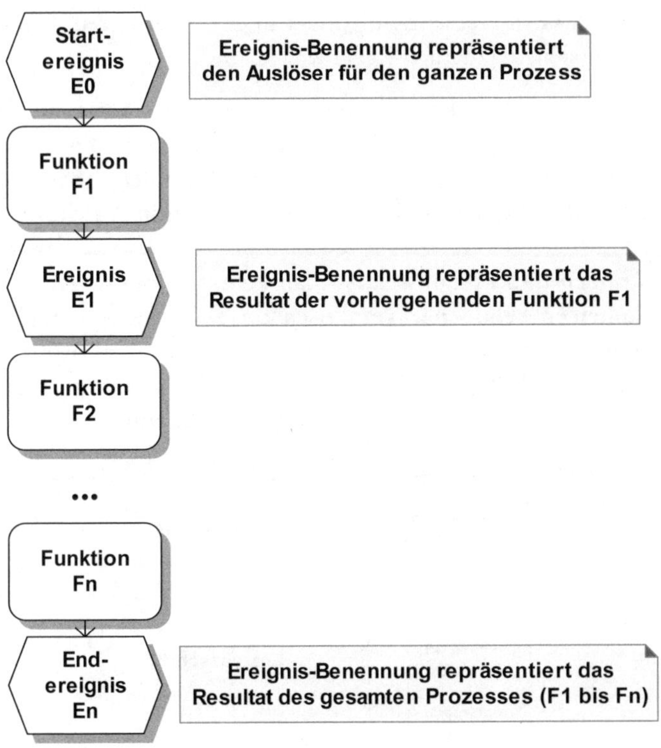

Abb. 4–3 *Benennung von Start-, End- und sonstigen Ereignissen*

Ereignisse können genauso wie Funktionen zusammengefasst und zerlegt werden. Um die Übersichtlichkeit eines EPK-Modells zu erhöhen, können mehrere

Auslöser bzw. mehrere Ergebnisse einer Funktion in einem Ereignisdiagramm zusammengefasst werden (vgl. Abschnitt 3.7.1). Dabei empfiehlt sich der Kantentyp *hat Teilereignis*. Man reduziert damit die Zahl der Symbole in der EPK, verliert jedoch auch an Aussagekraft, da die Informationen über die Zusammenhänge nun verteilt auf die EPK und das Ereignisdiagramm abgelegt sind.

Ereignisregeln

Regel E1: Ereignisse haben grundsätzlich genau eine eingehende und genau eine ausgehende Kante.

Regel E2: Startereignisse lösen einen Prozess aus. Sie besitzen genau eine ausgehende Kante.

Regel E3: Endereignisse bilden die Ergebnisse eines Prozesses ab. Sie besitzen genau eine eingehende Kante.

Regel E4: Auf ein Ereignis folgt stets eine Funktion und umgekehrt. Ereignisse folgen somit nicht direkt aufeinander.

Regel E5: Ereignisse haben keine Entscheidungskompetenz, es handelt sich um passive Elemente, die nicht über den weiteren Ablauf entscheiden (siehe dazu auch Regel K3, S. 73).

Zu den Regeln E1 bis E5 finden sich weitere Informationen z.B. in [Davis 2003; Keller & Partner 1999; Nüttgens & Rump 2002], zur Regel E4 ist anzumerken, dass Konnektoren zur Verbindung genutzt werden können, ohne dass dies eine Verletzung dieser Regel darstellt. Konnektoren werden in Abschnitt 4.1.1.3 eingeführt.

Mit Funktionen und Ereignissen ist man bereits in der Lage, unter Zuhilfenahme von Kanten eine einfache, syntaktisch korrekte EPK zu modellieren: sozusagen die Minimalform einer EPK bzw. eine »Basis-EPK« (vgl. Abb. 4–4). Dieses Konstrukt einer Basis-EPK wird in Abschnitt 4.1.5 bezogen auf eine mögliche Vorgehensweise bei der Modellierung von EPKs wieder aufgegriffen.

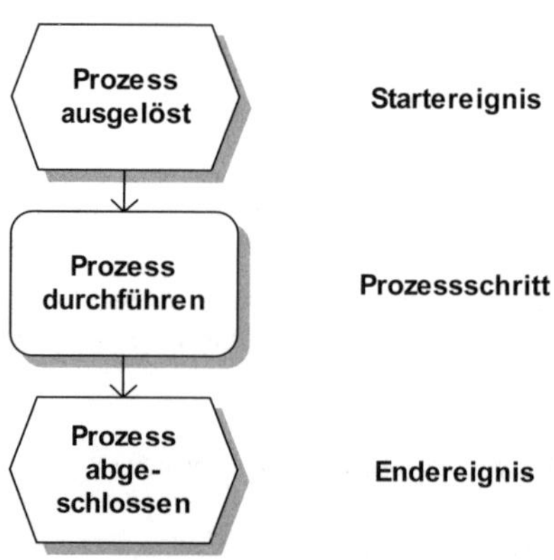

Abb. 4–4 *Basis-EPK*

Übung

Übung 10: Modellieren Sie eine EPK, die die Bearbeitung einer Bestellung in einem Hotelrestaurant abbildet. Diese läuft vereinfacht wie folgt ab: Der Kellner kommt zum Gast an den Tisch und nimmt seine Bestellung auf. Er leitet sie weiter an die Küche und erfasst die Rechnungsposten. Danach bringt er dem Gast die bestellten Getränke, später das bestellte Essen. Abschließend bringt der Kellner dem Gast die Rechnung und kassiert den Rechnungsbetrag. Damit ist die Bestellung abgearbeitet.

Hinweis

Achten Sie bitte auf die Einhaltung der eingeführten Namensregeln für Ereignisse und Funktionen.

4.1.1.3 Konnektoren

Konnektoren bilden die Verknüpfungsknoten in nicht rein sequenziellen EPKs. Der entsprechende ARIS®-Objekttyp nennt sich »Regel« mit den entsprechenden grafischen Ausprägungen (vgl. Abb. 4–5) interpretierbar als Regel für die Steuerung des Kontrollflusses. Damit es zu keinen begrifflichen Verwechslungen mit den EPK-Modellierungsregeln kommt, die selbstverständlich zum Teil die Konnektoren und damit den ARIS-Objekttyp *Regel* betreffen (siehe Abschnitt 4.1.3), soll hier durchgängig von Konnektoren gesprochen werden.

Abb. 4–5 *Grafische Ausprägungen des ARIS-Objekttyps Regel*

In der einschlägigen Literatur lassen sich synonym zu »Konnektor« die Benennungen »logischer Konnektor«, »Verknüpfungsoperator« oder schlicht »Operator« bzw. »Verknüpfung« finden. Gemeint sind stets die aus der Aussagenlogik entlehnten konjunktiven (UND), adjunktiven (inklusives ODER) und disjunktiven (exklusives ODER) Verknüpfungen. Die entsprechenden Konnektoren werden UND-Konnektor (AND-Konnektor), ODER-Konnektor (OR-Konnektor) bzw. ENTWEDER-ODER-Konnektor (XOR-Konnektor) genannt.

Ein besonderes Gestaltungsinstrument stellen die sogenannten »Doppelkonnektoren« dar, die auch »geteilte Operatoren« genannt werden. Es handelt sich um Verknüpfungsinstrumente, die im Gegensatz zu einfachen Konnektoren sowohl eine Eingangs- als auch eine Ausgangsverknüpfung abbilden können. Im oberen Bereich wird die Eingangsverknüpfung, im unteren Bereich die Ausgangsverknüpfung dargestellt. Sofern nur eine eingehende bzw. eine ausgehende Kante vorliegt, entfällt das logische Symbol im entsprechenden Bereich des geteilten

Operators (vgl. [Scheer 1997]). Allerdings bietet z.B. das Werkzeug ARIS® keine Doppelkonnektorsymbole an, die in der unteren oder in der oberen Hälfte leer sind. Man setzt stillschweigend voraus, dass statt nur halb genutzter Doppelkonnektorsymbole die einfachen Konnektoren verwendet werden. Diese Inkonsistenz sollte bereits zu denken geben, selbst wenn das Werkzeug ARIS® nicht verwendet wird. Im Übrigen stehen in der ARIS®-Version 7.02 lediglich die in Abbildung 4–6 aufgeführten Doppelkonnektorsymbole zur Verfügung, d.h. nicht alle theoretisch möglichen Kombinationen von Konnektoren, wobei auch solche fehlen, die modellierungstechnisch zulässig sind.

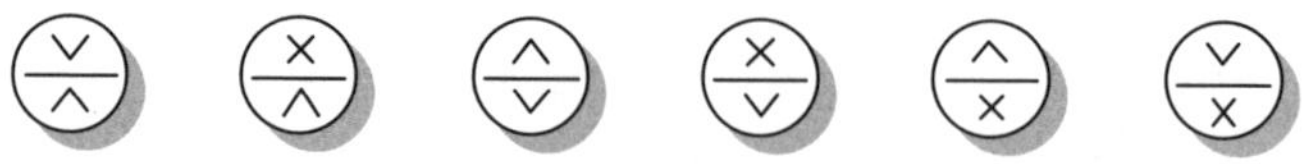

Abb. 4–6 *Doppelkonnektorsymbole im Werkzeug ARIS®*

Der Nutzen von Doppelkonnektoren ist generell umstritten. Staud plädiert für die Verwendung von Doppelkonnektoren, räumt allerdings ein, dass die SAP AG in ihren Referenzmodellen auf sie verzichtet (vgl. [Staud 2006]). Davis empfiehlt Doppelkonnektoren zu meiden, da diese verwirrend wirken würden und von Anwendern nicht immer eindeutig interpretiert werden könnten (vgl. [Davis 2003]). Auch Brugger rät von ihrer Verwendung ab, er warnt insbesondere vor einer Mischung aus einfachen Konnektoren und Doppelkonnektoren, da dies einen Strukturbruch darstelle [Brugger 2005]. Damit im Einklang stehen die Erfahrungen aus der Modellierungspraxis des Verfassers. Demnach sollte grundsätzlich auf die Verwendung von Doppelkonnektoren verzichtet werden, da sie keinen nennenswerten Mehrwert mit sich bringen und sich stets durch eine Kombination aus einfachen Konnektoren ersetzen lassen, gleichzeitig jedoch Lesbarkeit und Akzeptanz der EPKs mindern. Von einer Mischung ist ganz im Sinne Bruggers dringend abzuraten, nicht zuletzt auch deshalb, da dem Betrachter eines Modells dadurch nur unnötig viele und zudem noch sehr ähnliche Symbole zugemutet würden. Außerdem kann es passieren, dass man im Rahmen komplexerer Modellierungsaktivitäten auch mehr als zwei Konnektoren direkt aufeinanderfolgen lassen muss, sodass ein Doppelkonnektor allein als Zusammenfassung ohnehin nicht ausreichen würde.

Konnektoren verbinden stets Ereignisse und Funktionen miteinander. Es können in diesem Zusammenhang zwölf Grundkonstrukte der Verbindung unterschieden werden, von denen jedoch zwei regelwidrig sind (vgl. Abb. 4–7). Im Teil a) der Abbildung dienen die Konnektoren dazu, bezogen auf die Ausführung einer Funktion auszudrücken, dass diese nicht nur ein Ergebnis, sondern mehrere mögliche Ergebnisse besitzt. Je nachdem, ob stets alle Ereignisse eintreten (UND), mindestens eines von mehreren möglichen eintritt (ODER) oder genau eines von mehreren möglichen eintritt (XOR), werden die entsprechenden Konnektoren verwendet.

Umgekehrt kann eine Funktion auch mehr als ein auslösendes Ereignis besitzen. Die entsprechenden Konstellationen sind im Teil b) der Abbildung 4–7 dargestellt. Die Funktion wird ausgelöst, wenn alle Ereignisse (UND) eingetreten sind, mindestens eines von mehreren möglichen eingetreten ist (ODER) oder genau eines eingetreten ist (XOR). Konnektoren dienen jedoch auch dazu, verschiedene Prozesszweige zusammenzuführen (siehe dazu Teil c) der Abbildung), d.h., ein Ereignis tritt ein, wenn alle davor liegenden Funktionen ausgeführt wurden (UND), wenn mindestens eine der davor liegenden Funktionen ausgeführt

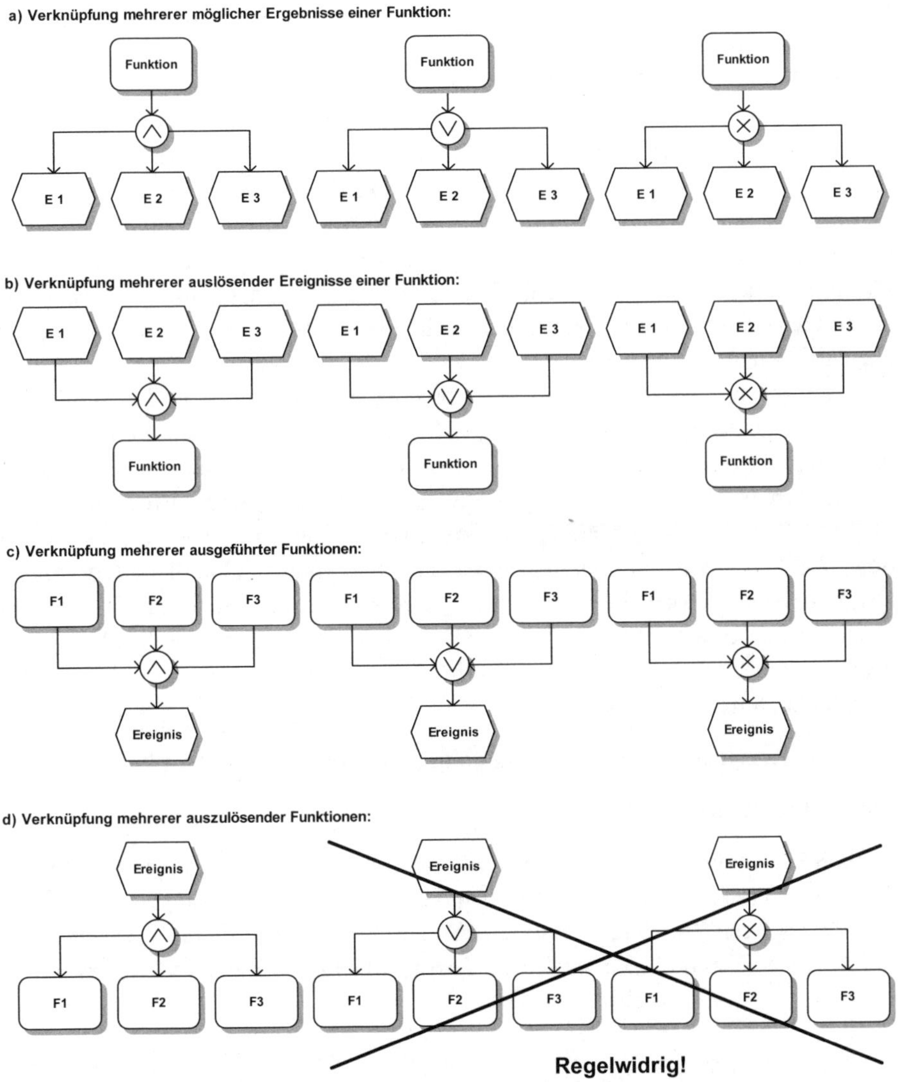

Abb. 4–7 *Zwölf Fälle der Verknüpfung von Ereignissen und Funktionen*

wurde (ODER) oder wenn genau eine der davor liegenden Funktionen ausgeführt (XOR) wurde.

Im Teil d) werden die möglichen Verknüpfungen mehrerer Funktionen beleuchtet. Zulässig ist die Konstruktion, dass nach dem Eintreten eines Ereignisses mehrere Funktionen ausgelöst werden, und zwar alle, die durch den auf das Ereignis unmittelbar folgenden UND-Konnektor verknüpft sind. Regelwidrig sind dagegen die Fälle, dass statt des UND-Konnektors ein ODER- bzw. ein XOR-Konnektor an dieser Stelle verwendet wird. Die Begründung hierfür liefert Regel K3, die besagt, dass Ereignisse aufgrund ihres passiven Charakters keine Entscheidungskompetenz darüber besitzen, welche der möglichen Funktionen im konkreten Fall tatsächlich auszulösen sind.

Zur Abbildung 4–7 ist noch anzumerken, dass hier bewusst entgegen der verbreiteten Praxis, eine Funktion mit zwei Ereignissen bzw. zwei Funktionen mit einem Ereignis zu verknüpfen, jeweils Dreiergruppen gewählt wurden, um zu verdeutlichen, dass Konnektoren zur Verknüpfung beliebig vieler Objekte verwendet werden können. Zwei zu verbindende Objekte stellen demnach die Untergrenze dar (vgl. die Regel K1). Eine Obergrenze gibt es prinzipiell nicht. Nicht zuletzt aus darstellungstechnischen Gründen sollte man es jedoch mit der Zahl der zusammenzuführenden Objekte auch nicht übertreiben, sondern Möglichkeiten zur Zusammenfassung prüfen.

Möglich sind darüber hinaus komplexe Ablaufkonstrukte, in denen mehrere Konnektoren aufeinanderfolgen (Regel K4). Es ist üblich, jedoch nicht in jedem Fall möglich, dass durch einen Konnektor aufgespaltene Zweige wieder zusammengeführt werden. Verzichtet man darauf, ist jedoch genau zu prüfen, ob der Nicht-Standardzweig tatsächlich zu einem vorzeitigen Ende des Prozesses führt oder aber nur einer besonderen Behandlung, z.B. eines nochmaligen Durchlaufs bestimmter Prozessschritte oder eines weiteren Prozessschritts zur möglicherweise manuellen Korrektur, bedarf, um danach wieder wie im Standardfall weiter bearbeitet zu werden, sodass eine Zusammenführung nach dieser Sonderbehandlung sachlich notwendig ist.

Folgende Regeln gelten im Zusammenhang mit Konnektoren:

Konnektorenregeln

Regel K1: Konnektoren sind entweder Verteiler mit einem Eingang und mehreren Ausgängen (*Split-Operator*) oder Verknüpfungen mit mehreren Eingängen und einem Ausgang (*Join-Operator*) (siehe z.B. [Davis 2003; Keller & Partner 1999; Nüttgens & Rump 2002; Rump 1999]).

> **Hinweis**
>
> Die Regel K1 gilt für Doppelkonnektoren nicht.

Regel K2: Alle Ein- und Ausgänge der Konnektoren sind jeweils vom gleichen Typ, d.h., sie verbinden entweder ausschließlich Ereignisse oder ausschließlich Funktionen mit dem Konnektor.

Regel K3: Nach Ereignissen folgt kein XOR- oder ODER-Konnektor zur Aufspaltung (*Split*) des Kontrollflusses (vgl. dazu auch Regel E5).

Zur Regel K3 siehe z.B. [Hoffmann et al. 1993; Keller et al. 1992; Nüttgens & Rump 2002; Rosemann 1996]. Ohne diese Regel wäre ein Modell nicht mehr aus sich heraus erklärbar, es bedürfte weiterer Informationen (vgl. [Rosemann et al. 2005]).

Regel K4: Konnektoren können direkt verkettet, d.h. hintereinander modelliert werden, um komplexere Regeln ausdrücken zu können (vgl. [Hoffmann et al. 1993; Rump 1999]).

4.1.1.4 Prozessschnittstellen

Prozessschnittstellen dienen dazu, die Verbindung zwischen einzelnen Prozessen aufzuzeigen. Dies gilt gerade bei Papierausdrucken als hilfreich (vgl. [Keller & Partner 1999]), da die Orientierung über Prozessschnittstellen in der Regel leichter fällt, als sich lediglich an gleichnamigen Start- und Endereignissen in den verschiedenen Prozessen zu orientieren. Nicht zuletzt aus diesem Grund werden Prozessschnittstellen synonym auch »Prozesswegweiser« genannt.

Durch Verwendung des Prozessschnittstellensymbols in einer EPK wird auf eine andere EPK verwiesen, die der betrachteten EPK vorgelagert, nachgelagert oder – aus besonderen Gründen – aus ihr ausgelagert ist. Eine Prozessschnittstelle stellt eine besondere Form des Objekttyps *Funktion* gemäß der ARIS-Konzeption dar. Es handelt sich grafisch betrachtet um ein zusammengesetztes Funktions- und Ereignissymbol, wobei das Funktionssymbol im Vordergrund und das Ereignissymbol im Hintergrund dargestellt werden. Dadurch soll angedeutet werden, dass das Symbol eine ganze Prozesskette repräsentiert, die sich im Kern aus Ereignissen und Funktionen zusammensetzt.

Abbildung 4–8 zeigt die Möglichkeit, eine längere Prozesskette mithilfe von Prozessschnittstellen in Teilketten zu zerlegen. Sie enthält drei separat anzulegende Modelle, *Prozess A, Prozess B, Prozess C*, die hier lediglich aus darstellungstechnischen Gründen zu einem Bild vereint wurden. Jeweils am Ende einer Kette wird über eine Prozessschnittstelle auf die nächste Teilkette verwiesen, z.B. vom Prozess A auf den Prozess B, in der der Kontrollfluss fortgesetzt wird. Am Beginn jeder Folgekette erfolgt über ein Prozessschnittstellensymbol der Hinweis auf den aufrufenden Prozess, z.B. vom Prozess B auf den Prozess A.

Betrachtet man das Beispiel in Abbildung 4–8 genau, so erkennt man, dass eine Verknüpfung der Teilketten unabhängig von den Prozessschnittstellen auch anhand der Identität der Start- und Endereignisse abgelesen werden kann. So bil-

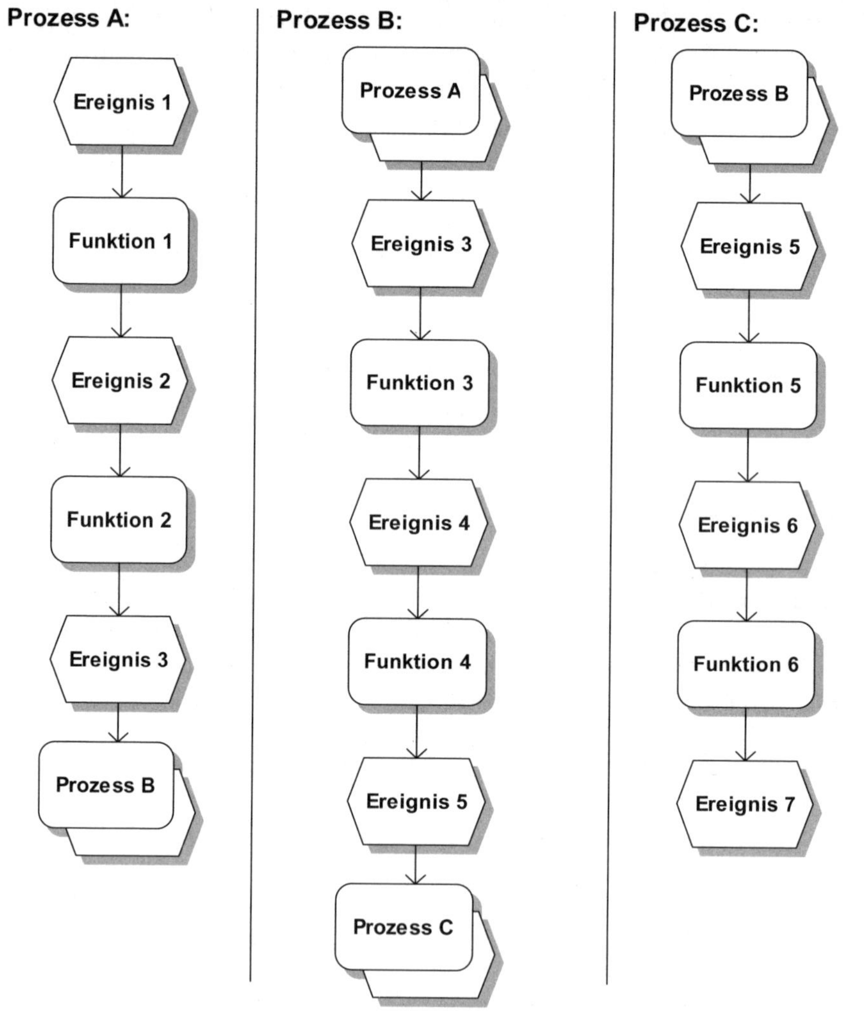

Abb. 4–8 *Nutzung von Prozessschnittstellen (1)*

det beispielsweise das Ereignis 3 das Ergebnis des Prozesses A und gleichzeitig das auslösende Ereignis im Prozess B. Folglich kann man sich auf den Standpunkt stellen, dass auf die Verwendung von Prozessschnittstellen grundsätzlich verzichtet werden kann. Dem ist entgegenzuhalten, dass Prozessschnittstellen den Überblick über Zusammenhänge von EPKs erleichtern. Folglich hat man grundsätzlich die Wahl, Prozessschnittstellen zu verwenden oder auf sie zu verzichten, da man regelkonforme, untereinander verknüpfte EPKs auch ohne sie erzeugen kann. Sofern man sich jedoch – wie es in der Praxis häufig der Fall ist – zur Verwendung von Prozessschnittstellen entschließt, sind dabei wiederum bestimmte Regeln einzuhalten (vgl. dazu [Keller & Partner 1999; Nüttgens & Rump 2002; Staud 2006]):

Prozessschnittstellenregeln

Regel P1: Die Prozessschnittstelle steht anstelle einer Funktion in einer EPK.

Regel P2: Die Prozessschnittstelle in der aufrufenden EPK gibt einerseits durch ihre Positionierung die Verknüpfungsstelle an und andererseits durch ihre Bezeichnung, welche andere EPK aufgerufen wird, d.h., die Prozessschnittstelle trägt den Namen der aufgerufenen EPK.

Regel P3: In der aufgerufenen EPK gibt ein Prozessschnittstellensymbol ebenfalls die Verknüpfungsstelle an, und durch ihre Bezeichnung wird ausgedrückt, von welcher EPK der Aufruf erfolgt, d.h., die Prozessschnittstelle trägt den Namen der aufrufenden EPK.

Regel P4: In der aufrufenden EPK steht vor der Prozessschnittstelle ein Ereignis (oder mehrere). Dieses Ereignis wird in der aufgerufenen EPK nach dem dortigen Prozessschnittstellensymbol wiederholt. Falls es mehrere aufrufende Ereignisse waren, werden entsprechend alle wiederholt.

Regel P5: Im Fall von eingefügten Subprozessen steht das aufrufende Prozessschnittstellensymbol mitten im Kontrollfluss der EPK, aus der eine andere EPK aufgerufen wird. In der aufgerufenen EPK werden über entsprechende Prozessschnittstellensymbole die Ein- und Aussprungstellen markiert.

Regel P6: Schleifen (Beispiel: Prozess A ruft Prozess B, Prozess B ruft Prozess C, Prozess C ruft Prozess A) oder Rekursionen (Beispiel: Prozess A ruft Prozess A) sind **nicht** zulässig.

Regel P7: Prozesswegweiser haben genau eine eingehende oder genau eine ausgehende Kontrollflusskante.

Abbildung 4–9 thematisiert Prozessschnittstellen, die auf separat modellierte Teilprozesse innerhalb eines Prozesses verweisen. Im Beispiel wird aus dem Prozess D heraus der Prozess E aufgerufen. Nachdem dieser durchlaufen ist, springt der Kontrollfluss wieder zurück in den Prozess D. Im Prozess D müssen somit sowohl Aussprungstelle als auch Rücksprungstelle per Prozessschnittstellensymbol verdeutlicht werden. Hierzu findet man in der Praxis zwei unterschiedliche Philosophien, die in den Varianten 1 und 2 des Prozesses D in Abbildung 4–9 veranschaulicht werden. Allerdings verletzt die Variante 1 die Regel P7, sofern man das »oder« in der Regel als »entweder oder« interpretiert. Unabhängig davon ist es sehr zu empfehlen, nur eine von beiden Varianten im Rahmen der Modellierung zu verwenden und dies als Modellierungskonvention festzuhalten (siehe Abschnitt 4.1.4).

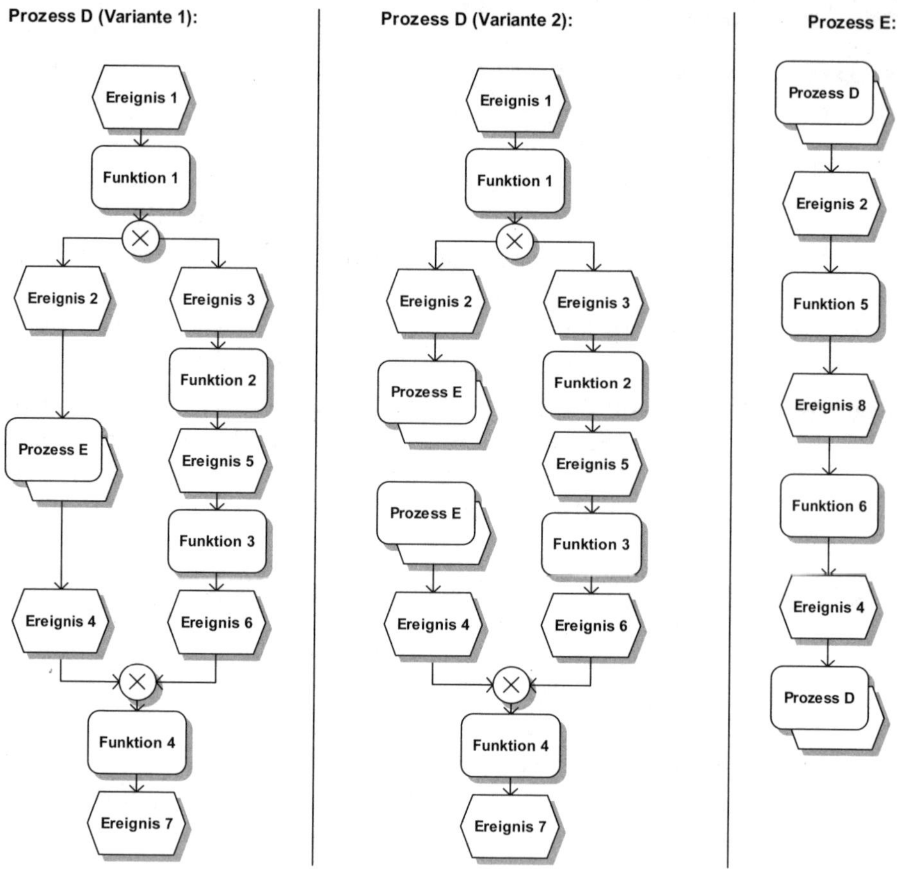

Abb. 4-9 *Nutzung von Prozessschnittstellen (2)*

Eine Prozessschnittstelle in einer EPK wird gemäß den Regeln P2 und P3 nach der aufgerufenen bzw. der aufrufenden EPK benannt. Dies lässt sich damit begründen, dass die Prozessschnittselle identisch ist mit einer gleichnamigen Funktion auf einer übergeordneten Ebene, die jedoch gar nicht unbedingt modelliert sein muss. Bei [Staud 2006] findet sich noch der Hinweis, dass Prozessschnittstellen in der Praxis auch zur Modellierung von denjenigen Prozessabschnitten eingesetzt werden können, die nicht im Blickfeld eines Projekts bzw. eines sonstigen Modellierungsvorhabens liegen und deswegen nicht näher betrachtet zu werden brauchen, weil z.B. keine Optimierungsvorschläge für diese Abschnitte gesucht werden.

4.1.1.5 Prozessinstanzen und Prozessmappen

Prozessinstanzen sind konkrete Ausführungen eines Prozesses. Sie werden deshalb synonym auch Prozessausprägungen genannt. Während eine EPK einen Prozess schematisch abbildet, beschreibt eine Prozessinstanz somit einen konkreten Durchlauf durch den Prozess. Ein Beispiel dazu lautet: Die EPK *Anfrage bearbei-*

ten beschreibt als Prozessschema, wie grundsätzlich mit einer Anfrage umzugehen ist, d.h., welche Prozessschritte in welcher Reihenfolge und welche Alternativen unter welchen Bedingungen auszuführen sind. Dagegen stellt die Anfrage von Herrn Müller vom 30.01.2007 hinsichtlich einer Übernachtung vom 05.02.2007 bis 06.02.2007 eine konkrete Ausprägung des Prozesses *Anfrage bearbeiten* dar: eine Prozessinstanz, der man zur einfacheren Handhabung auch eine eindeutige Anfragenummer zuweisen kann und die im Falle alternativer Prozessteile im Regelfall auch nur einen der alternativen Pfade durchläuft, beispielsweise entweder die Prozessschritte zur Reservierungsbestätigung oder diejenigen zur Absage und zum Verweis auf ein anderes Hotel.

Im Falle von nichttrivialen EPKs genügt es in der Regel nicht, Prozessdurchläufe en bloc in Form der Prozessinstanzen zu betrachten. Da mehrere Auslöser vorliegen, mehrere parallele Pfade oder Schleifen durchlaufen werden und mehrere Ergebnisse resultieren können, ist eine differenziertere Betrachtung nötig. Die einzelnen Prozessinstanzen lassen sich durch *Prozessmappen* (Synonyme dazu: *Kugel, Token*) veranschaulichen, die von oben nach unten durch das Modell laufen (siehe dazu auch Abschnitt 4.1.1.5).

Bei einem verteilenden XOR-Konnektor wird die Prozessmappe dementsprechend in genau eine von mehreren möglichen Richtungen gelenkt. Im Falle eines verknüpfenden XOR-Konnektors erfolgt die Weiterleitung der Prozessmappe, wenn diese ihn erreicht und ansonsten keine weitere Prozessmappe eintreffen kann. Bei einem verteilenden UND-Konnektor werden die Prozessmappen vervielfältigt und Kopien der Prozessmappen in die einzelnen Pfade gelenkt. Verknüpfende UND-Konnektoren führen Prozessmappen zusammen. Ein aufspaltender ODER-Konnektor führt dazu, dass mindestens durch einen, höchstens durch alle Pfade jeweils eine Prozessmappe läuft.

Ein grundsätzliches Problem stellt sich bei durch ODER- bzw. XOR-Konnektoren verknüpften Startereignissen: Wann kann man sicher sein, dass kein weiteres Eingangsereignis zutreffen kann? Beispielsweise kann festgelegt werden, dass ein Auftrag nur entweder telefonisch oder schriftlich erteilt werden kann. Doch was passiert, wenn absichtlich oder versehentlich doch beides erfolgt? Das damit ansatzweise beschriebene Problem nicht lokaler Konnektoren wird in Abschnitt 4.5.4 vertieft. In der Modellierungspraxis wird ein Abfangen einer solchen Fehlersituation häufig nicht explizit modelliert, man vertraut vielmehr auf die Aufmerksamkeit der Benutzer. Empfehlenswert ist in einem solchen Fall gleichwohl der Einbau einer Prüffunktion, die ein redundantes Anlegen eines Auftrags verhindert, indem geprüft wird, ob ein entsprechender Auftrag bereits angelegt wurde, da man sich auf die Aufmerksamkeit von Benutzern auch nicht absolut verlassen kann.

Erreicht eine Prozessmappe ein Endereignis, so wird sie gelöscht. Eine Prozessinstanz ist dann gelöscht, wenn alle ihr zugeordneten Prozessmappen gelöscht wurden. Sie wird somit ausschließlich indirekt durch das Löschen aller

Prozessmappen beendet. Prozessmappen sind über ihre Prozessnummer – im Beispiel oben: die Anfragenummer – der jeweiligen Prozessinstanz eindeutig zugeordnet. Eine Prozessmappe kann somit als Umlaufmappe betrachtet werden, die alle wichtigen Informationen bezüglich der aktuellen Prozessinstanz in dem jeweiligen Prozesspfad verwaltet (vgl. [Grief 2005]).

4.1.2 Erweiterungsobjekttypen von EPKs

Was macht eine EPK zu einer erweiterten EPK, einer »eEPK«? Eine einfache EPK beschränkt sich auf Ereignisse, Funktionen und Prozessschnittstellen, ergänzt um Konnektoren und Kanten. Erweiterungen sind durch eine Vielzahl anderer Objekttypen möglich, sie werden nachfolgend zusammengefasst als »Erweiterungsobjekttypen« bezeichnet, wobei damit stets die Erweiterung von EPKs gemeint ist. Da es sich bei den meisten Erweiterungsobjekten um Ressourcen im weitesten Sinne handelt, kann auch von »Ressourcenobjekten« bzw. »Ressourcenobjekttypen« gesprochen werden Zu denken ist dabei an so unterschiedliche Ressourcen wie Personen, Entitytypen, Dokumente, maschinelle Ressourcen, Anwendungssoftware, Leistungen in Form von Sach-, Dienst- und Informationsdienstleistungen, Finanzmittel, Organisationseinheiten oder Unternehmensziele, die – wichtig! – alle mit Funktionen, nicht mit Ereignissen zu verknüpfen sind (vgl. [Scheer 2002]).

Eine generelle Empfehlung lautet: Erweiterungsobjekte sollten in einer EPK sparsam verwendet oder in Funktionszuordnungsdiagramme – vgl. Abschnitt 3.7.2 – ausgelagert werden. Im Falle der Auslagerung kann allerdings der Objektfluss nicht mehr direkt entnommen werden, sodass es schwieriger wird festzustellen, ob alle notwendigen Eingangsdaten auch bereitgestellt werden (vgl. [Grief 2005]). Die Auswahl der möglichen Erweiterungsobjekttypen ist breit gefächert. Die wichtigsten sind bereits in Kapitel 3 vorgestellt worden. Es gibt jedoch abhängig vom eingesetzten Werkzeug noch eine mehr oder weniger große Zahl anderer Erweiterungsobjekttypen. Betrachtet man zum Beispiel das ARIS® Toolset, so kann das Gesamtspektrum der werkzeugseitig angebotenen Erweiterungsobjekte (Objekttypen bzw. Symbole) grob wie folgt klassifiziert werden:

- *Organisationssichtspezifische Objekttypen*
  Organisationseinheitstyp, Organisationseinheit, Systemorganisationseinheitstyp, Systemorganisationseinheit, Stellentyp, Stelle, Stellenbeschreibung, Personentyp (Rolle), interne Person, externe Person, Gruppe, Mitarbeiterausprägung, Standort und Arbeitsplatz
- *Datensichtspezifische Objekttypen*
  Cluster, Entitytyp, Beziehungstyp, uminterpretierter Beziehungstyp, Information (Ist), Information (Soll), Attributtypgruppe, b-Attribut, S-Attribut, FS-Attribut, COT-Attribut, komplexer Objekttyp, Fachbegriff

- *Wissensorientierte Objekttypen*
  Wissenskategorie, dokumentiertes Wissen
- *Objektorientierte Objekttypen*
  Business Object, Package, Class, Operation, Attribute, Use Case, Object state, Component, Elementtyp
- *Ausprägungen des Objekttyps Informationsträger*
  Informationsträger, Datei, Dokument, elektronisches Dokument, Protokoll, ARIS-Diagramm, Brief, Buch, Kartei, Karteikasten, Know-how, Expertise, Ordner, elektronischer Ordner, Barcode, Microfiche, Telefon, Handy, Fax, E-Mail, Internet, Intranet, Extranet, LAN, EDI, Drucker, Festplatte, CD-ROM, DVD, Diskette, Magnetband, PDA, Papierkorb, Zeitplaner, Notizblock, Ablagekorb
- *Anwendungssystemorientierte Objekttypen*
  Liste, Entwurf Liste, Maske, Entwurf Maske, Typ DV-Funktion, DV-Funktion, Klasse Anwendungssystem, Typ Anwendungssystem, Anwendungssystem, Typ Hardwarekomponente, Typ Modul, Modul
- *Allgemeine ressourcenorientierte Objekttypen*
  allgemeine Ressource, Betriebsmittel
- *Ausprägungen des Objekttyps Leistung*
  Leistung, Dienstleistung, Informationsdienstleistung
- *Managementorientierte Objekttypen*
  Ziel, Berechtigungsbedingung, Kennzahlinstanz, Kostenart, Cost-Driver, Risiko
- *IT-City-Plan-orientierte Objekttypen*
  (einschließlich spezieller grafischer Ausprägungen anderer Objekttypen)
  Zone, District, Building Cluster, Functional Block, IS Function, IS Service, IT System, Subsystem, IT Software, IT Block, IT Procedure, Socket. *Hintergrund:* Ein *IT City Plan* ist ein Architekturansatz, der heterogene Systemlandschaften in Anlehnung an Vorgehensweisen zur Städteplanung (»City Plan«) inkrementell in Form einzelner Projekte vereinheitlichen und vereinfachen will (vgl. [IDS Scheer 2004]).

Es ist offensichtlich, dass es nicht sinnvoll ist, sich mit dieser Menge an Erweiterungsobjekttypen insgesamt zu beschäftigen. Dies gilt für die Modellierung im Unternehmen, genauso aber für ein Buch wie dieses. Die Bedeutung und Verbreitung der einzelnen Kategorien schwankt nämlich sehr stark. Während organisations- und datensichtspezifische Erweiterungen weit verbreitet sind, muss zum Beispiel überlegt werden, ob und wann eine symbolhafte Unterscheidung diverser Informationsträger sinnvoll ist. Objektorientierte Objekttypen sind nützlich, um die Verbindung z.B. zu UML-Modellen herzustellen. Management- und IT-City-Plan-orientierte Objekttypen sind dagegen nur im Rahmen spezieller Modellierungsvorhaben von Interesse. Wissen wird laut Davis nur modelliert, wenn es eine besondere Rolle für einen Prozessschritt spielt [Davis 2003], es bleibt grundsätzlich unverändert erhalten. Auch für Ressourcen gilt: Sie werden nicht obligatorisch modelliert, sondern nur dann, wenn sie für den Prozess eine wichtige Rolle spielen, z. B. einen Engpassfaktor darstellen.

Auch innerhalb der genannten Kategorien sollte man sich unbedingt durch Ausfilterung bzw. organisationsinterne Konventionen auf eine Auswahl der Erweiterungsmöglichkeiten beschränken (vgl. Abschnitt 4.1.4). Davis empfiehlt die Erstellung von Funktionszuordnungsdiagrammen als Einstieg in die Vermittlung organisationsspezifischer Konventionen, und zwar insbesondere zur Erläuterung, welche Objekttypen zur Erweiterung genutzt werden dürfen. Wie in Abbildung 3–17 zu erkennen ist, sind bestimmte Kanten zwischen Funktion und Erweiterungsobjekt richtungslos (so etwa zwischen der Funktion *Anfrage bearbeiten* und der Organisationseinheit *Empfang* oder zwischen der genannten Funktion und dem Anwendungssystem *Hotelinformationssystem X*), andere Kanten sind gerichtet (z. B. vom Informationsträger *Fax* zur Funktion, um den Fluss der Informationen zu beschreiben, oder von der Datenbank *Kunde* zur Funktion).

Die Verwendung von kompletten Organisationseinheiten (z. B. Abteilungen) in Prozessmodellen ist zur Organisationsgestaltung oft wenig hilfreich, da sie in der Regel mehrere Stellen umfassen (z. B. Leiter, Sekretärin, Sachbearbeiter), ohne darüber Auskunft zu geben, welche Stelle welchen Prozessschritt konkret ausführt, sodass weder die jeweilige Arbeitsbelastung des Einzelnen noch die Zahl der tatsächlich an einem Prozess beteiligten Mitarbeiter und damit die Zahl der Übergabeschnittstellen abgelesen werden können. Ein anderes Problem besteht darin, dass gleichartige Stellen auch unterschiedlichen Organisationseinheiten zugeordnet sein können. Dies erfordert entsprechend präzise Benennungen, um sie unterscheidbar zu machen, so sollte statt *Sachbearbeiter* besser eine Benennung wie *Sachbearbeiter Personal Zentrale* verwendet werden (vgl. dazu auch [Kugeler & Vieting 2005]).

Die von einem Modellierungswerkzeug jeweils angebotenen Kanten und Kantentypen zwischen Funktionen und Erweiterungsobjekten sind abhängig vom Modelltyp (hier: der *eEPK*), vom Modellierungsfilter und von den zu verbindenden Objekttypen. Doch auch unabhängig vom Einsatz eines Modellierungswerkzeugs ist es sinnvoll, beispielsweise die Beteiligung einer Stelle an einer Funktion über einen speziellen Kantentyp bzw. eine Beschriftung der Kante zu verdeutlichen, etwa ob sie ausführend, entscheidend oder beratend mitwirkt. Falls zur Verbindung von zwei Objekten verschiedene Kantentypen möglich sind, sollte der Kantentyp im Modell unbedingt eingeblendet bzw. an der Kante eingetragen werden, um die Art der Verknüpfung deutlich zu machen. Kantentypen sind unternehmensspezifisch festlegbar, es wird empfohlen, klar abgegrenzte und nicht zu viele Kantentypen zu verwenden, um die Modellierung handhabbar zu halten (vgl. [Kugeler & Vieting 2005]).

Es empfiehlt sich übrigens nicht, eine Ausprägung eines Erweiterungsobjekts in einer EPK – z. B. eine Organisationseinheit oder einen Entitytyp – gleichzeitig mit mehreren Funktionen über entsprechende Kanten zu verbinden, da dies erfahrungsgemäß zu unübersichtlicheren Modellen führt. Stattdessen sollten Ausprägungen des Erweiterungsobjekts an alle betroffenen Funktionen gehängt werden. Ersatzweise kann die Konvention aufgestellt werden, dass Erweiterungsobjekte auch ohne redundantes Modellieren den nachfolgenden Funktionen zur Verfügung stehen und nur bei Veränderungen (z.B. der ausführenden Organisationseinheit) die neu auftretenden Objekte zu modellieren sind (siehe dazu auch Abschnitt 4.1.4).

4.1.3 Objekttypübergreifende Modellierungsregeln

Nachdem in Abschnitt 4.1.1 bereits diejenigen Modellierungsregeln eingeführt wurden, die sich unmittelbar auf bestimmte Objekttypen beziehen, werden nun die auf eine EPK insgesamt zu beziehenden und damit objekttypübergreifenden Regeln erläutert. Die Gesamtheit der Regeln legt fest, unter welchen Voraussetzungen eine EPK syntaktisch als korrekt anzusehen ist. Es sei daran erinnert, dass Korrektheit eine semantische und eine syntaktische Dimension besitzt (vgl. Abschnitt 2.1.1). Die meisten dieser Regeln sind allgemein anerkannt. Aus dieser bewusst so gewählten Formulierung darf abgelesen werden, dass es keine Institution gibt, die diese Regeln – genauso wie die anderen bereits vorgestellten Regeln – verbindlich vorgibt.

Allgemeine Modellierungsregeln für eine EPK

Regel M1: Es darf keine unverbundenen Modellteile geben, weder isolierte Funktionen, Ereignisse oder andere Objekte noch mehrere Teilketten (siehe z.B. [Keller & Partner 1999]), denn eine EPK ist ein gerichteter und zusammenhängender Graph (vgl. [Nüttgens & Rump 2002]).

Regel M2: Ein Modell besitzt stets mindestens ein Startereignis (auslösendes Ereignis, Anfangsereignis, vgl. z.B. [Davis 2003; Hoffmann et al. 1993]). *Hinweis: Prozessschnittstellen können ungeachtet dessen vor Startereignissen modelliert werden.*

Regel M3: Ein Modell besitzt stets mindestens ein Endereignis (im Sinne eines Ergebnisses, vgl. z.B. [Davis 2003; Hoffmann et al. 1993]). *Hinweis: Prozessschnittstellen können ungeachtet dessen nach Endereignissen modelliert werden.*

Regel M4: Kanten mit gleichem Anfangs- und Endknoten (»Schlingen«) sind nicht erlaubt (vgl. [Keller & Partner 1999; Nüttgens & Rump 2002]).

Regel M5: Mehrfachkanten (mehrere Kanten zwischen zwei Knoten) sind nicht erlaubt (vgl. [Keller & Partner 1999; Nüttgens & Rump 2002]).

Regel M6: Erweiterungsobjekte wie Datenobjekte, Organisationseinheiten, Dokumente, Anwendungssysteme, Hardware, Input- und Outputleistungen usw. dürfen nur mit Funktionen verbunden werden, nicht mit Ereignissen (vgl. [Rosemann et al. 2005; Staud 2006]).

Regel M7: Auf Funktionen, die Entscheidungen treffen, folgen stets aufspaltende Konnektoren (im Regelfall XOR, in Ausnahmefällen ODER, vgl. [Davis 2003]). Ereignisse in den verschiedenen Zweigen dokumentieren die verschiedenen Entscheidungsmöglichkeiten.

Regel M8: Prozesszweige werden aus Gründen der Ablauflogik grundsätzlich mit demselben Konnektor (UND, ODER, XOR) wieder zusammengeführt, der auch zur Aufspaltung genutzt wurde (vgl. [Davis 2003]). Ob die Zusammenführung nach Ereignissen oder Funktionen in den verschiedenen Prozesszweigen erfolgt, ist zweitrangig. [Davis 2003] plädiert für das Zusammenführen nach Ereignissen.

Regel M9: Ein Rücksprung geht immer von einem Ereignis weg, und zwar dem Ereignis, aus dem sich die Notwendigkeit für einen Rücksprung ergibt, z.B. *Buchung nicht möglich* (vgl. [Brugger 2005]).

Regel M10: Ein Rücksprung mündet immer in einem Konnektor. Falls kein Konnektor vorhanden ist, muss ein neuer Konnektor eingefügt werden, grundsätzlich handelt es sich dabei um einen XOR-Konnektor (vgl. [Brugger 2005]).

Regel M11: Ein Rücksprung muss unmittelbar vor einer Funktion einmünden, um die Regel, Ereignisse und Funktionen stets abwechselnd zu modellieren, einhalten zu können (vgl. [Brugger 2005]).

4.1.4 Modellierungskonventionen

Konventionen sind unternehmensspezifische Festlegungen, die dazu dienen, die Ergebnisse der EPK-Modellierung im Unternehmen zu vereinheitlichen. Sie ergänzen die im Rahmen der Modellierung einzuhaltenden Regeln. Sie werden meist in Form von internen Handbüchern veröffentlicht und im Zuge von Schulungen vermittelt. Als hilfreich gilt auch das Bereitstellen konventionsgerechter Beispielmodelle, z.B. im Intranet (vgl. [Davis 2003]).

Folgende Nutzenaspekte von Modellierungskonventionen sehen [Schneider & Scheuring 2003]:

- Vereinheitlichung von Modellen
- Konsistenz der Modelle
- Erhöhung der Verständlichkeit und der Akzeptanz der Modelle
- Vermeidung von Redundanzen und Widersprüchlichkeiten
- Reduktion der Komplexität (Vielfalt, Unterschiedlichkeit)

- Grundlage für Analysen und Vergleiche von Prozessen
- Wiederverwendbarkeit für verschiedene Zwecke
- Vergleichbarkeit von Modellen (z. B. Soll/Ist)
- Vereinfachung und Steigerung der Effizienz der Modellierung

Modellierungskonventionen sind insbesondere dann nötig, wenn nicht mehr nur individuell modelliert werden soll, sondern die Modellierungsergebnisse verschiedener Modellierer verbunden und in einer Datenbank zusammengefasst werden sollen. Sie bedeuten zwangsläufig eine Einschränkung der von der ARIS-Konzeption her recht weit gefassten Freiheiten bei der Modellierung. Es handelt sich bei Modellierungskonventionen um eine andere Kategorie von Regelungen, die nicht wie die in Abschnitt 4.1.2 genannten Regeln die Richtigkeit von Modellen (als einen der zentralen Grundsätze ordnungsmäßiger Modellierung, vgl. Abschnitt 2.1.1) bestimmen, sondern vielmehr die Grundsätze der Relevanz, der Wirtschaftlichkeit, der Klarheit und der Vergleichbarkeit unterstützen sollen.

Es können verschiedene Kategorien von Modellierungskonventionen unterschieden werden (vgl. [Davis 2003; Rosemann et al. 2005]): Konventionen zur Verwendung von Modelltypen, modelltypspezifische Konventionen, objekttypspezifische Konventionen, darstellungsbezogene Konventionen, Namenskonventionen, Konventionen zur Organisation der Zusammenarbeit in der Modellierung sowie Übereinkünfte bezüglich des tolerierten Weglassens von Elementen.

4.1.4.1 Konventionen zur Verwendung von Modelltypen

- **Modelltypenauswahl**
  Es ist festzulegen, welche Modelltypen überhaupt zur Modellierung eingesetzt werden dürfen. Über einen entsprechenden Filter eines Modellierungswerkzeugs lässt sich besonders einfach sicherstellen, dass Modellierende ausschließlich die gemäß interner Richtlinien zulässigen Modelltypen verwenden können.
- **Modelltypeneinsatz**
  Für die Menge der grundsätzlich zulässigen Modelltypen ist zu vereinbaren, für welche Zwecke – z. B. für welche Detaillierungsebene bzw. Hierarchiestufe – der jeweilige Modelltyp eingesetzt werden soll.
- **Modellierungsebenen**
  Es ist festzulegen, in welche Ebenen ein Gesamtmodell zu unterteilen ist, um die Übersichtlichkeit eines Modells zu bewahren. Ergänzend muss erläutert werden, wie die Beziehungen zwischen den einzelnen Ebenen zu gestalten sind. Beispielsweise könnten drei Ebenen festgelegt werden. Die Ebene 1 wird als Wertschöpfungskettendiagramm modelliert, sie dient dem Gesamtüberblick. Jede Funktion dort wird mit einem weiteren Wertschöpfungskettendiagramm auf Ebene 2 hinterlegt. Jede Funktion der Ebene 2 wird mit einer EPK auf der Ebene 3 hinterlegt. Die EPKs auf der Ebene 3 sind zusätzlich über Prozessschnittstellen untereinander zu verknüpfen.

4.1.4.2 Modelltypbezogene Konventionen

- **Modellattribute**
  Es wird vorgegeben, welche Attribute für jedes Modell eines Modelltyps zu pflegen sind. Hilfreich ist dabei eine genaue Definition, was unter dem jeweiligen Attribut zu verstehen ist. Es kann zwischen Muss- und Kann-Attributen unterschieden werden, d.h., Muss-Attribute müssen, Kann-Attribute können mit Inhalten gefüllt werden. Zu denken ist an Attribute wie *Name, Beschreibung/Definition, Prozesshistorie, Modellstatus seit, Modellierer, Prozessverantwortlicher.* Bestimmte Attribute wie *Ersteller, Erstellzeitpunkt, letzte Änderung, Typ* werden von einem Modellierungswerkzeug wie ARIS® in der Regel automatisch gepflegt. Das Weglassen nicht benötigter Attribute kann bei Einsatz eines entsprechenden Werkzeugs über die Definition eines Filters realisiert werden.
- **Objekttypen**
  Es wird – z.B. wiederum per Filter – vorgegeben, welche Objekttypen in einem Modell bestimmten Typs verwendet werden dürfen. Insbesondere bei nah verwandten Objekttypen sollte kritisch geprüft werden, ob tatsächlich alle notwendig sind, man denke z.B. an Organisationseinheit, Organisationseinheitstyp, Stelle, Stellentyp, Rolle, Standort. Es kann auch hier zwischen obligatorischen und optionalen Objekttypen unterschieden werden. Davis plädiert für die restriktive Nutzung der Erweiterungsobjekttypen in der EPK und einer bei Bedarf umfassenden Nutzung in den sichtenspezifischen Modelltypen wie dem *Organigramm* oder dem *Anwendungssystem[typ]diagramm* [Davis 2003].
- **Kantentypen**
  Es wird für jeden Modelltyp vorgegeben, welche Kantentypen zwischen den einzelnen Objekttypen des Modelltyps verwendet werden dürfen. Davis betont, dass es wichtig ist, organisationsintern festzulegen, wie die einzelnen Typen zu verstehen und abzugrenzen sind, z.B. die Bedeutung der Kantentypen *wirkt mit bei, wird informiert über.*
- **Detaillierungsgrad**
  Die Vorgabe eines verbindlichen Detaillierungsgrads gestaltet sich schwierig. Anhaltspunkte können Wechsel der organisatorischen Verantwortung oder des unterstützenden Anwendungssystems sein, die jeweils die Modellierung einer neuen Funktion in einer EPK erforderlich machen. Alternativ kann vorgegeben werden, dass sich die Modellierung auf einem solchen Niveau zu bewegen hat, dass die Input-/Outputdaten durchgängig als Datencluster, Entitytypen oder Attribute beschreibbar sind (vgl. [Hoffmann et al. 1993]). Des Weiteren ist festzulegen, in welchem Umfang Schleifen modelliert werden sollen (siehe dazu auch Abschnitt 4.3.1). Grundsätzlich lassen sich keine universell gültigen Empfehlungen formulieren. Ziel wird es in den meisten Fällen

sein, dass die von unterschiedlichen Modellierern stammenden Teile eines Gesamtmodells einen vergleichbaren Detaillierungsgrad aufweisen und dass nicht zu granular modelliert wird, z. B., dass keine so detaillierte Funktion wie *Bericht XY ausdrucken* verwendet wird.

4.1.4.3 Objekttypspezifische Konventionen

- **Objektattribute**
  Es wird vorgegeben, welche Attribute pro Objekttyp zu pflegen sind, z. B. *Name, Langbezeichnung, Beschreibung/Definition, Bemerkung/Beispiel, Kurzbezeichnung* bei einer Funktion. Hilfreich ist dabei eine genaue Definition, was unter dem jeweiligen Attribut zu verstehen ist. Es kann ebenfalls zwischen Muss- und Kann-Attributen unterschieden werden. Einige Attribute sind für alle Objekttypen verfügbar, z. B. das Attribut *Beschreibung*. Ihre Verwendung kann objekttypübergreifend geregelt werden. Zeit- und Kostenattribute sind nützlich für Auswertungen und Simulationen, bedeuten jedoch einen erhöhten Modellierungsaufwand und sind oftmals mit kaum zu bewältigenden Quantifizierungsproblemen verbunden. Bestimmte Attribute wie *Ersteller, Erstellzeitpunkt, letzte Änderung, Typ* werden vom Modellierungswerkzeug meist automatisch gepflegt. Das Weglassen nicht benötigter Attribute kann wie im Falle der Modellattribute über die Definition eines Filters beim Werkzeugeinsatz realisiert werden.
- **Hinterlegungen**
  Es kann pro Objekttyp in den einzelnen Modelltypen festgelegt werden, ob und welche Modelltypen dem jeweiligen Objekttyp hinterlegt werden dürfen (siehe Abschnitt 4.2.2). Grundsätzlich sollte ein Objekttyp niemals durch mehrere Modelle des gleichen Modelltyps hinterlegt werden dürfen, da dies zu einer unübersichtlichen, inkonsistenten Modelllandschaft führen würde.

4.1.4.4 Konventionen zur Layout-Festlegung

- **Standardeinstellungen**
  Es ist grundsätzlich empfehlenswert, Standardvorgaben für die Gestaltung von Modellen, die ein Werkzeug vorsieht, zu nutzen [Davis 2003]. Dies betrifft Farben, Formen und Größen von Symbolen, Linienarten von Kanten usw. Damit wird gewährleistet, dass EPKs schnell als solche erkannt und leichter gelesen werden können, da sich die große Mehrheit der Modellierenden an diese Standards hält. Somit wirken derart gestaltete EPKs in der Regel vertrauter als solche, die davon abweichen.
- **Vertikale Ausrichtung**
  Die Modellierung des Kontrollflusses erfolgt üblicherweise von oben nach unten, nicht von rechts nach links oder gar – aus Platzgründen oder anderen Motiven heraus – quasi beliebig verschlungen. Gemäß Untersuchungen von

[Davis 2003] sind Modellierungsfehler außerdem leichter bei vertikaler als bei horizontaler Darstellung erkennbar. Die stillschweigende Voraussetzung dieser Konvention ist nebenbei bemerkt auch an der grafischen Gestaltung der Doppelkonnektoren mit einer oberen und einer unteren Hälfte ablesbar. Es ist kein Zufall, dass sich Doppelkonnektoren eben nicht aus einer linken und einer rechten Hälfte zusammensetzen, die eine horizontale Darstellung nahelegen würden.

- **Symbolgröße**
  Zu warnen ist vor der Verwendung unterschiedlich großer Symbole eines Typs, die beispielsweise aufgrund unterschiedlich langer Objektnamen nötig zu sein scheinen, weil für bestimmte Namen der Platz – etwa in einem Funktionssymbol – nicht ausreicht und man aus gestalterischen Gründen den Text nicht über den Rand hinausragen lassen bzw. – beim Einsatz mancher Werkzeuge – den Text nicht automatisch abkürzen lassen möchte. Problematisch ist dabei, dass größere Symbole vom Betrachter schneller wahrgenommen und zumindest unterbewusst als wichtiger eingestuft werden. Aus diesem Grund sollte übrigens konsequent auf die Verwendung kurzer Namen bestanden werden, nähere Erläuterungen können z.B. über Attribute festgehalten werden.

- **Anordnung der Prozesszweige**
  Für die Anordnung verschiedener Prozesszweige empfiehlt es sich grundsätzlich, den Normalfall durchgängig links und die Ausnahmen weiter rechts im Modell zu platzieren.

- **Abstände**
  Man kann das Prinzip möglichst kurzer Kantenlängen vorgeben, unabhängig davon, dass in der Mehrzahl der Fälle in der Modellierungspraxis ohnehin keine unnötig langen Kanten gezogen werden. Es gehört jedoch Erfahrung dazu, Kantenlängen kurz zu halten, ohne gleichzeitig die anderen in diesem Abschnitt eingeführten Konventionen zu verletzen. Damit Modellierer Modelle nicht zu kompakt gestalten, kann es überdies hilfreich sein, Mindestabstände zwischen Symbolen und damit auch Mindestkantenlängen vorzugeben.

- **Keine Kantenüberschneidungen**
  Intuitiv wird nahezu jeder Modellierende es vermeiden, Kanten sich überschneiden zu lassen. Sofern man nicht auf Papier modelliert, lässt sich dies durch Verschieben der Objekte meist auch relativ leicht gewährleisten. Mit zunehmender Komplexität der Modelle werden Kantenüberschneidungen jedoch immer unausweichlicher. Falls man sich nicht ohnehin entschließt, ein komplexes Modell zu zerlegen, sollte die Zahl der Überschneidungen zumindest so gering wie möglich gehalten und durch die Nutzung werkzeugseitig eventuell angebotener »Brückenschläge« der einen Kante über die andere – wie es z.B. in Abbildung 4–25 an einer Stelle der Fall ist – der jeweilige Kantenverlauf grafisch unmissverständlich dargestellt werden.

- **Anordnung von Erweiterungsobjekttypen**
  Man findet in der Literatur Vorgaben hinsichtlich der Anordnung der mit einer Funktion in Beziehung stehenden Objekttypen, d.h. den Erweiterungsobjekttypen (vgl. Abschnitt 4.1.2). Es wird festgelegt, an welcher Stelle und in welcher Reihenfolge Objekte der Datensicht, der Organisationssicht, aber auch weiterer Objekttypen, z.B. Anwendungssysteme oder Arbeitsmittel, neben einem Funktionssymbol platziert und mit diesem per Kante verbunden werden. In [Allweyer 2005a] wird vorgeschlagen, Anwendungssysteme links, Dateninput und -output rechts (rechts oben Input, rechts unten Output) anzuordnen. Denkbar sind auch Festlegungen hinsichtlich der Reihenfolge der Platzierung gleichartiger Objekte, z.B. von Objekten der Organisationssicht. Dies kann anhand des Beziehungstyps geschehen, wobei beispielsweise festgelegt werden kann, dass erst solche Objekte, zu denen eine *führt aus*-Beziehung besteht, danach solche, bei denen als Beziehungstyp *wirkt mit bei* gilt, schließlich solche mit dem Beziehungstyp *muss informiert werden* [Becker et al. 2005, Anhang] von oben nach unten an die Funktion modelliert werden.

  Nicht selten kollidieren derartige Festlegungen in der praktischen Umsetzung mit anderen Konventionen (z.B. Abstände, keine Kantenüberschneidungen, Modellgröße) und sind deshalb eher selten explizit formuliert anzutreffen. Erweiterungsobjekte werden folglich im Sinne einer pragmatischen Vorgehensweise meist dort neben einer Funktion platziert, wo sie der übersichtlichen Darstellung des Kontrollflusses nicht im Wege stehen. Intuitiv bemühen sich Modellierende in der Regel gleichwohl, ein Höchstmaß an Einheitlichkeit bei der Platzierung zu realisieren.

- **Modellgröße**
  Denkbar ist die Maßgabe, dass eine EPK auf eine DIN-A4-Seite passen und dabei noch lesbar sein muss, andernfalls ist eine Segmentierung (vertikal oder horizontal) vorzunehmen, wie sie in Abschnitt 4.2 beschrieben wird.

- **Rasterung**
  Sofern das eingesetzte Werkzeug die Möglichkeit bietet, sollte unbedingt eine Rasterung festgelegt werden, damit Objekte nicht völlig frei, sondern ausgerichtet an einem solchen Raster platziert werden. Häufig gehört ein entsprechendes Raster zu den Standardeinstellungen. Dies erleichtert eine ästhetisch ansprechende Gestaltung des Modells hinsichtlich der Kantengestaltung, der Abstände zwischen Symbolen usw. sehr.

- **Sonstige Formatierung**
  Verbreitet sind organisationsspezifische Vorgaben hinsichtlich der Einbettung von ergänzenden Textblöcken (sogenannten »Freiformtexten«), Logos und sämtlicher Formatierungsangaben wie Seitenformat, Seitenränder, Schriftarten und -größen usw.

4.1.4.5 Namenskonventionen für Modelle und Objekte

- **Namensidentität**
  Im Zusammenhang mit der Erzeugung von Hinterlegungen und der Verwendung von Prozessschnittstellen wurden bereits einschlägige Regeln vorgestellt, die besagen, dass zum Beispiel der Name eines Objekts und der Name eines hinterlegten Modells oder – als zweites Beispiel – der Name einer Prozessschnittstelle und der Name des durch sie aufgerufenen Prozesses identisch sein müssen. Diese Festlegungen können selbstverständlich auch als Konventionen unternehmensintern verbreitet werden.
- **Syntax (der Namen)**
  Für Funktionen und Ereignisse sind Namenskonventionen hinsichtlich ihrer grammatikalischen Struktur bereits ebenfalls vorgestellt worden. Erinnert sei beispielhaft an die Regelung, dass der Name einer Funktion daran zu erkennen und von einem Ereignisnamen zu unterscheiden ist, dass er sich aus einem Substantiv im Singular und einem Verb im Infinitiv zusammensetzt, wohingegen ein Ereignisname sich aus einem Substantiv im Singular und einem Verb in der Partizipform zusammensetzt. Ähnliche Vorgaben können für andere Modell- und Objekttypen gemacht werden. Für Entitytypen kann man beispielsweise festlegen, dass ausschließlich Substantive im Singular verwendet werden dürfen.
- **Terminologie**
  Möglich ist die Einschränkung der für die Namen von Objekten und Modellen zu verwendenden Terminologie, d.h. insbesondere die Vorgabe einer Auswahl an Fachwörtern und Verben. Die zu nutzenden Fachwörter können beispielsweise über ein Fachbegriffsmodell von ihren Synonymen abgegrenzt werden (vgl. Abschnitt 3.5.1). Die einsetzbaren Verben können in einem Verbenkatalog verwaltet werden. Ein Verbenkatalog listet meist alphabetisch Verben auf, bei Synonymen erfolgen Verweise auf die jeweils zu bevorzugenden Verben. Ein Beispieleintrag in einen solchen Verbenkatalog könnte lauten: *administrieren → verwalten*, d.h., es wird von *administrieren* auf die Vorzugsbenennung *verwalten* verwiesen.
- **Verbot der Kombinationsbenennung**
  Benennungen wie etwa *Gast begrüßen und Gepäck abnehmen* oder *Zimmer reinigen und lüften* können als unzulässig eingestuft werden, da sie schon von ihrer Struktur her eine Kombination von zwei Funktionen darstellen, ohne diese sprachlich in einem regelgerechten – einfachen – Funktionsnamen zusammenzufassen. Entweder muss in einem solchen Fall ein gemeinsamer Funktionsname im Sinne eines Oberbegriffs bezogen auf die Substantive und/oder die Verben gefunden werden oder man entscheidet sich für einen der beiden Teile als alleiniger Benennung. Oft sind Kombinationsbenennungen

auch ein Hinweis auf unsaubere Modellierung, sodass der Zuschnitt der Funktionen grundsätzlich überdacht werden sollte.

- **Verbot der Eigennamen**
  Es ist methodisch nicht sinnvoll, die Namen von Beteiligten, Adressaten, Anwendungssystemen usw. in Modellnamen, insbesondere aber in Funktions- und Ereignisnamen zu verwenden. Hierfür stehen bekanntlich diverse Erweiterungsobjekte zur Modellierung in einer EPK zur Verfügung (vgl. Abschnitt 4.1.2). Alternativ können jedoch auch geeignete Attribute der Modelle bzw. Objekte gepflegt werden.
- **Verbot technischer Kürzel**
  Es ist ein grundsätzliches Ziel der EPK-Modellierung, unternehmensweit verständliche Modelle zu erstellen. Die Verwendung technischer Kürzel – oder auch anderer nicht allgemein bekannter Kürzel – in den Namen wirkt konträr bezogen auf diese Zielsetzung, da technische Kürzel in der Regel nur einem kleinen Kreis geläufig sind, sodass ihre Verwendung alle anderen Unternehmensangehörigen von einer umfassenden Nutzung der Modelle zwangsläufig weitgehend ausschließt, schlichtweg weil sie sie nicht verstehen. Folglich sollten technische Kürzel in Modell- oder Objektnamen grundsätzlich nicht gestattet werden.
- **Einheitliche Schreibweise**
  Es ist gerade im Hinblick auf Auswertungen und zur Verstärkung des Wiederverwendungsgedankens nötig, auf eine einheitliche – und damit hoffentlich auch orthografisch korrekte – Schreibweise der Wörter zu achten, z. B. »abschließen« statt »abschliessen« oder »prüfen« statt »pruefen«, da sonst über die einfache Nutzung von Suchfunktionen eines Modellierungswerkzeugs nur eine Teilmenge der relevanten Modelle oder Objekte gefunden werden kann.

4.1.4.6 Konventionen zur Organisation der Modellierung

- **Datenbank**
  Es sollte vorgegeben werden, wie Modelle und Objekte in einem datenbankbasierten Modellierungswerkzeug abzulegen sind. Die Ordnerhierarchie (Gruppenstruktur) sowie die Funktions- und Zugriffsrechte sind zu regeln, d. h., es ist festzulegen, wer welche administrativen oder inhaltlichen Aufgaben übernehmen und verantworten soll. Entsprechend sind Rechte (z. B. Lese-, Schreib- und Löschrechte) zu vergeben, die der jeweiligen Aufgabe und Verantwortung entsprechen.
- **Statuskonzept**
  Sinnvoll ist die Festlegung eines Statuskonzepts, das verschiedene Zustände der Bearbeitung und Verwendung eines Modells klassifiziert. So kann ein Modell z. B. den Status *in Arbeit*, *Entwurf*, *fachlich abgestimmter Entwurf*,

freigegeben oder *ungültig* besitzen (vgl. [Rosemann et al. 2005]), orientiert an dem üblichen Lebenszyklus eines arbeitsteilig erstellten Modells. Eine entsprechende Versionsverwaltung der Modelle ist ergänzend zu etablieren.

- **Rollen in der Modellierung**
  Es sind Rollen mit entsprechenden Aufgaben, Kompetenzen und Verantwortlichkeiten zu definieren, Beispiel: *Modellierung, inhaltliche Modellabnahme, methodische Modellabnahme, Modellverantwortung* (siehe dazu auch Abschnitt 5.2).
- **Bibliotheken/Kataloge**
  In Bibliotheken oder Katalogen können übergreifend nutzbare Objekte verwaltet werden, man denke z.B. an Entitytypen, Anwendungssysteme oder Organisationseinheiten. Es ist festzulegen, wer im Unternehmen diese Objekte anlegt, wer für ihre Aktualisierung zuständig ist usw. Zielsetzung ist dabei, über die konsequente (Wieder-)Verwendung von Ausprägungen dieser Objekte die Modelle untereinander zu verknüpfen und damit den Integrationsgrad der Modelllandschaft insgesamt zu erhöhen. Oftmals wird es sich anbieten, diese Objekte vor Beginn eines größeren Modellierungsvorhabens, z.B. eines Projekts, zu erfassen, sofern diese nicht im Rahmen anderer Modellierungsvorhaben bereits früher angelegt worden sind.
- **Varianten**
  Es ist festzulegen, ob und gegebenenfalls in welchem Umfang Varianten eines Leitmodells (Mastermodells) angelegt werden sollen, um den Pflegeaufwand ähnlich strukturierter Modelle gering zu halten, sofern das eingesetzte Modellierungswerkzeug dies erlaubt. Einem reduzierten Pflegeaufwand steht allerdings der im Vergleich zu einfachen Modellen höhere Komplexitätsgrad bei der Verwaltung eines Leitmodells und seiner Varianten gegenüber.
- **Sollprozesse versus Istprozesse**
  Es muss klar vereinbart werden, ob Istprozesse, Sollprozesse oder beide Kategorien modelliert werden. Sollen sowohl Ist- als auch Sollprozesse modelliert werden, muss geregelt werden, wie diese sauber zu trennen sind, z.B. über spezielle Ablagestrukturen oder Namenskonventionen der Modelle. Im Zweifelsfall sollte man sich auf die Istmodellierung als Basis einer Analyse der Istsituation beschränken, wobei in diesem Fall darauf zu achten ist, dass die tatsächlichen Istprozesse des Arbeitsalltags modelliert werden und nicht Idealvorstellungen der Prozesse, wie diese laut einschlägiger Planung und Dokumentation aussehen sollten. Im Extremfall müssen sonst sogar drei Varianten eines Prozesses modelliert werden: Ist (Plan), Ist (Realität) und Soll (Plan), wovon grundsätzlich abzuraten ist, da dies sehr aufwendig ist und dabei sehr schnell der Überblick verloren gehen kann. Andererseits existieren in der Praxis häufig doch alle drei Varianten eines Prozesses, etwa wenn Vorgesetzte eine Vorstellung vom Ist als Plan haben, ihre Mitarbeiter diesen jedoch an vie-

len Stellen realitätsnäher gestaltet haben, d.h. im Sinne einer pragmatischen Vorgehensweise verändert haben. Ob diese dann jedoch auch alle modelliert werden müssen, ist einzelfallabhängig orientiert an der Zielsetzung der Modellierung zu entscheiden (siehe zum Thema Sollprozesse versus Istprozesse auch Abschnitt 4.4.2.3).

- **Abstimmungsprozesse**
  Es kann per Konvention festgelegt werden, wie mit Änderungswünschen bezüglich der Schnittstellengestaltung, der Namensgebung usw. bezogen auf gemeinsam genutzte Modelle und Objekte umzugehen ist. Vorstellbar sind Abstimmungsgremien, die regelmäßig offene Änderungswünsche diskutieren und diesbezügliche Entscheidungen herbeiführen.
- **Intranet**
  Zur Kommunikation ist die Veröffentlichung von Prozessmodellen im Intranet eines Unternehmens ratsam, bei der sich Beteiligte und Interessierte die aktuellen Prozessmodelle am Bildschirm ansehen können. Die Aktualisierung der Prozessmodelle, aber auch das Einbinden anderer Dokumente und Anwendungssysteme ist bei Einsatz eines entsprechenden Werkzeugs leicht möglich. Je nach Hardware- und Softwareausstattung der Benutzer sind spezielle Modellierungskonventionen zu formulieren, z.B. hinsichtlich der maximalen Breite von Modellen, sofern horizontales Blättern vermieden werden soll (vgl. [Rosemann et al. 2005]).

4.1.4.7 Konventionen bezüglich des Weglassens von Objekten

- **Weglassen von Trivialereignissen**
  Vielfach wird konventionsgemäß toleriert, dass reine, verzweigungsfreie Funktionsabfolgen ohne Zwischenereignisse modelliert werden (vgl. [Rosemann et al. 2005]), denn diese Zwischenergebnisse stellen in der Regel sogenannte »Trivialereignisse« dar, die keinen weiteren Informationswert besitzen und somit trivial sind. Beispiel: Eine Funktion *Gast begrüßen* hat als Ergebnis das Ereignis *Gast begrüßt.* An Trivialereignissen stören sich deshalb erfahrungsgemäß gerade Vertreter der Fachabteilungen. Das Weglassen von Trivialereignissen führt auf einfache Weise zu kürzeren, oft auch schlankeren EPKs. Dabei kann jedoch auch schnell über das Ziel der problemlosen Vereinfachung hinausgeschossen werden. **Keine** Trivialereignisse in diesem Sinne sind nämlich alle
  - Startereignisse,
  - Endereignisse,
  - Ereignisse vor oder nach Verzweigungen,
  - Ereignisse vor oder nach Verfeinerungen und Schnittstellen,

selbst wenn sie von der Benennung her trivial erscheinen sollten. Sie sind jedoch für eine regelkonforme Modellierung von EPKs notwendig, da sie für eine modellübergreifende Konsistenzprüfung (Beispiel: »Stimmen die Start- und Endereignisse einer Funktion und ihrer hinterlegten Verfeinerung überein?«) bzw. zur Erläuterung von Fallunterscheidungen (Beispiel: »Wann wird welcher Zweig durchlaufen?«) gebraucht werden. Die vier genannten Ereignisarten dürfen folglich nicht weggelassen werden. Wichtig ist auch der Hinweis, dass es keinerlei Verpflichtung geben kann und darf, Trivialereignisse wegzulassen, da sie grundsätzlich für eine regelgerechte Modellierung notwendig sind (siehe Regel E4 bzw. F2) und die Wahrscheinlichkeit groß ist, im Eifer der Modellierung auch solche Ereignisse wegzulassen, die aktuell oder im weiteren Verlauf der Modellierung – z.B. durch Einführung einer Verfeinerung – eben keine Trivialereignisse (mehr) darstellen und mühsam wieder eingefügt werden müssen.

- **Nicht-Wiederholung von Erweiterungsobjekten**
  Gemäß einer verbreiteten Konvention werden Erweiterungsobjekte, z.B. Organisationseinheiten, Entitytypen oder Dokumente, nur an die erste Funktion einer Kette von Funktionen modelliert, und es wird vereinbart, dass diese Erweiterungen so lange gültig sind, bis durch Modellierung neuer Organisationseinheiten usw. deren Gültigkeit aufgehoben wird. Problematisch ist eine solche Konvention allerdings für Auswertungen, insbesondere automatisierte, z.B. hinsichtlich des Auslastungsgrads von Organisationseinheiten, da es für das Weglassen, Wiederholen bzw. Fortbestehen von Beziehungen große Interpretationsspielräume gibt. Beispiel: An einer Funktion kann diejenige Organisationseinheit ausführend beteiligt sein, die auch schon die vorherige Funktion in der Kette ausgeführt hat, sodass diese konventionsgemäß nicht noch einmal modelliert wird. Es kann jedoch sein, dass zusätzlich eine weitere Organisationseinheit an der Funktion, z.B. beratend, beteiligt ist, die für die Ausführung der vorherigen Funktion in der Kette irrelevant war. Diese beratende Organisationseinheit muss dementsprechend an die Funktion modelliert werden. Für den an der Modellierung unbeteiligten Betrachter oder gar eine Maschine erschließt sich nun nicht unmittelbar – sondern im Höchstfall indirekt über unterschiedliche Kantentypen –, dass an der zweiten Funktion zwei Organisationseinheiten beteiligt sein könnten.

- **Weglassen von Ausnahmefällen**
  Vorstellbar ist eine Konvention, die besagt, dass Ausnahmefälle bei der Modellierung weggelassen werden. Dies führt zu einfacheren Modellen, muss inhaltlich jedoch grundsätzlich kritisch gesehen werden (siehe dazu Abschnitt 4.4.2.2). Es hat sich jedoch beispielsweise bewährt, in einem übergeordneten Wertschöpfungskettendiagramm die Ausnahmefälle, die in hinterlegten EPKs zu Rücksprüngen zum Wertschöpfungskettendiagramm führen, dort nicht zu modellieren, auch wenn dies eine Inkonsistenz darstellt. Dies bietet sich

natürlich insbesondere dann an, wenn es zahlreiche Ausnahmesituationen gibt, die das Überblicksmodell schwer lesbar machen würden. Grief weist jedoch darauf hin, dass dies unbedingt in den Modellierungskonventionen dokumentiert werden muss, damit keine Irritationen deswegen entstehen (vgl. [Grief 2005]).

Konventionen sollten zur Vereinheitlichung der Modellierung und zur Vereinfachung der Modellnutzung in einem Unternehmen gezielt eingesetzt werden. Sie werden häufig in einem sogenannten »Konventionenhandbuch« zusammengefasst, das die unternehmensinternen Konventionen möglichst anhand von Beispielen erläutert. Mithilfe eines solchen Handbuchs kann der Aufwand zur Qualitätssicherung der Modelle begrenzt werden. Man erhält damit leichter vergleichbare und damit auch integrierbare Modelle.

4.1.5 Vorgehensweise bei der Modellierung einer EPK

Soll eine EPK von Grund auf modelliert werden, kann auf die Idee der Basis-EPK zurückgegriffen werden (vgl. Abschnitt 4.1.1.2). In einem ersten Schritt werden dann bezogen auf den zu modellierenden Realitätsausschnitt für alle Funktionen Basis-EPKs mit Auslösern und Ergebnissen modelliert. In einem zweiten Schritt werden Überlappungen zwischen Ergebnissen und Auslösern bei den Ereignissen gesucht. Auf der Grundlage dieser Überlappungen werden die Basis-EPKs unter Zuhilfenahme von Konnektoren zu sequenziellen, alternativen und parallelen Prozessschrittfolgen zusammengesetzt. Dies wird nicht auf Anhieb vollständig möglich sein. Lücken, eventuell aber auch Widersprüche oder synonyme Benennungen werden auftreten. Fehlende Ereignisse und Funktionen sind deshalb zu ergänzen, um damit Lücken zu füllen, ferner sind die Benennungen zu vereinheitlichen und eventuelle Widersprüche aufzulösen. Danach können Organisationseinheiten, Entitytypen, Fachbegriffe, Anwendungssysteme usw. ergänzt werden.

Erfahrungsgemäß wird spätestens zu diesem Zeitpunkt der Wunsch nach einer Zerlegung des einen – groß gewordenen – Modells in mehrere Teilmodelle laut, da der Überblick auf dem Bildschirm oder dem Papierausdruck verloren zu gehen droht. Es sind somit die Möglichkeiten der hierarchischen oder der vertikalen Segmentierung (siehe Abschnitt 4.2) zu prüfen, um daraufhin das Modell sinnvoll in mehrere Modelle aufzuspalten. Nach einer solchen Aufspaltung ist es dringend zu empfehlen, zu überprüfen, ob die entwickelten Modelle regelgerecht und konventionsgerecht sind, etwa, ob die Schnittstellen zwischen den Modellen korrekt sind. Das heißt, die Zwischenergebnisse werden einer methodischen Prüfung unterzogen. Erst die methodisch korrekten Modelle sollten dann inhaltlich geprüft werden, ob sie die betreffenden Sachverhalte korrekt abbilden. Diese Prüfungen sollten wenn möglich mit verteilten Rollen erfolgen, d.h., Ersteller und Prüfer sollten nicht ein und dieselbe Person sein.

Die Beschreibung der Vorgehensweise mutete bis hierher streng sequenziell an. Dem ist jedoch nicht so. Modellierung wird stets iterativ stattfinden, d.h., es sind quasi beliebige Rücksprünge zu vorgelagerten Schritten möglich und in der Praxis aufgrund erkannter Fehler, Widersprüche oder Lücken, neuer Anforderungen, geklärter offener Fragen usw. meist auch nötig. Die damit beschriebene idealtypische Vorgehensweise wird in Abbildung 4–10 in Form eines Wertschöpfungskettendiagramms dargestellt. Es sei jedoch darauf hingewiesen, dass die komplexe Verkettung der einzelnen Glieder der Wertschöpfungskette für die Verwendung dieses Modelltyps in der Prozessmodellierung untypisch ist und nicht zu der Annahme verleiten soll, es handle sich um ein typisches Beispiel eines Wertschöpfungskettendiagramms.

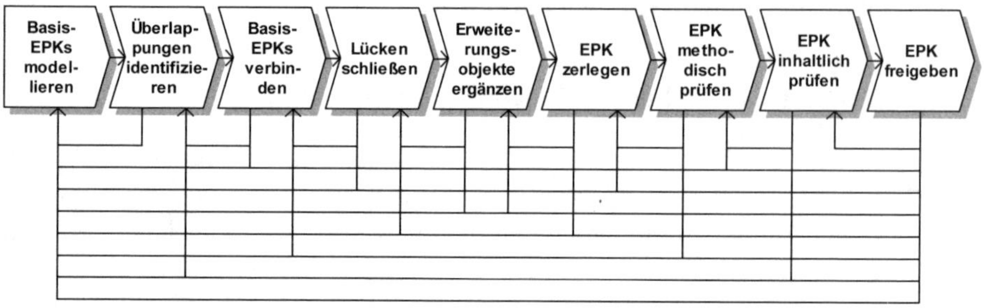

Abb. 4–10 *Vorgehensmodell zur Modellierung einer EPK*

Übung

Übung 11: Prüfen Sie die in Abbildung 4–11 dargestellte EPK auf Regeleinhaltung und inhaltliche Plausibilität. Erläutern Sie die entdeckten Fehler.

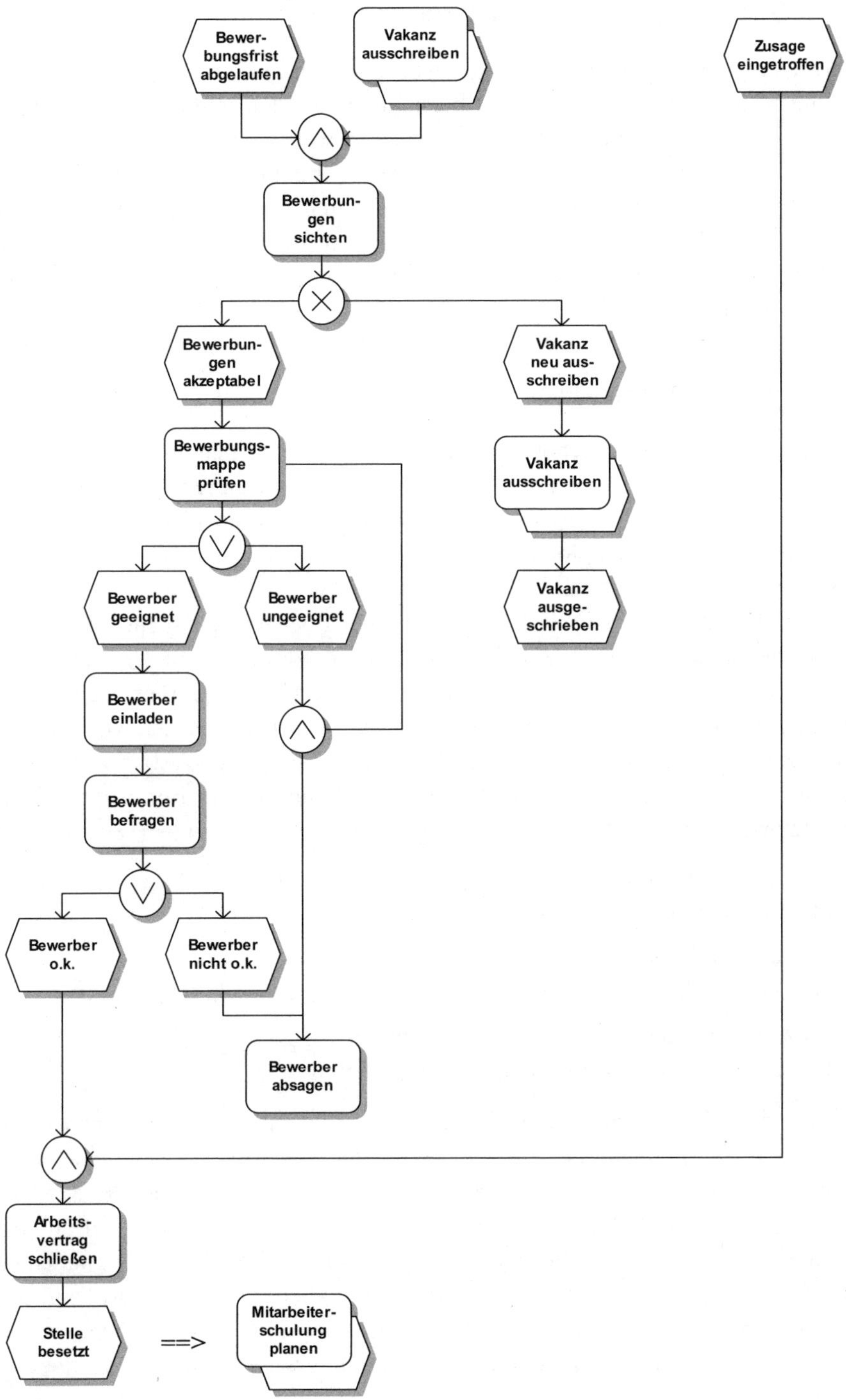

Abb. 4–11 *EPK zur Übung 11*

4.2 Strukturierungsmöglichkeiten

Wer bereits häufiger modelliert hat, weiß, dass EPKs mit zunehmendem Modellierungsfortschritt sehr schnell unübersichtlich werden, sofern nicht geeignete Mittel zur Strukturierung eingesetzt werden. Vorrangig ist dabei an eine Zerlegung in Teilmodelle zu denken. Man unterscheidet dabei eine vertikale Zerlegung nach dem sogenannten »Lupenprinzip« und eine horizontale Zerlegung nach dem sogenannten »Kettenprinzip«. Beim Lupenprinzip orientiert man sich dabei an Modellierungsebenen, die häufig per Konvention vorgegeben werden (vgl. Abschnitt 4.1.4.1).

4.2.1 Modellierungsebenen

Es entspricht einer natürlichen Herangehensweise, auf einem abstrakten Niveau mit der Modellierung eines Prozesses zu beginnen und diesen dann schrittweise über mehrere Ebenen hinweg zu verfeinern. Man geht somit von oben nach unten vor (»top down«), sodass von einer **vertikalen Segmentierung** gesprochen werden kann.

Es lässt sich nicht pauschal sagen, wie viele Ebenen ratsam sind. Dies hängt von einer ganzen Reihe von Faktoren ab, insbesondere vom Umfang des zu modellierenden Prozesses und vom Zweck der Modellierung, aber auch von den internen Modellierungskonventionen, die beispielsweise besagen können, dass ein einzelnes Modell auf eine DIN-A4-Seite passen und dabei lesbar sein muss.

Gemäß einem Vorschlag von [Davis 2003] kann grob zwischen drei Ebenen unterschieden werden:

- Konzeptionelle Ebene
  die überblicksartige Sicht des Managements
- Geschäftsprozessebene
  Darstellung der inhaltlichen Zusammenhänge der Geschäftsprozesse
- Prozedurale Ebene
  Einzelheiten der verschiedenen Prozessschritte

Jede der drei Ebenen kann jedoch je nach Bedarf in Teilebenen untergliedert werden. Das heißt, auch Davis nennt keine expliziten Regeln, wie viele Ebenen insgesamt zulässig sind. Es ist allerdings zu bedenken, dass bei zunehmender Modellierungstiefe der Überblick über die Modelle verloren zu gehen droht. Auf unterster Ebene bietet es sich oft an, die genaue Beschreibung in Textform zu verfassen und mit den entsprechenden Elementarfunktionssymbolen im Modell zu verknüpfen. Auf konzeptioneller Ebene eignen sich meist eher andere Modelltypen als die *eEPK*, zu denken ist an *Wertschöpfungskettendiagramme* oder *Prozessauswahldiagramme*.

4.2.2 Hinterlegung von Modellen (Lupenprinzip)

Doch wie verknüpft man Modelle verschiedener Hierarchieebenen miteinander? Ausgangspunkt ist in der Regel der Objekttyp *Funktion*. Allerdings existieren auch bezüglich anderer Objekttypen Hinterlegungsmöglichkeiten (vgl. Tab. 4–1), die hier jedoch nicht näher betrachtet werden sollen. Die Dekomposition von Funktionen wird somit Teil jedes nicht trivialen Prozessmodellierungsvorhabens sein, die Dekomposition von Ereignissen beispielsweise ist dagegen nur in begründeten Fällen sinnvoll (vgl. [Davis 2003]).

Objekttyp	Hinterlegbare Modelltypen	Ziel der Hinterlegung
Funktion	eEPK	Zerlegung der Funktion in eine Struktur von Prozessschritten
Funktion	Funktionsbaum	Zerlegung in Teilfunktionen
Funktion	Funktionszuordnungs-diagramm	Abbildung der Datensicht, der Organisationssicht, der Leistungssicht und anderer Aspekte bezogen auf die Funktion
Ereignis	Ereignisdiagramm	Zerlegung eines Ereignisses in detaillierte Teilereignisse
Anwendungs-systemtyp	Anwendungssystem-typdiagramm	Zerlegung eines Anwendungssystems in Module, DV-Funktionen usw.
Regel	Regeldiagramm	Zerlegung einer Regel in eine komplexere Regelstruktur
Organisations-einheit	Organigramm	Abbildung der aufbauorganisatorischen Einordnung
Fachbegriff	Fachbegriffsmodell	Darstellung des Begriffsfelds (Oberbegriffe, Unterbegriffe, Synonyme usw.)
Entitytyp	eERM-Attributzuordnungs-diagramm	Abbildung der Attribute eines Entitytyps
Ziel	Zieldiagramm	Erläuterung des Zusammenhangs zwischen Zielen, Funktionen, Erfolgsfaktoren und Leistungen
...		

Tab. 4–1 *Auswahl hinterlegbarer Modelltypen*

Einer Funktion wird ein Verfeinerungsmodell zugeordnet, das die Funktion näher beschreibt. Diese Zuordnung nennt man gemäß der ARIS-Terminologie eine »Hinterlegung«. Einer Funktion können Modelle unterschiedlichen Typs hinterlegt werden. Es ist Aufgabe der unternehmensinternen Konventionen festzulegen, welche Hinterlegungsmöglichkeiten genutzt werden dürfen. In der Regel wird man sich an die Konvention halten, einer Funktion bei Bedarf zwar durchaus mehrere Verfeinerungsmodelle hinterlegen zu können, jedoch niemals mehrere Modelle gleichen Typs. Beispiel: Einer Funktion *Anfrage prüfen* in einem Prozess *Anfrage bearbeiten* werden (1.) eine EPK zur Beschreibung des Kontrollflusses zwischen den einzelnen Prozessschritten, (2.) ein Funktionszuordnungsdiagramm zur Dokumentation der Erweiterungsobjekte und (3.) ein Funktionsbaum zur statischen Zerlegung der Aufgabe in einzelne Teilfunktionen hinterlegt.

Vorrangig soll hier jedoch die Hinterlegung weiterer EPKs innerhalb einer EPK zur Verfeinerung von Funktionen betrachtet werden. Verfeinerung bedeutet somit, quasi eine Lupe auf eine Funktion zu legen und sich deren ablauforganisatorische Einzelheiten zu betrachten, deswegen spricht man bei der vertikalen Segmentierung auch vom **Lupenprinzip** (vgl. Abb. 4–12). Bei Verwendung entsprechender Werkzeuge werden Funktionen und andere Objekte, denen Verfeinerungsmodelle hinterlegt wurden, automatisch gekennzeichnet. Dies ist beispielsweise an der *Funktion 2* in Abbildung 4–12 zu erkennen, bei der rechts unten ein verallgemeinertes, turmartiges Modellsymbol als Zeichen dafür ergänzt wurde, dass mindestens ein hinterlegtes Modell zu dieser Funktion existiert.

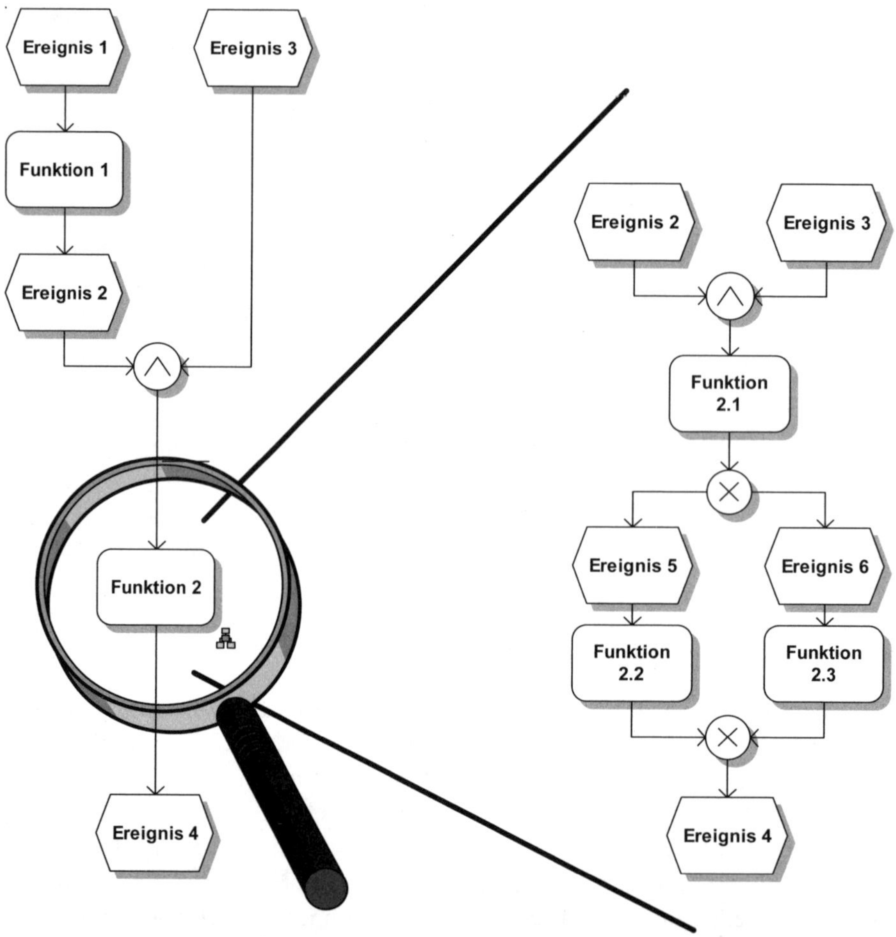

Abb. 4–12 *Das Lupenprinzip bei der vertikalen Segmentierung einer EPK*

Bei der Erstellung einer Hierarchie von EPKs im Sinne des Lupenprinzips sind einige Regeln zu beachten (vgl. z.B. [Davis 2003]):

Regeln zur Hinterlegung von EPKs in einer EPK

Regel H1: Die auslösenden Ereignisse der zu verfeinernden Funktion werden als Startereignisse in der hinterlegten Verfeinerungs-EPK verwendet. Eventuelle Verknüpfungen der Startereignisse durch Konnektoren werden ebenfalls übernommen.

Regel H2: Die Ergebnisse der zu verfeinernden Funktion werden als Endereignisse in der hinterlegten Verfeinerungs-EPK verwendet. Eventuelle Verknüpfungen der Ergebnisse durch Konnektoren werden ebenfalls übernommen.

Regel H3: Alle Schnittstellenelemente in einer Verfeinerungs-EPK müssen auch im entsprechenden Modell auf der nächsthöheren Ebene modelliert werden. Neben Start- und Endereignissen (vgl. Regel H1 und Regel H2) betrifft dies z.B. Prozessschnittstellen oder externe Ereignisse.

Regel H4: Die zu verfeinernde Funktion ist nicht Bestandteil der Verfeinerungs-EPK, andernfalls könnte nicht von einer Verfeinerung im eigentlichen Sinne gesprochen werden.

Regel H5: Die Verfeinerungs-EPK trägt den Namen der verfeinerten Funktion

Die Regeln H1 bis H3 beziehen sich im Kern auf die Identität der Schnittstellen zwischen den beiden Ebenen. Die Einhaltung der Regel H4 stellt eigentlich eine Selbstverständlichkeit dar, ihre Verletzung ist in der Praxis jedoch immer wieder zu beobachten, denn nicht selten wird eine EPK angelegt, obwohl ein Funktionszuordnungsdiagramm sachlich korrekt wäre.

Hinterlegungsbeziehungen sind sehr nützlich zur Navigation durch komplexe Prozessmodelle, z.B. Referenzmodelle. Wichtig ist deshalb die angesprochene Übereinstimmung der Schnittstellenereignisse auf der übergeordneten und der untergeordneten Ebene. Dies ist bei einfachen Beispielen leicht, bei komplexen Modellen in der Praxis oft sehr schwer zu überblicken. Modellierungswerkzeuge können bei der Überprüfung Unterstützung leisten (siehe dazu Abschnitt 6.2.9.3). Generell ist auf eine ausgewogene Modellierung zu achten, d.h., der Detaillierungsgrad sollte sich in einem Prozessmodell – das sich aus verschiedenen Teilmodellen zusammensetzen und über verschiedene Modellierungsebenen hinweg erstrecken kann – pro Ebene auf einem einheitlichen Niveau bewegen. Dies stellt durchaus eine besondere Herausforderung im Rahmen der Modellierung dar, denn Modellierende neigen oft dazu, diejenigen Teilbereiche detailliert zu modellieren, in denen sie sich gut auskennen, etwa, um schnell Resultate zu erzielen. Eine derartige Vorgehensweise provoziert Schnittstellenfehler zwischen detailliert und weniger detailliert modellierten Teilbereichen, sodass grundsätzlich eine gleichmäßige Detaillierung anzustreben ist. Nur in Ausnahmefällen ist eine ungleichmäßige Detaillierung akzeptabel, beispielsweise dann, wenn bestimmte Teilbereiche eines Prozesses zu einem externen Partner ausgelagert werden und dessen genaues Vorgehen nicht bekannt oder nicht von Interesse ist, sodass auf eine detaillierte Modellierung der ausgelagerten Teilprozesse verzichtet werden sollte.

Hinterlegte Verfeinerungsmodelle unterstützen auch die Absicht, bestimmte Prozessteile wiederverwenden zu können, weil sie Bestandteil verschiedener Prozesse sind. Dies reduziert Modellierungs- und Pflegeaufwand erheblich, da eine Verfeinerungs-EPK durch die Wiederverwendung der durch sie verfeinerten Funktion in anderen Prozessmodellen automatisch mit eingebunden wird. Die Einführung von wiederverwendbaren Verfeinerungsmodellen entspricht damit der Bildung von **Strukturblöcken** beim Programmieren (vgl. [Rump 1999]), dabei werden z.B. einfache Sequenzen von Funktionen zusammengefasst oder einfache Schleifen gekapselt. Umgekehrt erfordert der Umgang mit mehrfach verwendeten Teil-EPKs durch mehrere Modellierer besondere Modellierungsdisziplin, da Änderungen innerhalb einer Teil-EPK oder an ihren Schnittstellen stets mit allen betroffenen Prozessverantwortlichen, in deren Prozessen die jeweilige Teil-EPK verwendet wird, abgestimmt werden müssen.

4.2.3 Horizontale Segmentierung (Kettenprinzip)

Neben der Möglichkeit der vertikalen Zerlegung einer EPK über mehrere Hierarchieebenen hinweg, kann eine zu groß geratene EPK auch auf einer Ebene – horizontal – zerlegt werden. Das notwendige Instrumentarium wurde in Abschnitt 4.1.1 bereits eingeführt: Prozessschnittstellen und Ereignisse. Man spricht auch von der Anwendung des **Kettenprinzips**, da eine EPK (Kette) in mehrere EPKs (Teilketten oder Kettenglieder) aufgespalten wird.

Selbstverständlich ist es nicht gleichgültig, an welchen Stellen eine zu lang gewordene Kette aufgetrennt wird. Das Ziel einer möglichst gleichmäßigen Aufteilung, d.h. die Bildung etwa gleich großer Kettenglieder, kann dabei nur ein Kriterium sein. Empfehlungen zur Beantwortung der Frage, an welcher Stelle Segmentierungen ratsam sind, gibt [Davis 2003]: Es ist demnach nach Abschnitten zu suchen, die

- wenige Verbindungen zu anderen Abschnitten des Prozesses haben,
- diese Verbindungen über Ereignisse, nicht über Konnektoren realisieren,
- Schleifen nur beschränkt nutzen,
- thematisch zusammengehören.

Prinzipiell kann eine horizontale Segmentierung auch ohne Prozessschnittstellen erfolgen. Ketten können an beliebigen Ereignissen in Teilketten aufgespalten werden. Ein solches Ereignis wird damit zum Endereignis der einen und zum Startereignis der anderen Kette. In diesem Fall sollten jedoch über ergänzende textuelle Beschreibungen und zusätzlich durch Hinweistexte in den Modellen die Zusammenhänge erläutert werden (vgl. [Staud 2006]).

Allerdings werden zur Verknüpfung mehrerer EPK-Modelle auf einer Ebene vielfach die bereits vorgestellten Prozessschnittstellen verwendet, die die Orientierung und Navigation für den Benutzer komfortabler gestalten sollen (vgl. Abschnitt 4.1.1.4). Über die Notwendigkeit und Sinnhaftigkeit der Nutzung des Prozessschnittstellensymbols zur horizontalen Segmentierung gehen die Ansichten jedoch auseinander. Davis zum Beispiel stuft den durch die Prozessschnittstellen gewonnenen Zusatznutzen als nicht besonders hoch ein und favorisiert die Verknüpfung über Ereignisse, wobei zur Verdeutlichung der Verknüpfungsfunktion eines Ereignisses das Attribut *Bemerkung/Beispiel* gepflegt und ins Modell neben das entsprechende Ereignis einblendet bzw. als Text integriert werden soll, um es von »toten Ereignissen« (Senken) abzugrenzen, die keinen anderen Prozess nach sich ziehen. Die meisten Autoren ziehen die Sinnhaftigkeit der Prozessschnittstellen jedoch nicht in Frage, man findet sie in der Praxis auch recht häufig, zumal bei Einsatz eines Werkzeugs wie ARIS® die Navigation zwischen über Prozessschnittstellen verknüpften Teilketten komfortabler ist als zwischen lediglich über gemeinsame Schnittstellenereignisse zusammenhängenden Teilketten.

4.2.4 Kombination von EPKs mit anderen Modelltypen

Im Rahmen der Prozessmodellierung steht man zunächst vor der Entscheidung, mit welcher Sicht und auf welcher Ebene mit der Modellierung begonnen werden soll. Man kann entweder mit der Prozesssicht einsteigen, da es sich um die primär interessierende Sicht handelt, oder aber, wie z.B. in [Seidlmeier 2002] vorgeschlagen wird, mit ihr aufhören, da sie alle anderen Sichten zusammenführt (vgl. dazu auch Kapitel 3). In beiden Fällen ist als Einstieg ein Überblicksprozessmodell wichtig, unabhängig davon, ob nach der Erstellung dieses Übersichtsmodells direkt mit der detaillierten Prozessmodellierung fortgefahren werden soll oder ob zunächst Datenmodelle, Organigramme usw. modelliert werden sollen.

Eine derartige Top-down-Vorgehensweise (von den groben Zusammenhängen hinunter zu den Einzelheiten) ist unbedingt notwendig, da sonst kein strukturierter Überblick über das Unternehmen erreicht werden kann. Stufenweise und sehr systematisch kann damit ein Realitätsausschnitt erschlossen werden, Brugger sieht darin eine stufenweise Auflösung einer »Black-Box-Problemsituation« hin zu einer »White-Box-Situation« (vgl. [Brugger 2005]). Es ist umgekehrt wenig Erfolg versprechend, sofort in Einzelheiten der Prozesse einzusteigen, da man sich dabei sehr schnell in einer Flut von Einzelheiten verirrt und leicht Teilbereiche vergisst zu modellieren, ohne dass dies ohne Weiteres erkennbar wäre. Es spricht jedoch nichts dagegen, auf der Grundlage von Rückmeldungen im Anschluss an die Top-down-Vorgehensweise partiell eine umgekehrte Vorgehensweise (»Bottom-up«) anzuschließen.

Grundsätzlich zu warnen ist vor dem alleinigen Modellierungsziel einer allumfassenden Abbildung des Unternehmens, ausgehend von einem Modell auf oberster Ebene, unabhängig davon, ob dazu ein Projekt initiiert wird oder ob dies als Daueraufgabe einer entsprechenden Organisationseinheit zugewiesen wird. »Don't model the universe« [Davis 2003, S. 254], sollte stets als Mahnung im Hinterkopf stehen. Es ist immer an die Ziele und die Wirtschaftlichkeit der Modellierung zu denken, gemäß den entsprechenden Grundsätzen der ordnungsmäßigen Modellierung (vgl. Abschnitt 2.1.1). Außerdem wird sich das Unternehmens-»Universum« meist schneller verändern, als die allumfassenden Modelle aktualisiert werden könnten. Dementsprechend verfügen bisher nur wenige Unternehmen über ein aktuelles unternehmensweites Prozessmodell (vgl. z.B. [Rosemann et al. 2005; Specker 2005]). Andererseits ist es sehr zu empfehlen, Modellierungsvorhaben in einem Unternehmen nicht völlig unabhängig voneinander – inselhaft – zu betreiben, sondern sie über vereinbarte Schnittstellen und die Nutzung gemeinsamer Elemente zu integrieren, sodass nach und nach doch so etwas wie ein unternehmensweites Modell entsteht.

Nun drängt sich die Frage auf, mit welchem Modelltyp man am besten ein solches Überblicksmodell über die Prozesse realisieren kann. Naheliegend wäre es, auch hierfür den dominanten Modelltyp *eEPK* zu verwenden. Dies ist prinzipiell auch möglich, jedoch stößt man dabei häufig auf mehr oder weniger große Schwierigkeiten. Diese beruhen vor allem auf der Notwendigkeit, recht exakt Abhängigkeiten zwischen den einzelnen Prozessschritten einer EPK anzugeben. Genau dies ist auf einer sehr abstrakten, hohen Prozessmodellebene oft nicht möglich, nicht gewünscht oder führt zu großen, unübersichtlichen Modellen (vgl. [Grief 2005]), die wiederum als nicht zielgruppenadäquat einzustufen sind, denn Hauptzielgruppe von Übersichtsdarstellungen ist meist das Management, das in der Regel kaum gewillt ist, sich auf die vielfältigen Ausdrucksmöglichkeiten und Regeln einer EPK gedanklich einzulassen. Geschäftsführung und Projektleitungsgremien empfinden EPKs denn oft auch als zu formal, ganz im Gegensatz zu Fachvertretern und Modellierern (vgl. [Rittgen 2000]). Dies liegt demnach nicht zuletzt daran, dass die Identifikation von Ereignissen auf strategischer Ebene oft schwierig ist. Rittgen schlägt deshalb vor, eine beliebige Abfolge von Ereignissen und Funktionen zuzulassen. Davis plädiert ebenfalls für eine vereinfachte Version der EPK, insbesondere das Zulassen der direkten Verbindung von Funktionen, d.h. das sparsame Verwenden von Ereignissen, das Vermeiden von Konnektoren und den sehr sparsamen Einsatz von Erweiterungsobjekttypen (vgl. [Davis 2003]).

Diese vereinfachenden Vorgehensweisen erscheinen jedoch bezogen auf die weiteren Modellierungsaktivitäten als riskant, da das Zulassen und unternehmensweite Veröffentlichen solcher im Prinzip regelwidriger Überblicks-EPKs sehr schnell Begehrlichkeiten aufkommen lassen, auch auf anderen Modellebenen es mit den Regeln zur EPK-Modellierung nicht so genau nehmen zu müssen, mit verheerenden Folgen für die Brauchbarkeit der Detailmodelle. Folglich sind einfachere Modelltypen für die Modellierung der Übersicht über die Prozesse auf Unternehmensebene bevorzugt heranzuziehen. Grundsätzlich kommt eine ganze Reihe von Modelltypen dafür in Frage, um einen Überblick über die Geschäftsprozesse im Unternehmen zu geben, insbesondere *Prozessauswahldiagramme* und *-matrizen* (siehe Abschnitt 3.7.3), *Wertschöpfungskettendiagramme* (siehe Abschnitt 3.7.4) und *Funktionsbäume* (siehe Abschnitt 3.3.1). Ihnen gemeinsam ist die Verwendung von Funktionen als zentralem Objekttyp, die jeweils durch EPKs verfeinert werden können. Grief spricht sich für Prozessauswahldiagramme und -matrizen wegen des ihnen eigenen Denkens in Geschäftsvorfällen aus, da Anwender seiner Auffassung nach selten in vollständigen Geschäftsprozessen, sondern eben eher in Geschäftsvorfällen denken (vgl. [Grief 2005]).

Häufig wird jedoch auch auf Wertschöpfungskettendiagramme als Einstiegsmodelltyp zurückgegriffen (siehe z.B. [Allweyer 2005a; Gruchman & Martenka 2005]). Dies kann im Einzelfall auch eine Hierarchie von Wertschöpfungskettendiagrammen bedeuten, d.h., das Wertschöpfungskettendiagramm auf höchster Ebene wird zunächst durch weitere Wertschöpfungskettendiagramme verfeinert, bevor auf einer tieferen Ebene der Wechsel zu EPKs vollzogen wird, denn selbstverständlich sollen für eine detailliertere Beschreibung der Prozesse im Rahmen der ARIS-Konzeption im weiteren Verlauf der Modellierungsarbeit unbedingt EPKs eingesetzt werden, sodass eine Kombination verschiedener Modelltypen zur Prozessmodellierung empfehlenswert ist. Auch Kombinationen von Wertschöpfungskettendiagramm und Prozessauswahlmatrizen sowie die Integration von Funktionsbäumen finden sich in der Praxis.

Der Modelltyp *Wertschöpfungskettendiagramm* eignet sich auch zur Erstellung einer sogenannten »Prozesslandkarte«. Dazu werden die Chevron-Symbole ohne Kantenbeziehungen verwendet (siehe z.B. [Haupenthal & Gontard 2006]). Laut [Specker 2005] bietet es sich denn auch an, mit der Prozesslandkarte die Prozessmodellierung zu beginnen. Häufig erfolgt dabei eine Gruppierung der Geschäftsprozesse, z.B. in Kundenprozesse, Logistikprozesse, Entwicklungsprozesse sowie Management- und Supportprozesse.

4.3 Modellierung spezieller Aspekte

4.3.1 Schleifen und Rücksprünge

Schleifen dienen der Abbildung der Möglichkeit des mehrfachen Durchlaufs durch einen Teil einer EPK (siehe dazu das Beispiel in Abb. 4–13). Dies kann aufgrund der Fehlerhaftigkeit bzw. Unvollständigkeit eines Teilergebnisses notwendig sein oder weil eine ganze Reihe von Bearbeitungsfällen gleichartig abzuarbeiten ist. Letzteres wird jedoch oftmals nicht explizit modelliert, sondern in einer Funktion zusammengefasst, wodurch Ketten übersichtlicher, aber eben auch aussageärmer werden. Gemäß der Regel M9 ist der Ausgangspunkt für einen Rücksprung eine Abfragefunktion, die prüft, ob ein erneuter Durchlauf eines Prozessteils notwendig ist. Eines der möglichen Ereignisse nach dem auf die Funktion folgenden XOR-Konnektor leitet somit den Rücksprung ein (Regel M10). An der Stelle in der EPK, an der der Rücksprungzweig in den Standardablauf wieder einmündet, ist ebenfalls ein XOR-Konnektor zu modellieren, sofern an der entsprechenden Stelle nicht ohnehin bereits ein passender, d.h. verknüpfender XOR-Konnektor steht, der danach einfach einen weiteren Zweig – nämlich den Rücksprungzweig – zusammenführt. Gemäß Regel M11 muss diese Zusammenführung unmittelbar vor einer Funktion geschehen, damit der Wechsel zwischen Ereignissen und Funktionen auch beim Durchlaufen des Rücksprungzweiges der EPK gewährleistet ist.

Davis weist darauf hin, dass genau zu prüfen ist, ob es sich tatsächlich um identische Prozessschritte handelt, die mehrfach durchlaufen werden sollen, oder ob im Fehlerfall das Bearbeitungsobjekt eine Sonderbehandlung (z.B. eine intensive Kontrolle) erfährt, die von dem bereits durchlaufenen Standardablauf abweicht (vgl. [Davis 2003]). Nur falls tatsächlich ein Prozessteil mehrfach unverändert durchlaufen wird, ist die Modellierung einer Schleife korrekt.

Üblicherweise wird darauf verzichtet, im Modell die Zahl der Rücksprünge zu kontrollieren. Es wird davon ausgegangen, dass sich die am Geschäftsprozess Beteiligten nicht in eine Endlosschleife begeben und gegebenenfalls einen Abbruch herbeiführen, ohne dass dies explizit modelliert wird (vgl. [Staud 2006]). Grundsätzlich ist es jedoch möglich, eine entsprechende Prüffunktion einzubauen, die nach einer bestimmten Anzahl wiederholter Durchläufe einer Teilkette einen erneuten Rücksprung ausschließt. Im Beispiel in Abbildung 4–13 werden an die Mitglieder einer Reisegruppe die Zimmerschlüssel ausgehändigt und individuelle Sonderwünsche erfasst. Die einzelnen Mitglieder werden nacheinander bedient, wobei die Schleife so lange erneut durchlaufen wird, so lange noch Gruppenmitglieder warten. Man könnte nun überlegen, ob es nötig ist, die Schleife überhaupt zu modellieren. Alternativ könnte auch die Übergabe der Schlüssel an *alle* Gruppenmitglieder in einem Schritt modelliert werden, da der informationelle Mehrwert der Schleife in diesem einfachen Beispiel begrenzt ist und das Modell komplizierter macht. Die mit einer solchen abstrahierten Modellierung verbundenen Gefahren werden in Abschnitt 4.4.2.4 beschrieben. Es lässt sich schlussfolgern, dass die Entscheidung, ob die Modellierung einer Schleife sinnvoll ist, von der Komplexität und der Zielsetzung des Modellierungsvorhabens abhängig ist. Es ist jeweils abzuwägen, ob es eher auf die Genauigkeit der Darstellung – etwa weil man eine Basis für die Umsetzung in ein IT-Anwendungssystem, z.B. ein Workflow-Management-System, benötigt – oder eher auf eine gute Überblicksdarstellung ankommt.

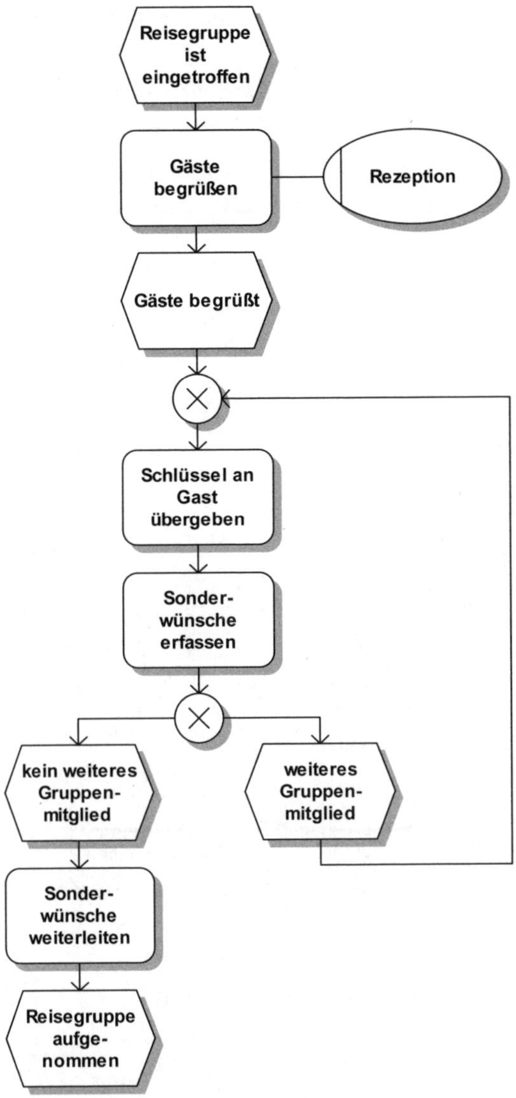

Abb. 4–13 *Beispiel einer Schleife*

4.3.2 Warten

Ein Prozess läuft oftmals nicht verzögerungsfrei von einem Bearbeiter zum nächsten. Vielmehr werden oftmals Wartesituationen entstehen, in denen z. B. auf Entscheidungen anderer, auf Lieferungen, Zahlungseingänge oder Antworten von außerhalb gewartet wird. Es gibt für diese Wartesituation grundsätzlich zwei Modellierungsmöglichkeiten (vgl. [Staud 2006]):

- Die Modellierung einer Wartefunktion. Man geht dabei davon aus, dass Warten eine Tätigkeit darstellt.
- Die Modellierung eines externen Ereignisses, z.B. *Zusage eingegangen*. Sobald dieses eintritt, kann der Prozess weiterlaufen.

Abbildung 4–14 zeigt im linken Teil eine Wartefunktion *Entscheidung abwarten*, im rechten Teil das Warten auf den Eintritt des externen Ereignisses *Antwort eingetroffen*.

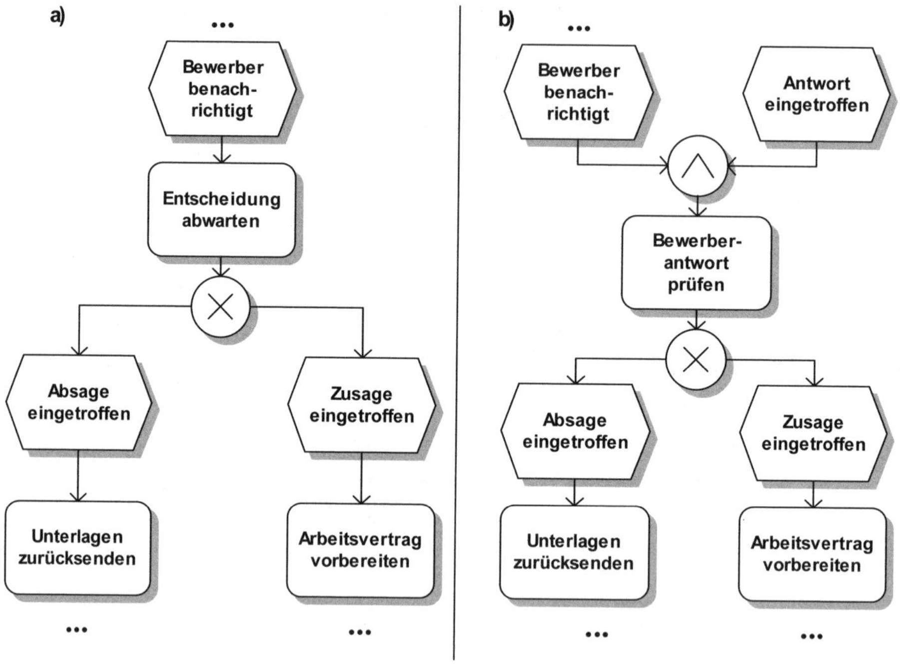

Abb. 4–14 *Alternativen zur Modellierung des Wartens [Staud 2006]*

4.3.3 Zeit

Der zeitliche Aspekt wird in EPKs in der Regel nicht direkt angegeben. Zeitliche Abhängigkeiten werden dennoch berücksichtigt und durch den modellierten Kontrollfluss ausgedrückt. In besonderen Fällen kann ein Zeitereignis allerdings explizit angegeben werde, Beispiele hierfür sind *Frist abgelaufen, Jahresultimo erreicht* oder *Zahlungstermin erreicht*. Das Zeitereignis wird per UND-Konnektor als Seiteneinstieg von außen in den Kontrollfluss integriert (vgl. Abb. 4–15). Der Kontrollfluss bleibt dementsprechend an dieser Stelle stehen, bis das Zeitereignis eingetreten ist. Bei Bedarf können auch Zeitattribute einer Funktion wie *Liegezeit, Bearbeitungszeit, Einarbeitungszeit, Durchlaufzeit* gepflegt werden.

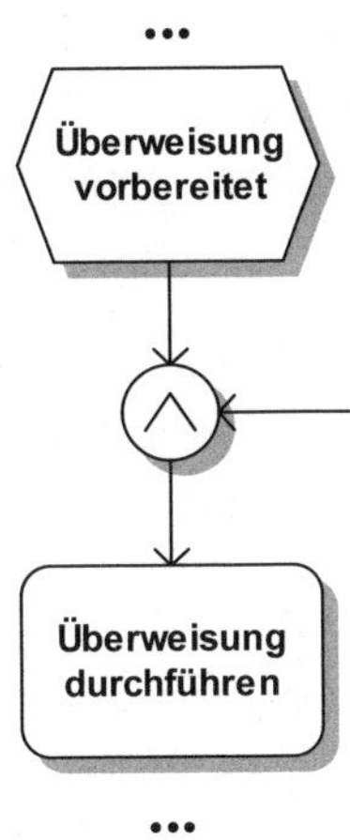

Abb. 4–15 *Beispiel der Modellierung eines Zeitpunkts*

4.3.4 Nichtstun

Es besteht die Möglichkeit, einen leeren Zweig zu modellieren, falls abhängig vom Ergebnis einer vorhergehenden Prüffunktion keine Aktivität mehr möglich bzw. nötig ist (»Nichtstun«). Dies hat den Vorteil, dass beim Durchlaufen der anderen Zweige nicht immer wieder geprüft werden muss, ob überhaupt Aktivitäten notwendig sind.

Übung

Übung 12: Modellieren Sie eine EPK, die darstellt, dass von Gästen vor Beginn ihres Aufenthalts eine Vorauszahlung der Übernachtungskosten verlangt werden kann, sofern Zweifel an deren Bonität bestehen. Sollte man sich zu dieser Maßnahme entschließen, wird die geleistete Vorauszahlung gebucht und eine entsprechende Quittung ausgestellt, bevor der Zimmerschlüssel ausgehändigt wird. Falls ein Gast die verlangte Vorauszahlung ablehnt, wird der Gast höflich verabschiedet, und es kommt kein Beherbergungsvertrag zustande. Sofern keine Vorauszahlung verlangt wird, ist nichts weiter zu tun, damit der Beherbergungsvertrag zustande kommt.

4.3.5 Weiterleitung

Die Weiterleitung von Dokumenten usw. wird nur dann ausdrücklich modelliert, wenn dieser Schritt als sehr aufwendig, als optimierungsbedürftig oder aus anderen Gründen als besonders wichtig eingestuft wird, wie dies im Beispiel in Abbildung 4–13 bei der Funktion *Sonderwünsche weiterleiten* angenommen werden soll. In allen anderen Fällen wird der Transport von einer Funktion zur nächsten in der Prozesskette stillschweigend vorausgesetzt, insbesondere dann, wenn betriebswirtschaftliche Standardsoftware eingesetzt wird (vgl. [Staud 2006]).

4.3.6 Zwischenergebnisse als Endergebnisse

Zwischenergebnisse werden gelegentlich nicht nur als Auslöser für Folgeschritte, sondern gleichzeitig auch als nach außen zu gebende Endergebnisse eines Prozesses genutzt. »Außen« heißt in diesem Zusammenhang, dass sie außerhalb des modellierten Prozesses verwendet werden. Dabei handelt es sich dann selbstverständlich nicht um materielle Arbeitsobjekte, sondern um beliebige, da ohne nennenswerten Aufwand vervielfachbare Informationsobjekte, z.B. Kennzahlen, Berichte. Solche Zwischenergebnisse darstellenden Ereignisse, die zusätzlich zur regulären Weiterverwendung im betrachteten Prozess auch anderen Prozessen zur Verfügung gestellt werden sollen, können in der EPK ausnahmsweise gedoppelt werden (vgl. Abb. 4–16). Dadurch bekommt das Zwischenergebnis gleichzeitig Endergebnischarakter und muss somit regelgerecht auch auf der nächsthöheren Modellhierarchieebene auftreten. Dort kann es folglich z.B. als auslösendes Ereignis für einen anderen Prozess verwendet werden.

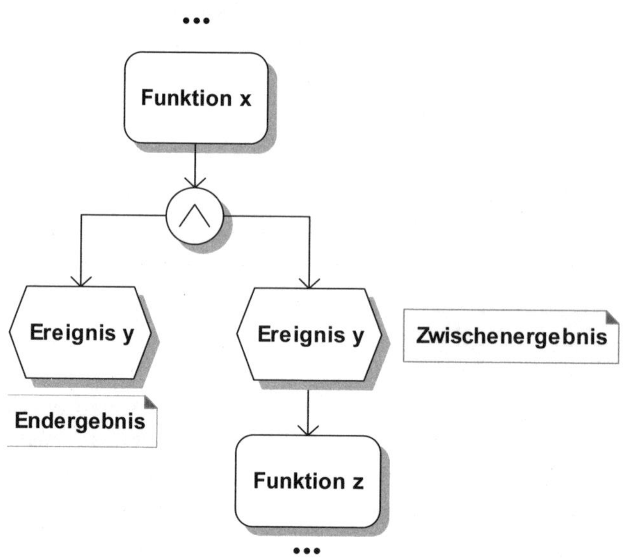

Abb. 4–16 Nutzung von Zwischenergebnissen als Endergebnis

Generell ist zu überlegen, ob es nicht sinnvoll ist, dass mehrere Ausprägungen eines Ereignisses in einem Modell verwendet werden dürfen, z.B. aus darstellungstechnischen Gründen. Dies kann per Konvention geregelt werden. Ein Beispiel für die Nützlichkeit einer solchen Regelung sei folgender Fall: Das Endereignis *Anfrage abgelehnt* kommt mehrfach und an weit entfernt liegenden Stellen in einem Modell vor, und eine Zusammenführung der einzelnen Stränge zu einer Ausprägung – mithilfe eines entsprechenden XOR-Konnektors bzw. in Ausnahmefällen ODER-Konnektors – wäre nur unter Inkaufnahme diverser Kantenkreuzungen und einer verringerten Übersichtlichkeit möglich, sodass die Verwendung mehrerer Ausprägungen sozusagen »das kleinere Übel« darstellt.

4.3.7 Weitergabe von Daten

Die Weitergabe von Daten wird nur indirekt in einer EPK abgebildet. Man modelliert, dass durch eine Funktion in ein Informationsobjekt (z.B. eine Datei) geschrieben wird und durch eine andere Funktion später im Prozess aus ihm gelesen wird. Die Weitergabe erfolgt somit über das Informationsobjekt. Es ist dabei nicht üblich, beide Funktionen mit demselben Informationsobjektsymbol zu verbinden. Stattdessen wird das betreffende Objekt doppelt modelliert, und zwar mit jeweils unterschiedlich gerichteten Kanten, so wie es exemplarisch in Abbildung 4–17 dargestellt ist. Es ist somit nicht üblich, den Datenfluss in EPKs explizit abzubilden, bei Bedarf stehen hierfür andere Modelltypen zur Verfügung, z.B. das *Informationsflussdiagramm* oder das *UML Activity Diagram*.

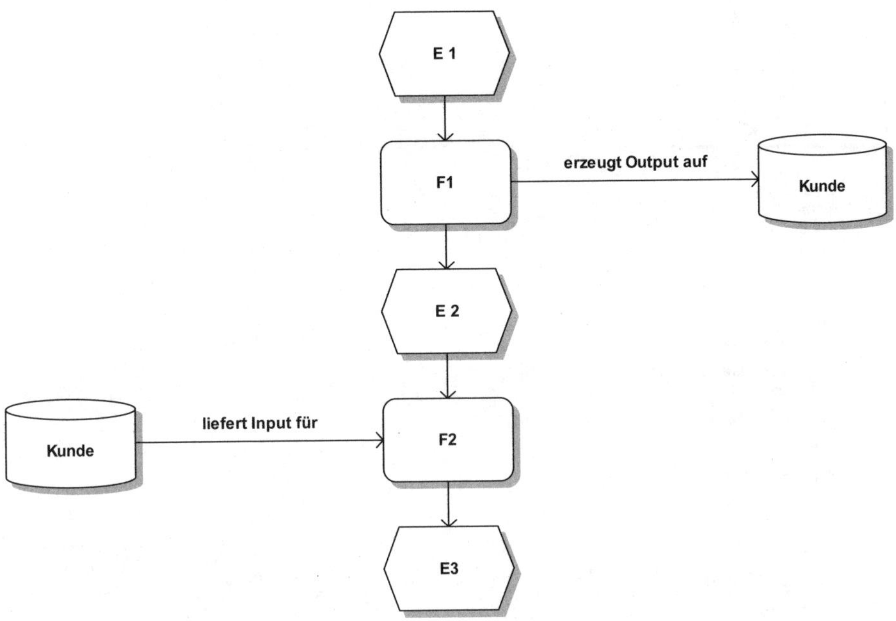

Abb. 4–17 *Weitergabe von Daten*

4.3.8 Optionale Ereignisse

Das Wesen optionaler Ereignisse besteht bekanntlich darin, dass sie eintreten können, es jedoch nicht müssen. Während sie auf den Kontrollfluss somit keinen Einfluss haben, dienen sie der vollständigen Dokumentation eines Realitätsausschnitts, zumal sie laut Einschätzung von [Staud 2006] in der Praxis nicht selten sind. So kann man sich beispielsweise vorstellen, dass neben der Rechnung für einen Hotelaufenthalt gleichzeitig als Dreingabe ein Gutschein für einen zukünftigen Hotelaufenthalt ausgestellt wird, der nach Begleichung der Rechnung überreicht wird, wobei dies nicht in jedem Fall erfolgen muss, d.h., das Ergebnis »Gutschein überreicht« ist optional. Es gibt nun zahlreiche Möglichkeiten, diesen Sachverhalt in einer EPK zu modellieren. Abbildung 4–18 zeigt drei davon.

Der Teil a) der Abbildung setzt auf einen ODER-Konnektor. Dieser trifft den Sachverhalt jedoch nicht exakt, da der durch ihn auch ausgedrückte Fall, dass der Gast zwar einen Gutschein überreicht bekommt, jedoch nicht verabschiedet wird, sachlich nicht vorgesehen ist, denn dies würde quasi bedeuten, dass man dem Gast den Gutschein auch wortlos übergeben und sich dann sofort von ihm

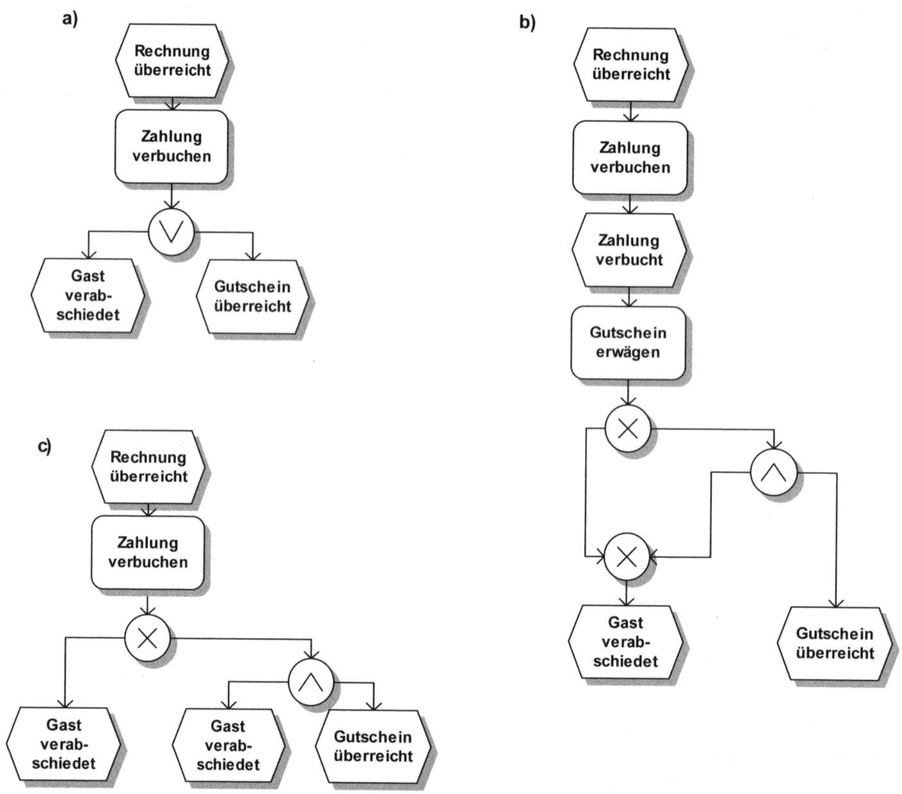

Abb. 4–18 *Möglichkeiten zur Darstellung optionaler Ereignisse*

abwenden darf, womit die mit der Gutscheinüberreichung verbundene Absicht der Kundenbindung bereits zunichte gemacht sein könnte. Im Teil b) der Abbildung wird eine spezielle Prüffunktion *Gutschein erwägen* verwendet, die entscheidet, ob ein Gast beim Abschied auch noch einen Gutschein erhält oder nicht. Verabschiedet wird der Gast in jedem Fall, deshalb werden die beiden Zweige vor dem Ereignis *Gast verabschiedet* wieder zusammengeführt. Der Preis dieser Lösung ist die Verkettung von drei Konnektoren in Folge, die manchem ungeübten Betrachter bereits Leseprobleme bereiten kann. Sollte dies bei der Zielgruppe des Modells zu befürchten sein, gibt es die Möglichkeit, wie in Teil c) dargestellt, ganz ausdrücklich die möglichen Ereignismengen darzustellen, d.h. das Eintreten entweder des einen oder beider Ergebnisse des Prozesses, unter Inkaufnahme der doppelten Darstellung des einen (nicht optionalen) Ereignisses. Somit ist grundsätzlich die Möglichkeit c) zu empfehlen.

4.3.9 Vereinfachung komplexer Regeln

Es besteht die Möglichkeit, komplexe Regelsituationen, ablesbar an geschachtelten Konnektoren in einer EPK, vereinfacht darzustellen, indem die Regellogik für den betreffenden Abschnitt der EPK in ein separates Modell ausgelagert wird. Dazu dient der Modelltyp *Regeldiagramm*. Dabei geht man so vor, dass in der EPK statt der einzelnen Konnektoren ein leerer Konnektor modelliert wird, dargestellt auf der linken Seite in Abbildung 4–19. Dieser leere Konnektor wird daraufhin mit einem Regeldiagramm per Hinterlegung verknüpft, die den betreffenden Abschnitt der EPK wiederholt und die exakte Logik mithilfe der notwendigen konkreten Konnektoren exakt darstellt. Dem Vorteil der Vereinfachung der EPK steht hier der Nachteil der Verteilung der Informationen über verschiedene Modelle gegenüber. Es ist somit eine Ermessensfrage, ob es nützlicher ist, in der EPK die Kontrollflusslogik vereinfacht darzustellen, um den Betrachter

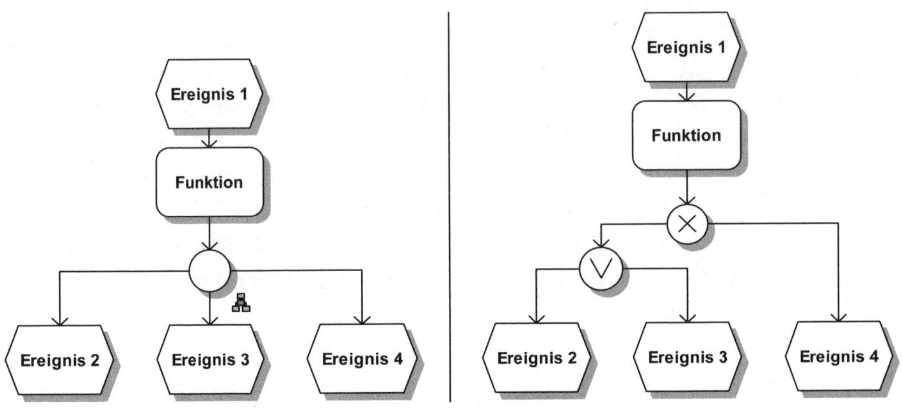

Abb. 4–19 *Vereinfachung komplexer Regeln mit einem Regeldiagramm*

nicht zu verwirren, oder aber ihm alle Informationen über den Kontrollfluss vereint in einem Modell zu präsentieren, um ihm den Überblick über den Realitätsausschnitt insgesamt zu erleichtern.

4.3.10 Zusatzinformationen

Zusatz- oder Detailinformationen können bei Einsatz eines entsprechenden Modellierungswerkzeugs in der Regel als separate, ergänzende Dokumente, z. B. Textdokumente oder Tabellen, mit einer Funktion verknüpft werden. Ein direktes Modellieren mithilfe von Modellen und Objekten bietet sich in der Regel nicht an, da man sich sonst sehr leicht in Einzelheiten verliert, die nur mühselig und oft eher ungenau modelliert werden können. Daneben besteht beim Einsatz von Modellierungswerkzeugen wie bereits mehrfach erwähnt die Möglichkeit, entsprechende Modell- und Objektattribute zu pflegen. Abhängig vom Modellierungszweck wird man auf diese Möglichkeiten der Ergänzung von Zusatzinformationen in unterschiedlichem Umfang zurückgreifen. Für eine genaue Arbeitsanweisung der einzelnen beteiligten Mitarbeiter ist es unentbehrlich, jede Funktion – und damit jeden Prozessschritt – sehr genau zu beschreiben. Für eine Übersichtsdarstellung kann dagegen tendenziell eher darauf verzichtet werden.

4.4 Häufige Modellierungsfehler und ihre Ursachen

Es ist kaum möglich, nicht triviale EPKs auf Anhieb fehlerfrei zu modellieren. Fehler können sowohl in syntaktischer als auch in semantischer Hinsicht geschehen. Dafür gibt es vielfältige Gründe. Hierzu zählen mangelnde Methodenkenntnisse (insbesondere bei Einsteigern und bei Mitarbeitern in Fachabteilungen, die nur gelegentlich mit dem Thema Modellierung zu tun haben) oder mangelnde inhaltliche Kenntnisse (zum Beispiel bei externen Beratern oder internen ARIS-Spezialisten). Dies kann zu EPKs führen, die die Modellierungsregeln und -konventionen nicht einhalten oder die Realität nicht korrekt abbilden. Bestimmte Fehlerarten treten dabei immer wieder auf. Es lohnt sich deshalb, sie zu kennen und während der Modellierungsarbeit im Hinterkopf zu haben, da man den Sinnspruch »[nur] aus Fehlern lernt man« nicht zwingend überstrapazieren muss. Es sind jedoch keineswegs nur Verletzungen der vorgestellten Modellierungsregeln, die zu suboptimalen Ergebnissen führen. Häufig werden organisatorische Fehler bei der Prozessmodellierung begangen, die anhand der Modellierungsergebnisse wesentlich schwerer zu erkennen und anschließend auch deutlich aufwendiger zu beheben sind als Verletzungen von Modellierungsregeln.

4.4.1 Regelverletzungen

In diesem Abschnitt werden die häufigsten Verletzungen der Modellierungsregeln für den Modelltyp *eEPK* erläutert. Die Regeln selbst sind in Anhang A zu finden.

4.4.1.1 Nutzung unerlaubter Verknüpfungen

Recht häufig wird die Regel E5 verletzt, die besagt, dass Ereignisse keine Entscheidungskompetenz besitzen. Die Bereinigung einer solch fehlerhaften Konstruktion ist vergleichsweise einfach. Durch das Einfügen einer Prüffunktion mit verschiedenen Ergebnissen, die dann in der Regel unterschiedliche Folgeschritte nach sich ziehen, kann eine XOR- bzw. ODER-Verzweigung regelgerecht modelliert werden. Auch wenn die Einführung einer solchen Prüffunktion manchem Betrachter relativ »künstlich« erscheinen mag, ist sie unumgänglich, da – wie bereits erläutert – ein Modell sonst nicht mehr aus sich heraus erklärbar wäre. Im Beispiel in Abbildung 4–20 ist eine Reklamation eingegangen. Mögliche Reaktionen auf dieses Ereignis seien entweder die sofortige Bereinigung oder die Dokumentation des Problems. Für die Entscheidung, welche Reaktion im Einzelfall angemessen ist, wird die Prüffunktion *Reklamation prüfen* eingeführt, die die entsprechende Beurteilung durch einen Mitarbeiter abbildet. Diese Prüffunktion ist logisch zwingend, da das Eintreffen einer Reklamation allein keine Aussage darüber enthält, wie mit der Reklamation zu verfahren ist.

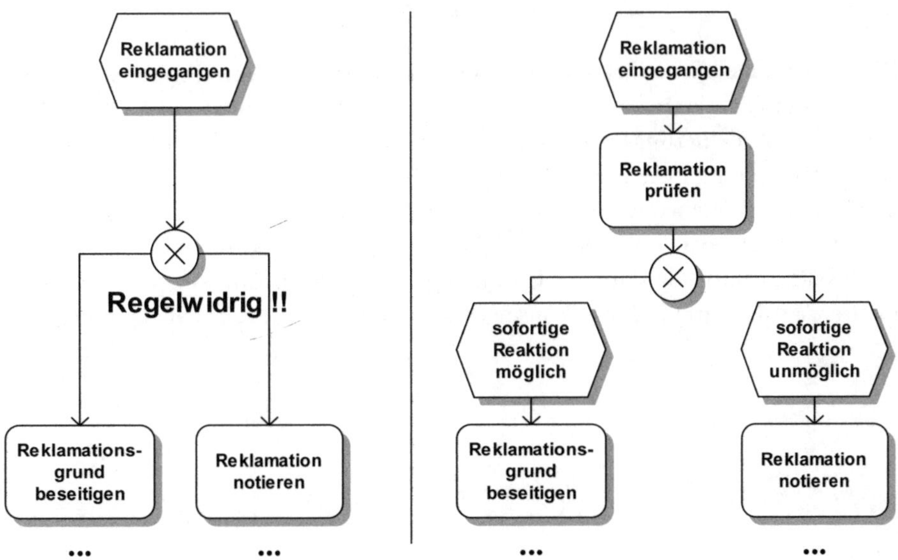

Abb. 4–20 *Beispiel der Bereinigung einer unerlaubten Verknüpfung*

4.4.1.2 Falsche Nutzung des ODER-Konnektors

Häufig wird der ODER-Konnektor in einer EPK so eingesetzt, wie das Wort »oder« im üblichen Sprachgebrauch des Alltags meist verwendet wird, nämlich im Sinne eines ENTWEDER-ODER. Es wird somit ein ODER-Konnektor verwendet, obwohl logisch betrachtet der XOR-Konnektor korrekt wäre, weil etwa eine konkrete Prüfung einer Prozessinstanz (im Beispiel: einer Anfrage) nicht gleichzeitig bestanden **und** nicht bestanden werden kann. Genau dieser Fall, dass z.B. ein Zimmertyp gleichzeitig verfügbar und nicht verfügbar ist, wird jedoch durch den ODER-Konnektor in Abbildung 4–21 mit ausgedrückt.

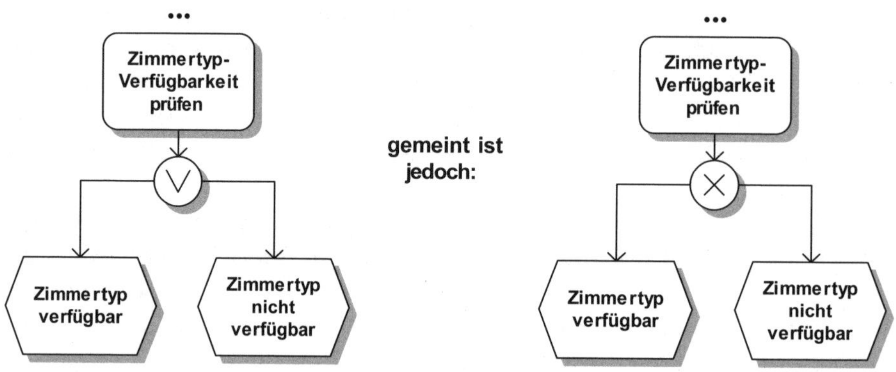

Abb. 4–21 *Beispiel für die falsche Nutzung des ODER-Konnektors*

Der Vollständigkeit halber sei auch der umgekehrte Fall erwähnt, dass nämlich der ursprünglich korrekte XOR-Konnektor weiterhin genutzt wird, obwohl im Laufe der Modellierungsarbeit weitere Ergebnisse identifiziert worden sind, die sich untereinander oder bezogen auf die zu Anfang der Modellierungsarbeit vorgesehenen Ergebnisse nicht in jedem Fall gegenseitig ausschließen, sodass ein Prozess zu verschiedenen Ergebnissen gleichzeitig führen kann und deshalb ein ODER-Konnektor logisch korrekt wäre (vgl. Abb. 4–22). Mit einer Aufteilung in mehrere Prüfschritte in Folge könnte diese Situation ganz vermieden werden.

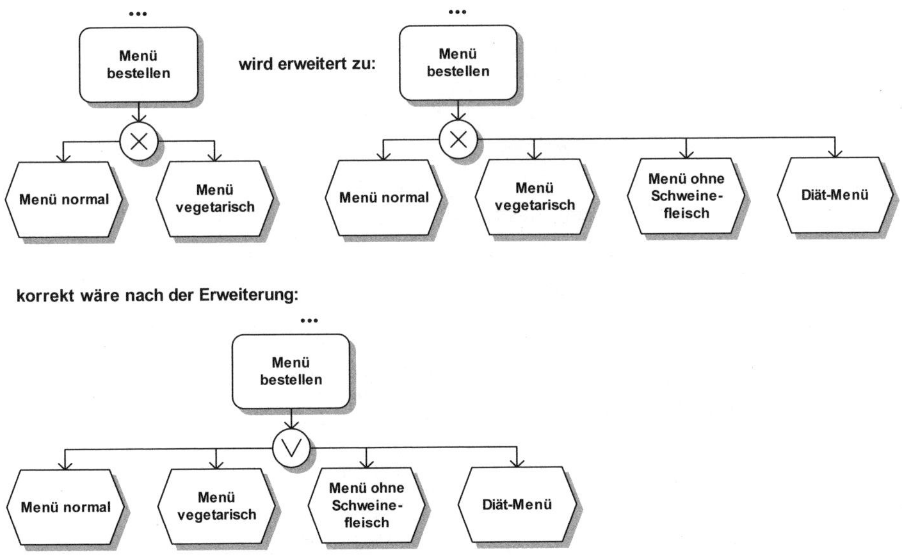

Abb. 4–22 *Beispiel für die falsche Nutzung des XOR-Konnektors*

4.4.1.3 Falsche Zusammenführung von Zweigen

Nicht selten sieht man in der Praxis, dass Prozesszweige mit einem anderen als dem aufspaltenden Konnektor wieder zusammengeführt werden. In [Langner et al. 1997] werden verschiedene Beispiele hierfür genannt. Zum einen kann das Schließen eines öffnenden XOR-Konnektors versehentlich mit einem UND-Konnektor erfolgen. Dies führt zur Blockade des Prozesses, da niemals beide Zweige bezogen auf eine Prozessinstanz durchlaufen werden können, sodass die Bedingung für eine Fortsetzung des Prozesses nie erfüllt sein wird. Zweites Beispiel ist das Schließen eines öffnenden XOR-Konnektors mit einem ODER-Konnektor. In diesem Fall kommt es zwar nicht zur Blockade des Prozesses, doch lässt der ODER-Konnektor mehr Fälle zu als nötig, d.h., die Modellierung ist ungenau, so wie in Abbildung 4–23 dargestellt. Korrekt wäre auch hier der XOR-Konnektor zur Zusammenführung der Zweige, da ein Gast eben nur entweder reserviert hat oder nicht reserviert hat, niemals jedoch beide Zweige für einen einzelnen Gast (im Sinne einer Prozessinstanz) durchlaufen werden. Drittes Beispiel ist das Schließen eines öffnenden ODER-Konnektors mit einem UND-Konnektor. Dies kann zur Blockade führen, da ein ODER-Konnektor bekanntlich besagt, dass alle Zweige von einer Prozessinstanz durchlaufen werden können, jedoch nicht müssen. In all den Fällen, in denen nur ein Teil der Zweige durchlaufen wird, käme es beim zusammenführenden UND-Konnektor zur Blockade der Prozessinstanz.

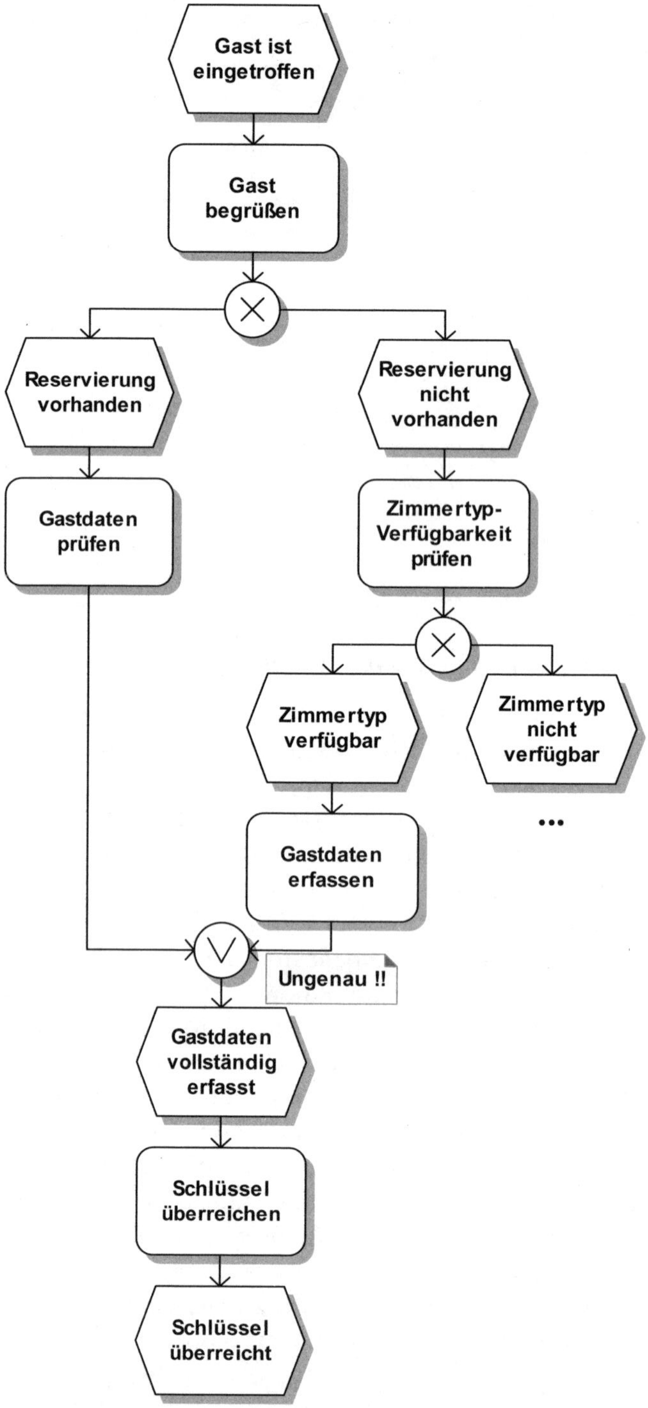

Abb. 4–23 *Beispiel für die falsche Zusammenführung von Zweigen*

4.4.1.4 Falsche Schachtelungen von Konnektoren

Konnektoren können in sehr unterschiedlicher Art und Weise falsch geschachtelt werden. Zur Veranschaulichung sollen zwei schematische Beispiele vorgestellt werden (vgl. dazu [Langner et al. 1997] und Abb. 4–24). Zunächst soll der Teil a) der Abbildung betrachtet werden. Das Problem liegt hier wieder im ODER-Konnektor, der zur Aufspaltung verwendet wird. Die Zusammenführung übernehmen jeweils XOR-Konnektoren, was zur Blockade in denjenigen Fällen führen kann, in denen die Ereignisse E1 und E3 oder E2 und E3 eintreten. Es ist fast überflüssig zu erwähnen, dass es bei gleichzeitigem Eintritt von E1, E2 und E3 stets zur Blockade kommt. Es handelt sich somit um eine fortgeschrittene Form der falschen Zusammenführung von Prozesszweigen. Das Modell im Teil b) der Abbildung 4–24 weist nach der Funktion F1 einen verzweigenden ODER-Konnektor auf. Falls F1 das Ereignis E4 nicht aktiviert (auslöst), blockiert der schließende UND-Konnektor die Funktion F2, da F2 das Eintreten von E2 und E4 voraussetzt.

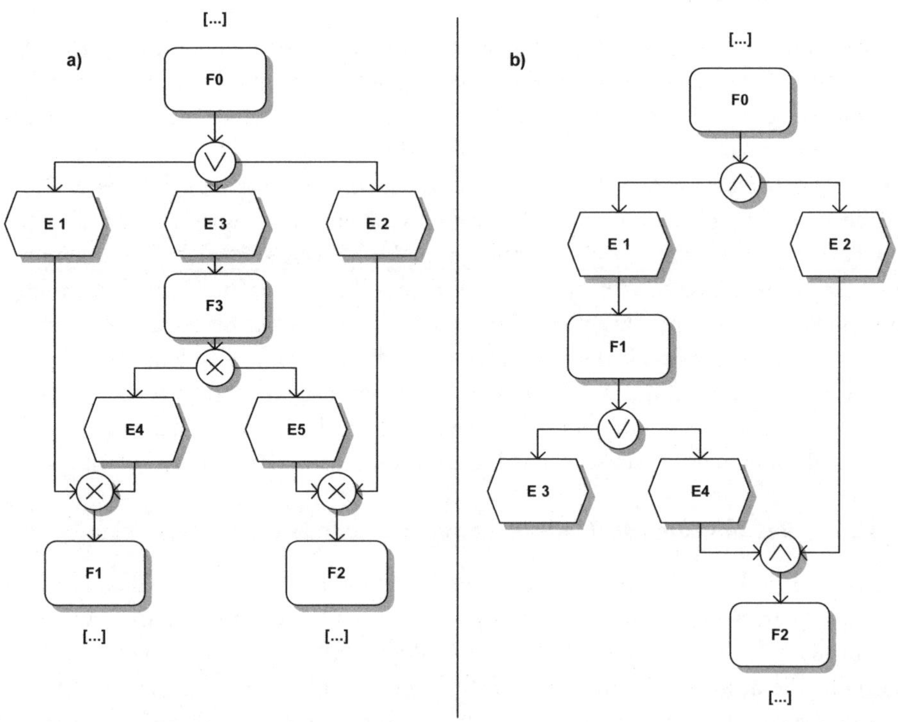

Abb. 4–24 *Beispiele für falsche Schachtelungen von Konnektoren*

4.4.2 Organisatorische Fehler

In diesem Abschnitt werden verschiedene Vorgehensweisen bei der Gestaltung und Durchführung der Modellierungsarbeit vorgestellt, die erfahrungsgemäß häufig zu wenig brauchbaren oder gar fehlerhaften Ergebnissen führen. Es besteht dabei die Gefahr, dass eine oder mehrere dieser Vorgehensweisen unbewusst angewendet werden, ohne dass man sich über die jeweiligen Konsequenzen im Klaren ist. Auf der anderen Seite kann es jedoch im Einzelfall auch unumgänglich sein, sich bewusst einer dieser Vorgehensweisen zu bedienen, etwa weil die Zeit drängt oder weil Fachexperten nicht zur Verfügung stehen, mit denen die Modellierungsergebnisse qualitätsgesichert erstellt werden könnten. Falls man demzufolge mit den Ergebnissen seiner Modellierungsarbeit nicht zufrieden ist, obwohl man alle Modellierungsregeln eingehalten hat, prüfe man, ob und aus welchen Gründen die nachfolgend vorgestellten, in organisatorischer Hinsicht »kritisch« zu bewertenden Vorgehensweisen angewendet worden sind.

4.4.2.1 Fehlende Zweckorientierung

Es ist sinnlos, Prozessmodelle mit großem Aufwand zu erstellen, ohne dabei konkrete Nutzenszenarien, z.B. im Zusammenhang mit einer angestrebten Prozessoptimierung, vor Augen zu haben. Der Zweck der Modellierung muss deshalb stets vorab geklärt werden. Nicht selten wird nämlich drauf los modelliert, ohne zu wissen, welchem Zweck das Modell genau dienen soll (vgl. [Davis 2003]). Andererseits ist es sehr ratsam, Modelle so zu gestalten, dass sie für mehrere Zwecke eingesetzt und möglichst auch in Zukunft weiterentwickelt und genutzt werden können. Die Modellierungsergebnisse sollten somit im Idealfall vorrangig an einem konkreten, aktuellen Zweck orientiert erstellt werden, gleichzeitig jedoch auch dem Zweck der Integration in übergreifende Modelle dienen, um den Überblick über die Prozesse im Unternehmen insgesamt zu verbessern. Letzteres sollte aber eben nur nicht der alleinige Zweck der Modellierung sein, da hierbei der Nutzen nur schwer messbar und somit schwer nachweisbar ist.

4.4.2.2 Beschränkung der Modellierung auf den Standardfall

Eine Beschränkung der Modellierung auf den Standardfall bedeutet, dass nur diejenigen Prozessschritte modelliert werden, die planmäßig durchlaufen werden, wenn nichts dazwischenkommt, d.h. der Positivfall. Sämtliche möglichen Sonderfälle, die auftreten können, z.B. Fehler, werden ignoriert (vgl. [Davis 2003]). Zu denken ist für das Anwendungsgebiet »Hotel« z.B. an folgende Ereignisse: *Hotel ausgebucht, Kreditkarte gesperrt, Gast (während des Hotelaufenthalts) verstorben*. So könnte im Beispiel in Abbildung 4–25 überlegt werde, ob auf die Modellierung des Falls der gesperrten Karte und der daraus evtl. resultierenden Polizeibenachrichtigung als Ergebnis verzichtet werden könnte. Dies ist grundsätzlich davon abhängig zu machen, mit welcher Wahrscheinlichkeit dieser

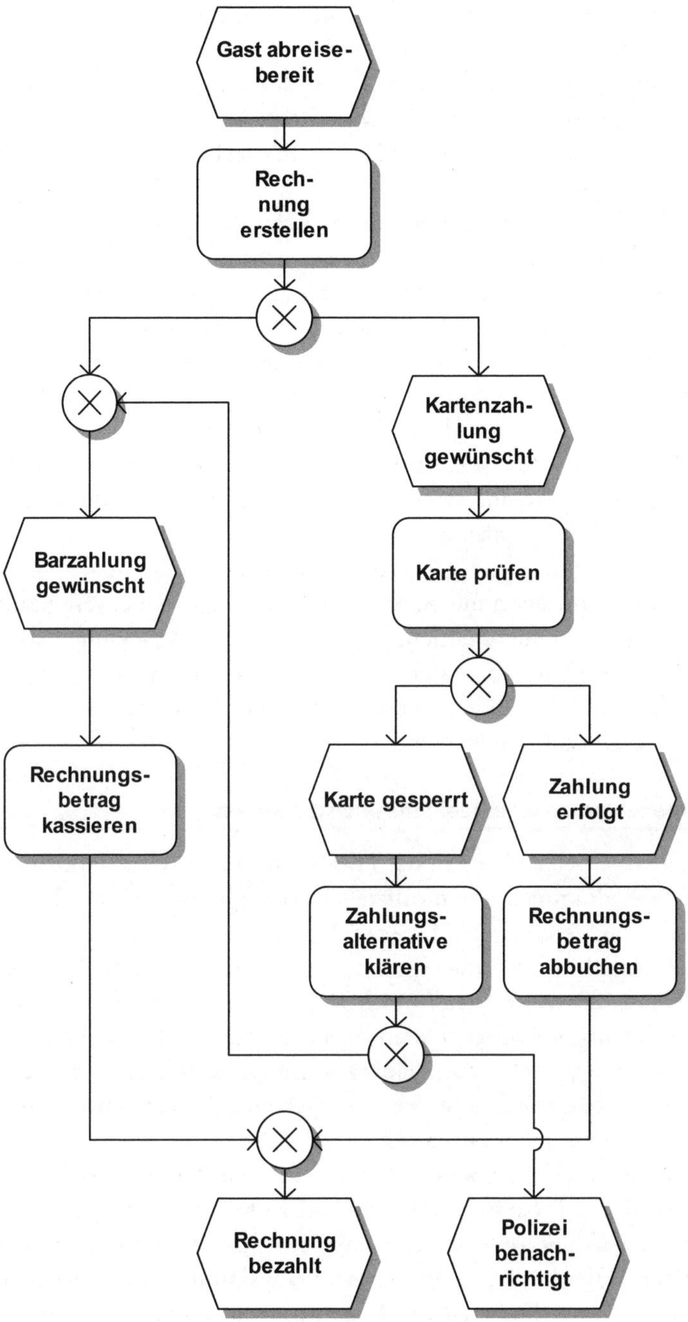

Abb. 4–25 *Beispiel für eine nicht auf den Standardfall beschränkte EPK*

Sonderfall an welcher Stelle im Prozess auftreten dürfte und wie strukturiert dessen Behandlung jeweils erfolgen kann. Der Fall einer gesperrten Kreditkarte erscheint dabei genauso vorhersehbar wie der Fall des ausgebuchten Hotels. Beide Sonderfälle sind strukturiert behandelbar, d.h., man kann im Vorhinein klare Regeln aufstellen, wie in diesen Fällen vorzugehen ist und diese in Form von EPKs auch modellieren.

Der Fall, dass ein Gast während des Hotelaufenthalts verstirbt, dürfte dagegen nur sehr selten auftreten. Aufgrund der geringen Wahrscheinlichkeit seines Auftretens erscheint es bereits vertretbar, ihn nicht zu modellieren. Dazu kommt, dass sich eine standardisierte Abwicklung hierbei eher nicht anbietet. Und selbst wenn man ein solches Prozessschema konstruieren könnte, wäre es ein völlig falsches Signal in der internen und externen Kommunikation, wenn man in Form einer EPK dokumentieren würde, dass man diesen extremen Fall der Beendigung eines Hotelaufenthalts (die sogenannte »kalte Abreise«) mit allen Konsequenzen nüchtern eingeplant hat und nach einem bestimmten, wohlüberlegten Prozessschema abzuarbeiten gedenkt.

Stets auf die Modellierung von Abweichungen vom Standardfall zu verzichten würde jedoch auf der anderen Seite eine zu weitgehende Vereinfachung und eine damit einhergehende deutliche Reduzierung des Modellnutzens bedeuten, sodass hiervon dringend abzuraten ist. Es bleibt somit letztlich dem Ermessensspielraum der Modellierenden überlassen zu entscheiden, welche Sonderfälle modelliert werden und welche nicht.

4.4.2.3 Modellierung eines idealisierten Istprozesses

Statt des realen Arbeitsablaufs in der Praxis wird nicht selten modelliert, wie ein Prozess laut der dokumentierten offiziellen Arbeitsanweisungen abzulaufen hat, ohne darauf zu achten, ob sich die Ausführenden tatsächlich daran halten. Folglich werden dabei zur Routine gewordene Ausnahmebehandlungen, Abstimmungsprobleme, die den Prozessfortschritt hemmen, und andere häufig vorkommende Abweichungen vom geplanten Arbeitsablauf nicht modelliert. Manchmal haben sich sogar regelrechte Parallelprozesse entwickelt, nach denen die Beschäftigten inoffiziell vorgehen, weil die vorgegebenen Prozessschritte aus welchen Gründen auch immer nicht praktikabel erscheinen.

Soll nun ein solcher Prozess verbessert werden, kann es passieren, dass als Analysebasis für die Prozessoptimierung eine EPK verwendet wird, die zwar den dokumentierten Arbeitsanweisungen entspricht, jedoch nicht dem tatsächlichen Arbeitsvollzug. Hierdurch ergeben sich zwangsläufig große Probleme, da im diesem Fall mit hoher Wahrscheinlichkeit an der Realität vorbei optimiert werden soll (vgl. [Davis 2003]). Ursache dafür dürfte häufig sein, dass die Modellierung der Prozesse in diesen Fällen im Wesentlichen auf der Basis vorhandener Prozessdokumentationen (z.B. eines Qualitätsmanagement-Handbuchs) und ohne umfassende Befragung und Analyse des Arbeitsvollzugs der am Prozess beteiligten Mitarbeiter durch Dritte – interne oder externe Modellierungsspezialisten – erfolgt.

4.4.2.4 En-Bloc-Modellierung von Gruppen von Geschäftsvorfällen

Man sieht es in der Modellierungspraxis regelmäßig, dass zur Vereinfachung der Modelle nicht einzelne Geschäftsvorfälle, sondern alle anfallenden Geschäftsvorfälle eines bestimmten Typs, die in einem bestimmten Zeitraum anfallen, zusammengefasst modelliert werden. So werden häufig zum Beispiel nicht einzelne Beschaffungsvorgänge, sondern die Beschaffungsvorgänge eines ganzen Monats en bloc betrachtet. Dies führt nicht selten zu komplexen und damit sehr schnell zu kaum noch beherrschbaren Modellen, denn es sind fast immer diverse Fallunterscheidungen und Rückschleifen nötig (vgl. [Staud 2006]), man denke an bestellvolumenabhängige Unterschiede bei der Genehmigung der einzelnen Bestellungen, Stornierungen von Bestellungen, Lieferengpässe bei bestimmten Artikeln, Qualitätsmängel bei gelieferten Waren, Unstimmigkeiten bezüglich des Rechnungsbetrags, unterschiedliche Zahlungsbedingungen usw. Der Überblick über die mit den verschiedenen Fällen verbundenen unterschiedlichen Folgeaktivitäten geht dabei schnell verloren.

Zur Veranschaulichung möge das Beispiel einer Funktion *Lieferung[en] prüfen* dienen. Es wird sicher immer wieder Fehlerfälle geben, d.h., nicht alle bestellten Waren dürften die Qualitätsprüfung überstehen, auch können einige bestellte Waren fehlen oder es werden andere als die bestellten Waren geliefert. Werden diese Fehlerfälle einzeln betrachtet, so können die jeweiligen Konsequenzen, z.B. für die Bezahlung der gelieferten Waren, separat und leicht nachvollziehbar modelliert werden. Im Falle der En-Bloc-Modellierung aller Geschäftsvorfälle vom Typ *Beschaffung*, die in einem bestimmten Zeitraum – z.B. einem Monat – anfallen, wird die Funktion *Lieferungen prüfen* dagegen zwangsläufig mindestens die drei mit einem ODER-Konnektor verknüpften Ergebnisse *Ware in Ordnung*, *Ware nicht in Ordnung* und *Ware fehlt* haben (vgl. Abb. 4–26). Dies allein besitzt bereits nur beschränkten Aussagewert, da nicht klar ist, welche der Ergebnisse tatsächlich zutreffen: Gibt es Ware, die in Ordnung ist? Gibt es Ware, die nicht in Ordnung ist? Fehlt Ware? Wenn jetzt pro Ergebnis spezielle Folgeaktivitäten, abhängig vom Ergebnis der Lieferungsprüfung, wie etwa *Rechnungsposten zur Zahlung freigeben*, *Ware zurückweisen* und *Ware anmahnen* modelliert werden, ist das passiert, was unbedingt hätte vermieden werden sollen, nämlich der stillschweigende Wechsel des Betrachtungsobjekts. Wurden bis hierher alle Bestellvorgänge eines Zeitraums gemeinsam modelliert, werden nun einzelne Posten, einzelne Beschaffungsvorgänge oder andere Teilgruppen betrachtet.

Dieser für den Benutzer eines komplexeren Modells erst bei genauerem Hinsehen erkennbare Bruch kann den Wert des Modells erheblich mindern, da damit in aller Regel eine exakte Fortführung aller Fallunterscheidungen, die sich bis dahin ergeben haben, nicht mehr möglich ist. Im Beispiel in Abbildung 4–26 werden alle Fehlerfälle (fehlerhafte bzw. fehlende Ware) nicht weiter verfolgt. Es bleibt unklar, wie mit diesen weiter verfahren wird. Auch wird nicht schlüssig dargestellt, inwiefern das Auftreten dieser Fehlerfälle Einfluss auf die Ausführung der Funktion *Rechnungen bezahlen* hat. Man erkennt schon an diesem einfachen Beispiel, dass es durch das Betrachten einzelner Geschäftsvorfälle möglich wäre, alle Fallunterscheidungen durchgängig – mithilfe von Schleifen – zu modellieren

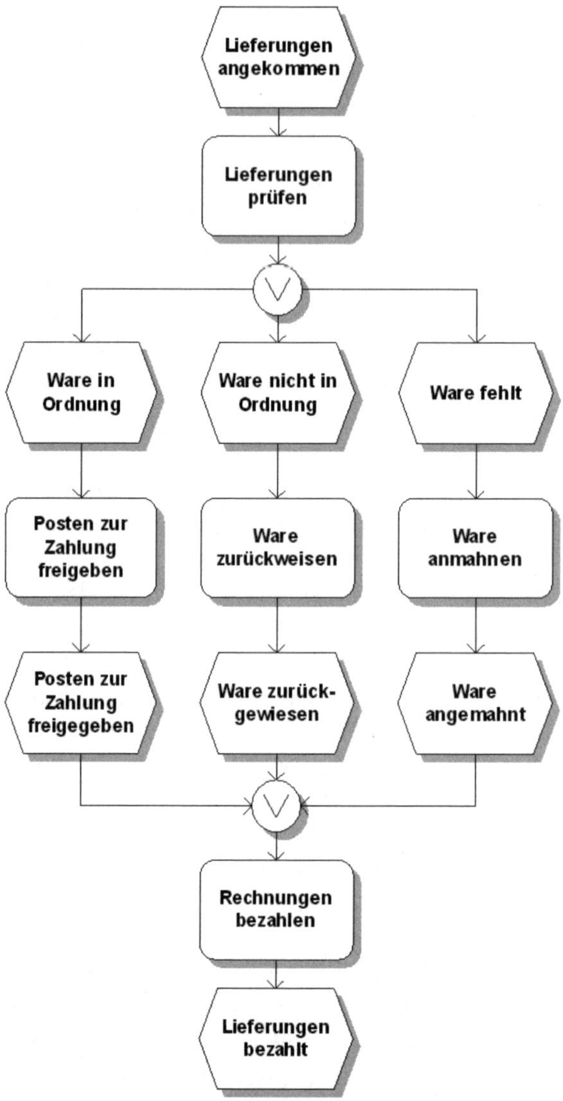

Abb. 4–26 *Beispiel einer misslungenen En-Bloc-Modellierung*

und ihre Konsequenzen für Folgeschritte darzustellen, was im Beispiel wegen der En-Bloc-Betrachtung unmöglich ist. Nicht umsonst werden Funktionen konventionsgemäß – im Gegensatz zur Umsetzung im Beispiel in Abbildung 4–26 – stets mit einem Substantiv im *Singular* benannt (z.B. »Lieferung prüfen« statt »Lieferungen prüfen«), wobei zu hoffen ist, dass in der Praxis nicht die konventionsgemäße Singular-Formulierung gewählt wird, obwohl die Plural-Formulierung gemeint ist, weil damit dem Betrachter eine weitere Hürde aufgebaut würde, die ihn vom Verstehen eines Modells abhalten könnte.

Aber auch ohne solche Brüche ist es dringend zu empfehlen, in jedem Fall die Vorgänge einzeln zu modellieren. Dies gilt auch dann, wenn sich ein Geschäftsprozess über einen längeren Zeitraum hinzieht. Jeder mögliche Ablauf muss modelliert werden, da man so insgesamt einfacher zu verstehende Modelle erstellt. Hält man sich daran, gerät man auch viel seltener in die Gefahr, versehentlich die Perspektive bei der Modellierung zu wechseln (siehe dazu Abschnitt 4.4.2.9).

4.4.2.5 Ungenaues Modellieren

Oft werden per ODER-Konnektor Ereignisse bzw. Funktionen verknüpft, die nicht vollkommen unabhängig voneinander sind. Bei [Staud 2006] findet sich folgendes Beispiel mit den vier Ereignissen *Gleiche Anlage schon mal geliefert (E1)*, *Ähnliche Anlage schon mal geliefert (E2)*, *Komponente schon mal geliefert (E3)*, *Nichts Ähnliches bisher geliefert (E4)*: Mehrere Ereignisse können gleichzeitig eintreffen, z.B. (E1 bis E3), nicht jedoch E4 in Kombination mit einem der anderen. Durch einen vorgeschalteten XOR-Konnektor kann die Genauigkeit der Modellierung erhöht werden, indem zunächst abgefragt wird, ob etwas Ähnliches schon geliefert wurde oder nicht (E4), bevor im Positivfall geprüft wird, was genau bereits geliefert worden ist (E1, E2, E3), wobei eine ODER-Verknüpfung korrekt ist (siehe dazu Abb. 4–27). Es ist zusätzlich anzumerken, dass mitunter ein ODER-Konnektor auch statt eines UND-Konnektors verwendet wird. Man kann wiederum schlussfolgern, dass insbesondere der ODER-Konnektor zum unsauberen Modellieren verleitet und deshalb nur sparsam und wohlüberlegt verwendet werden sollte.

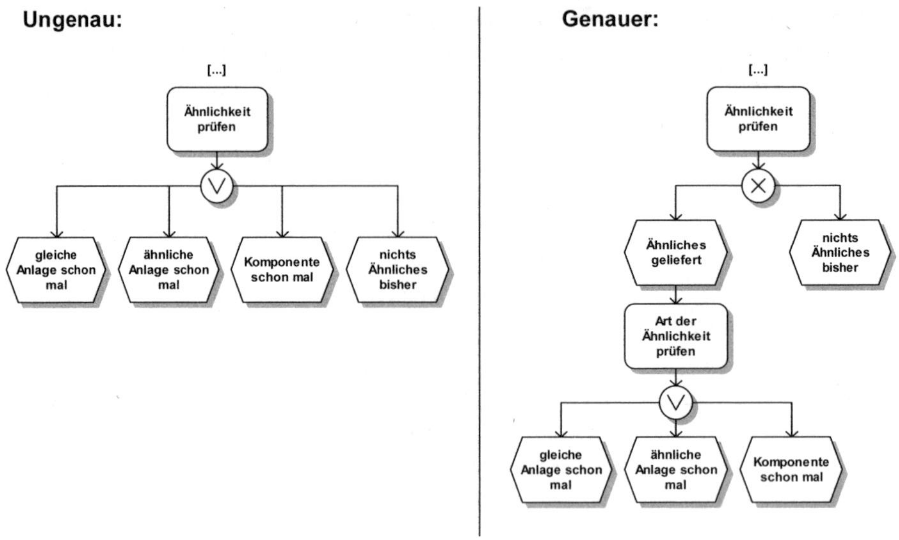

Abb. 4–27 *Beispiel für ungenaues Modellieren und seine Verbesserung [Staud 2006]*

4.4.2.6 Gleichzeitiges Modellieren von DV-technischen und fachlichen Abläufen

Die Vermischung unterschiedlicher Perspektiven bei der Modellierung wie etwa einer DV-technischen und einer fachlichen Perspektive führt zwangsläufig zu wenig brauchbaren und unnötig komplexen Modellen, die weder Vertreter der einen noch der anderen Perspektive voll zufrieden stellen dürften. Grundsätzlich steht im Rahmen der Prozessmodellierung mit EPKs, die ihren Schwerpunkt im Fachkonzept hat, die fachliche Perspektive im Vordergrund. DV-technische Aspekte können über die vorgestellten Erweiterungsobjekte in die EPK integriert werden, ohne den Kontrollfluss zu beeinflussen. Sollen DV-technische Abläufe explizit modelliert werden, muss kritisch geprüft werden, ob die EPK dafür der richtige Modelltyp ist. Innerhalb und außerhalb der ARIS-Konzeption gibt es diverse andere Modelltypen, die stärker auf DV-technische Sachverhalte ausgerichtet sind und dazu teilweise auch einen höheren Formalisierungsgrad besitzen. Falls dennoch auch die DV-technische Perspektive als EPK modelliert werden soll, müssen unbedingt separate Modelle für DV-technische und fachliche Abläufe erstellt werden.

4.4.2.7 Modellierung von zu vielen Sichten und Ebenen in einer EPK

Eine der Stärken von EPKs liegt darin, die anderen Sichten, die für die Prozessmodellierung neben der Steuerungssicht relevant sind, zu integrieren. Dies geschieht vorrangig mithilfe von Erweiterungsobjekten. Es ist jedoch davor zu warnen, zu viele Erweiterungsobjekte integrieren zu wollen, z. B. sehr umfassend Aspekte der Aufbauorganisation und des Unternehmensdatenmodells in eine EPK über die entsprechenden Objekttypen einzubauen, um sich etwa die Modellierung der spezialisierten Modelle der Organisations- und Datensicht zu ersparen. Selbst das Auslagern in Funktionszuordnungsdiagramme hilft hier nur beschränkt, da durch diese Verteilung der Überblick noch schneller verloren gehen kann. Genauso ist dringend davon abzuraten, Modellierungsebenen zu vermischen, d.h. zum Beispiel gleichzeitig sehr grobe und sehr detaillierte Funktionen in einer EPK auf einer Hierarchieebene zu modellieren (siehe dazu auch Abschnitt 4.4.2.12).

4.4.2.8 Fehlende Integration von Modellen

Es ist wenig hilfreich, inselhaft zu modellieren, d.h. einzelne EPKs und andere Modelle zu erstellen, diese jedoch nicht über Hinterlegungsbeziehungen, Prozessschnittstellen usw. zu verknüpfen bzw. nicht über die Integration von Erweiterungsobjekten in die EPKs, z.B. von Zielen, Leistungen, Entitytypen, Organisationseinheiten oder Anwendungssystemen, Verbindungen zu den entsprechenden Modelltypen wie etwa *Zieldiagrammen Produktbäumen, eERMs, Organigrammen, Anwendungssystemtypdiagrammen* usw. zu schaffen. Die Integration von Modellen bringt es zwangsläufig mit sich, dass Einigungen über Benennungen, Schnittstellen, Beziehungen usw. zwischen den verschiedenen Modellierungsvorhaben und zwischen den einzelnen Modellierern sowie den Fachverantwortlichen herbeigeführt werden müssen. Dies bedeutet einen nicht unerheblichen Aufwand, ist jedoch zwingend notwendig, wenn die Modelle sinnvoll verbunden – d.h. im eigentlichen Sinne integriert – und so zur Analyse genutzt werden sollen.

4.4.2.9 Wechsel der Perspektive

Es darf nicht passieren, dass die Perspektive, von der aus die Modellierung erfolgt, innerhalb einer EPK gewechselt wird, ohne dass dies gut begründet und deutlich darauf hingewiesen wird. In der Regel verwirrt ein solcher Wechsel den Betrachter und macht ein Modell unbrauchbar. So darf es z.B. nicht sein, dass zunächst aus der Perspektive des Gastes, später jedoch aus der Perspektive des Hotelbetriebs ein Prozess beschrieben wird, wie es in Abbildung 4–28 der Fall ist. In der Regel wird hier stets die Unternehmensperspektive maßgeblich sein, da Prozesse des Unternehmens für das Unternehmen modelliert werden. Dagegen ist es üblicherweise nicht Ziel unternehmensinterner Modellierung, die Perspektive des Kunden bzw. Gastes einzunehmen und beispielsweise die Vorgehensweise eines Gastes bei Auswahl und Buchung eines Hotelzimmers abzubilden. Dies wäre Sache des Gastes, er könnte sein Vorgehen zur Buchung eines Hotelzimmers ebenfalls in standardisierter Form mittels einer EPK festhalten, in der Regel wird er es jedoch wohl ausschließlich im Kopf haben und bei Bedarf flexibel anpassen.

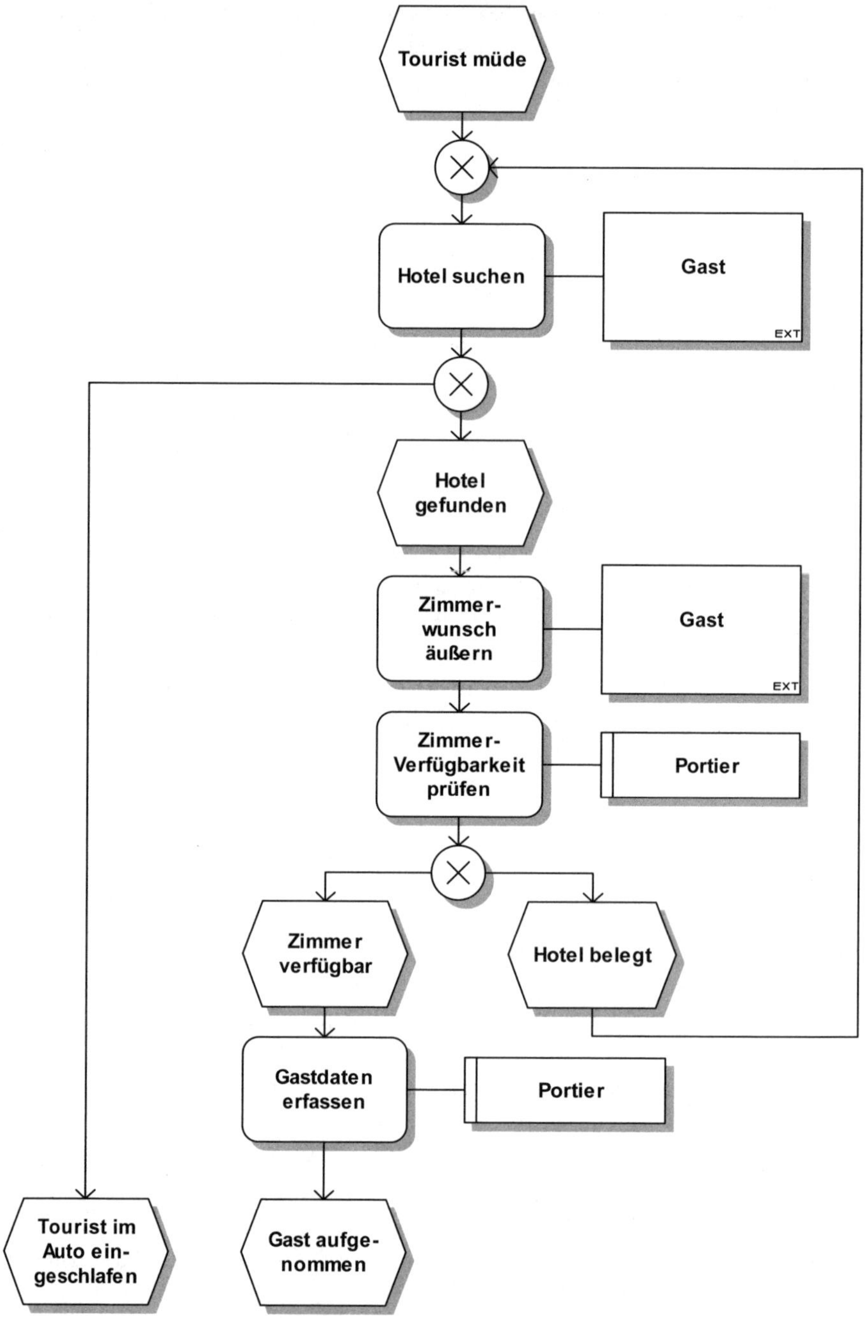

Abb. 4–28 *Beispiel für einen Perspektivenwechsel in der EPK-Modellierung*

4.4.2.10 Eigenständige Interpretation durch Modellierer

Es führt zu keinen allgemein akzeptierten und nützlichen Modellen, wenn Modellierer, die nicht dem Fachbereich angehören, für den modelliert wird, fachliche Abläufe interpretieren und selbstherrlich Lücken füllen oder Widersprüche auflösen. Stattdessen ist die umfassende Einbindung der Mitarbeiter des entsprechenden Fachbereichs sowie gegebenenfalls weiterer fachlicher Experten notwendig, sodass die internen oder externen Modellierungsspezialisten nicht auf sich allein gestellt sind, wenn es um die Erstellung und später gegebenenfalls um notwendige Überarbeitungen der Modelle geht. Andernfalls kann mit großer Sicherheit davon ausgegangen werden, dass die Modelle in dem betreffenden Fachbereich nicht angenommen und genutzt werden, da sie aus Sicht der Mitarbeiter dieses Bereichs eine »fremde«, nicht abgestimmte Sichtweise auf ihr Arbeitsgebiet widerspiegeln, die zwangsläufig häufig als unzulässige, zumindest aber unerwünschte Einmischung in ihre Kompetenzen interpretiert wird.

4.4.2.11 Fehlender Einbezug von Experten bei der Sollmodellierung

Der fehlende Einbezug von internen und ggf. externen Experten eines Fachgebiets ist für die Modellierung von Sollprozessen sehr problematisch. Es darf nicht sein, dass Modellierer vollkommen eigenständig oder nur aufgrund von theoretischen Ansätzen, die z.B. von Stabsabteilungen oder externen Beratern propagiert werden, Modelle erstellen, ohne die entsprechenden Experten aus der Unternehmenspraxis zu konsultieren und ohne deren Erfahrung in die Sollprozessmodelle einfließen zu lassen. Experten für Prozesse im Unternehmen sind vorrangig Mitarbeiter und Führungskräfte aus der Linie, deren Beteiligung auch die Akzeptanz der Prozessmodelle im Unternehmen insgesamt in der Regel deutlich erhöht. Dieses Problem stellt somit eine verschärfte Form des selbstherrlichen Füllens von Lücken und Auflösens von Widersprüchen aus Abschnitt 4.4.2.10 dar, indem nicht nur Teile, sondern gleich der ganze Prozess losgelöst von der Praxis im Sinne einer Vorgabe für die zukünftige Arbeit (Sollmodell) modelliert wird.

4.4.2.12 Unterschiedliche Genauigkeitsgrade

Es wirkt irritierend, wenn in einem Modell die verschiedenen Teilprozesse unterschiedlich detailliert beschrieben werden, sofern es dafür nicht einsichtige Gründe gibt, wie etwa das Auslagern bestimmter Schritte an Fremdfirmen, deren interne Abläufe nicht beeinflussbar, vielleicht auch gar nicht bekannt sind und deswegen nur sehr grob dargestellt werden können. Ansonsten wirken unterschiedlich detaillierte Modelle unvollständig oder tendenziös, weil ein solches Modell den Anschein erweckt, dass bestimmte Teilprozesse wichtiger sind als andere. Vielleicht haben sich die Modellierer auch einfach nicht die Mühe gemacht hat, alle Teile gleichermaßen gründlich zu recherchieren, wofür es sehr unterschiedliche Gründe geben kann, wie z.B. Zeitmangel, Kompetenzlücken oder persönliche Vorlieben und Abneigungen.

Ausgewogenheit in der Genauigkeit der Modelle ist auch deshalb unbedingt anzustreben, um überhaupt sinnvolle Auswertungen, Vergleiche und ggf. Simulationen bezüglich des Wechsels organisatorischer Zuständigkeiten, Auslastungsaspekten oder zur Analyse von Datenein- und -ausgaben durchführen zu können. Durchgängig detaillierte Modelle neigen allerdings dazu, unübersichtlicher und schwerer pflegbar als gröbere Modelle zu werden, sodass mancher Modellierer deswegen versucht, so wenig Detaillierung wie möglich vorzunehmen, selbst unter Inkaufnahme des Verlusts an Aussagekraft. Ein zu geringer durchgängiger Detaillierungsgrad führt jedoch oft dazu, dass Optimierungspotenziale in den Prozessen nicht abgelesen werden können, z.B. kann von einer abstrakten Funktion *Lebensmittel beschaffen,* die nicht durch ein Detailmodell näher beschrieben wird, nicht abgelesen werden, durch welche Umstrukturierung der einzelnen Beschaffungsschritte eine Verbesserung der Prozessleistung erwartet werden könnte. Deshalb wird hier grundsätzlich für eine genaue Beschreibung der Teilprozesse plädiert, die dann jedoch aus den geschilderten Gründen möglichst auf gleichem Niveau erfolgen sollte.

4.4.2.13 Fehlende Zusammenführung von Zweigen

Das Nicht-Zusammenführen von Zweigen, die durch verzweigende ODER- bzw. XOR-Konnektoren entstanden sind, entspricht nicht in jedem Fall der Intension des Modellierers, sondern wurde häufig schlicht vergessen. Dies bedeutet zum Beispiel, dass nicht modelliert wird, welche Folgeaktivitäten sich in den Nicht-Standardfällen anschließen. Stattdessen wird oft nur der Standardfall weiter verfolgt, die anderen Fälle bleiben als offene Enden »in der Luft hängen«. Im Beispiel in Abbildung 4–29 bleibt auf der linken Seite offen, was passiert, wenn der gewünschte Zimmertyp gar nicht bzw. nicht für die geplante Aufenthaltsdauer verfügbar ist. Auf der rechten Seite der Abbildung werden die links »vergessenen« Zweige aufgegriffen und im Negativfall zum Ergebnis *Gast nicht aufgenommen* zusammengeführt.

Zwar ist es denkbar, dass im Fehlerfall der Prozessdurchlauf beendet ist, häufig dürften sich jedoch einige spezielle Prozessschritte als Sonderbehandlung des Nicht-Standardfalls – so wie im Beispiel – anschließen. Gegebenenfalls erfolgt auch ein nochmaliger Durchlauf eines Prozessteils im Sinne einer Schleife, bevor früher oder später ein Punkt erreicht wird, ab dem wie in den Standardfällen fortgefahren werden kann, sodass die Zweige wieder zusammengeführt werden müssen, um keine unnötige Redundanz zu schaffen.

Grundsätzlich sollten auch die per UND-Konnektor entstandenen Zweige – soweit es sinnvoll und möglich ist – wieder zusammengeführt werden, z.B. um ein gemeinsames Endergebnis der parallel zu durchlaufenden Zweige abzubilden. Generell sollten Versäumnisse bei der Zusammenführung von Zweigen spätes-

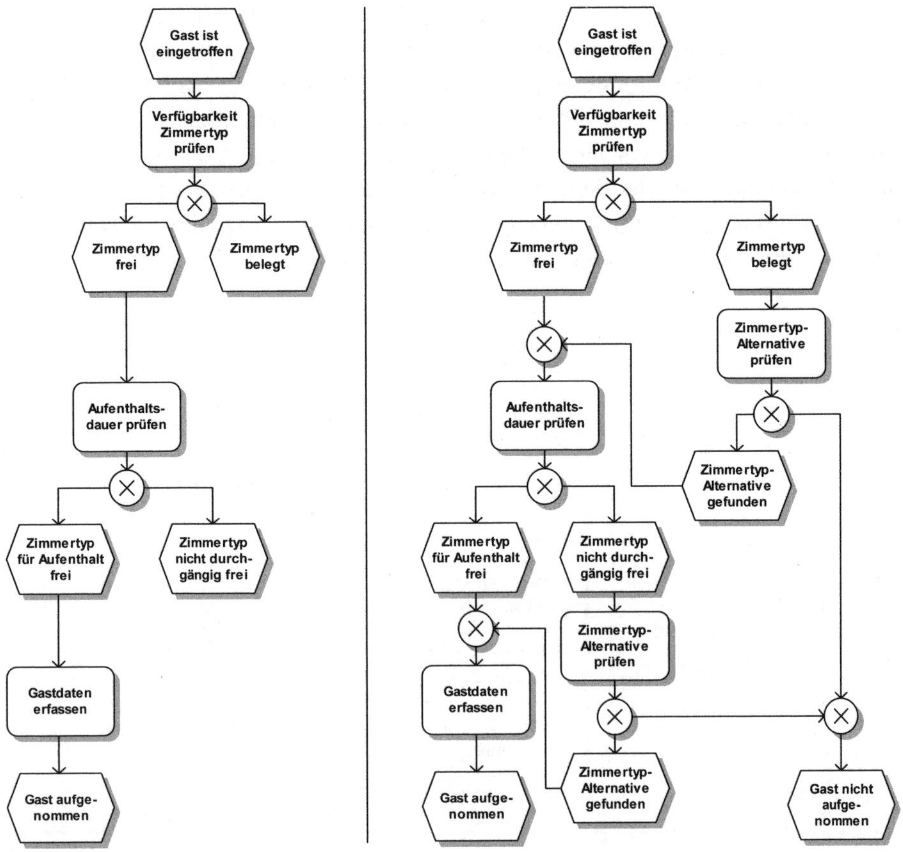

Abb. 4–29 *Fehlende vs. vorhandene Zusammenführung von Zweigen*

tens im Rahmen der Modellierung einer Modellhierarchie entdeckt werden, da dann die Übereinstimmung und Plausibilität der jeweiligen Schnittstellenereignisse überprüft werden. Da eine solche Modellhierarchie jedoch nicht zwingend erstellt wird, kann man sich darauf nicht in jedem Fall verlassen.

4.4.2.14 Fehlerhafte Schleifenmodellierung

Sofern Schleifen modelliert werden, ist zu überlegen, ob sie kopf- oder fußgesteuert angelegt werden, d.h., ob am Anfang der Schleife geprüft werden soll, ob sie (noch) einmal durchlaufen wird oder erst am Ende (vgl. [Langner et al. 1997]). Diejenigen Leser, die sich mit Programmierung auskennen, werden das Problem kennen. Es kann also passieren, dass unbeabsichtigt die Schleife immer mindestens einmal durchlaufen wird, weil erst am Ende geprüft wird, ob dies für eine bestimmte Prozessinstanz überhaupt notwendig ist. Dem kann wirksam dadurch begegnet werden, dass die entsprechende Prüffunktion vor dem erstmaligen Durchlauf modelliert wird. Man muss sich somit über die Gestaltung der Schleife dahingehend Gedanken machten, ob der Fall, dass eine Schleife von bestimmten Prozessinstanzen kein einziges Mal durchlaufen wird, auftreten kann.

Im Beispiel in Abbildung 4–30 wäre es sinnvoll, gleich am Anfang zu klären, ob ein Bewerber die formalen Kriterien erfüllt, statt ihn erst einzuladen, seine Personalien zu erfassen und seinen Lebenslauf zu analysieren, um daraufhin womöglich festzustellen, dass der Bewerber von vorneherein ausscheidet, weil er aus formalen Gründen – z. B. aufgrund eines fehlenden Gesundheitszeugnisses oder einer fehlenden Arbeitsgenehmigung – nicht eingestellt werden darf.

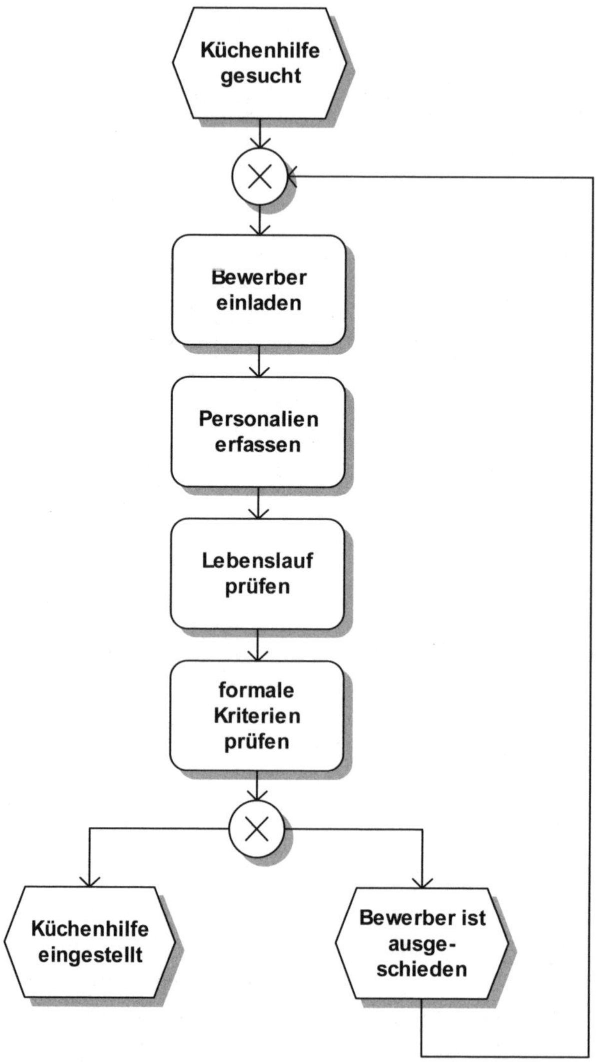

Abb. 4–30 *Beispiel einer inhaltlich fragwürdigen Schleifenmodellierung*

4.5 Problemfälle in der EPK-Modellierung

Bestimmte Situationen in der Prozessmodellierung lassen EPKs an ihre Grenzen stoßen. In diesem Abschnitt werden einige davon aufgezeigt, um beim Leser Sensibilität für diese Fälle zu erreichen. Denn es gibt zwar Vorschläge, wie mit diesen Situationen umzugehen ist, von denen einige nachfolgend auch kurz vorgestellt werden, jedoch muss man sich im Klaren darüber sein, dass man sich mit EPKs in ihrer bisherigen Form – wie sie von Modellierungswerkzeugen wie ARIS® derzeit unterstützt werden – schwer tut, sie syntaktisch und semantisch korrekt abzubilden.

4.5.1 Nebenläufige, abhängige Prozesse

Nebenläufige (parallele) Prozesse sind unproblematisch, solange sie nicht voneinander abhängig sind. Nun könnte man erwidern, dass voneinander abhängige Prozesse eben nicht als parallele Prozesse modelliert werden dürfen, sondern stattdessen nacheinander stattzufinden haben. Es gibt jedoch Fälle, in denen man mit diesem Verfahren in der Praxis auf Probleme stößt. Als Beispiel für derartige nebenläufige, voneinander abhängige Prozesse nennt [Versteegen 2002] die parallele Ausführung einer technischen und einer wirtschaftlichen Prüfung einer Anfrage durch unterschiedliche Beteiligte, wobei beide Prüfungen erfolgreich sein müssen, damit ein Angebot erstellt werden kann. Dabei wird unterstellt, dass es keine weiteren Abhängigkeiten gibt, beispielsweise die Ergebnisse der technischen Prüfung keinen Einfluss auf die Wirtschaftlichkeitsprüfung haben.

Nun kann es passieren, dass eine Prüfung deutlich länger als die andere dauert. Sobald jedoch eine Prüfung nicht erfolgreich abgeschlossen wurde, könnte die andere Prüfung sofort abgebrochen werden, um Kosten zu sparen. Als Lösungsmöglichkeiten für diese Situation bieten sich gemäß Versteegen folgende Alternativen an: (1.) die eingangs bereits angedeutete sequenzielle Modellierung der Prüfungen, dies würde jedoch automatisch Zeitverlust bedeuten, (2.) verbale Ergänzungen im Modell, die jedoch nur als Hilfskonstruktionen zu sehen sind und deshalb zu keinen syntaktisch und semantisch korrekten EPKs führen, und (3.) den Einbau zusätzlicher Schleifen mit Abbruchbedingungen, die z.B. die technische Vorprüfung nur dann im Detail fortführen lassen, wenn die kaufmännische Prüfung positiv verlaufen ist.

4.5.2 Unscharfe Daten

EPKs bieten keine spezielle Möglichkeit, unscharfe Entscheidungen abzubilden (vgl. [Gadatsch 2005]), obwohl diese in der Praxis häufig auftreten, z.B. die Entscheidung zwischen guten und schlechten Kunden, zwischen der Genehmigung bzw. Ablehnung von Krediten oder der Einstufung als guter Lieferant bzw.

schlechter Lieferant. Es stellt sich dabei z.B. die Frage, ab wann genau es sich um einen guten, ab wann um einen schlechten Kunden handelt und ob es in diesem Sinne eventuell auch Kunden gibt, die weder gut noch schlecht sind, »neutrale« Kunden sozusagen. Scharfe Grenzen stellen hier eine Lösungsmöglichkeit dar. Sie sind jedoch nur bedingt sinnvoll, da es so passieren kann, dass zwei annähernd gleiche Kunden vollkommen unterschiedlich klassifiziert werden, weil der eine knapp unter, der andere knapp über der entsprechenden Grenze liegt. Als Lösungsvorschlag gilt die Einführung einer Fuzzy-Funktion, die jedoch nicht Bestandteil des Modellierungswerkzeugs ARIS® oder vergleichbarer Werkzeuge ist (vgl. dazu [Thomas et al. 2002]).

Eine praktikable Abhilfe kann außerdem die Einführung eines Bewertungssystems darstellen, das jedem Kunden oder Lieferanten eine bestimmte Güteklasse zuweist, wiederum als Entscheidungsgrundlage für das weitere Vorgehen herangezogen wird, sodass eine differenziertere Betrachtung des einzelnen Kunden vorgenommen werden kann. Man könnte dazu eine Bewertungsfunktion *Kundengüte prüfen* einführen, mit beispielsweise drei Klassen von Kunden als möglichen Ergebnissen: *Wichtiger Kunde, Normaler Kunde* und *Sonstiger Kunde.* Dies hat den Vorteil, dass die Zuordnung zu einer Klasse nicht nur von einem Kriterium abhängig ist, wie es bei einer Klassifizierung nach Jahresumsatz oder einer vergleichbaren Kennzahl der Fall wäre, sondern ein ganzes Bündel an Kennzahlen herangezogen werden kann, und dem für die Prüfung der Kundengüte zuständigen Mitarbeiter trotzdem noch ein Ermessensspielraum bliebe, d.h., ein menschlicher Bearbeiter ersetzt sozusagen die fehlende Fuzzy-Funktion.

Allerdings müsste beim Überschreiten von Schwellwerten der relevanten Kennzahlen stets automatisch ein eigener Prozess zur Aktualisierung der Kundengüteklassenzuordnung für die betreffenden Kunden angestoßen werden, der selbst wiederum als EPK modelliert werden könnte. Dabei wäre die Entscheidung, ob eine Änderung der Klassenzuordnung erfolgen soll, nur grob zu modellieren, da der diese Entscheidung treffende Mitarbeiter eben gerade keinen starren Regeln folgen muss. Auf der anderen Seite hätte das Verwenden scharfer Grenzen und damit starrer Regeln bei der Klassenzuordnung natürlich den Vorteil, dass man die Klassifizierung auch ohne eine Fuzzy-Funktion automatisieren könnte.

4.5.3 Schlecht strukturierbare Aufgaben

Als schlecht strukturierbar und damit schlecht in einem Prozessmodell wie der EPK abbildbar gelten Führungstätigkeiten, Support- und Koordinationsaufgaben (Sekretärin, Pförtner), gesetzliche Aufsichtsfunktionen (Revision, Datenschutz), aber auch Aufgaben wie die Bereitstellung von Grundsätzen und Methoden, die Entwicklung technischer Produktionsverfahren und die Erstellung des Jahresabschlusses. Sie werden dementsprechend in der Regel nicht in Form von Prozessmodellen dokumentiert, sie sind jedoch für mitarbeiterbezogene Kapazitätsermittlungen wichtig (vgl. [Kugeler & Vieting 2005]).

EPKs sind somit ungeeignet für die Abbildung nicht im Vorhinein bestimmbarer Wege, für komplexe und kreative Tätigkeiten, bei denen die Zahl der Handlungsalternativen und Abhängigkeiten zu groß wird (vgl. [Staud 1999]). Auch informelle Aspekte, z. B. der »kleine Dienstweg«, können mangels entsprechender Transparenz und mangels festgelegter Strukturen kaum dokumentiert werden, hier enden die Möglichkeiten der (semi-)formalen Festschreibung von Prozessen. Dies gilt allerdings nicht nur für EPKs, sondern auch für andere Beschreibungssprachen in gleichem Maße.

4.5.4 Probleme nicht lokaler Konnektoren (ODER, XOR)

Konnektoren gelten als nicht lokal, wenn sie nicht nur Auswirkungen auf die unmittelbar folgenden (»lokalen«) Ereignisse bzw. Funktionen haben, sondern auch Konsequenzen für entfernte Prozessteile mit sich bringen. Ein Beispiel dazu: An einem zusammenführenden ODER-Konnektor weiß man nicht, wie viele Prozessmappen (parallele Abläufe, vgl. dazu Abschnitt 4.1.1.5) am aufspaltenden ODER-Konnektor für eine Prozessinstanz gestartet wurden, d. h., auf wie viele Ergebnisse zu warten ist. Ein bekanntes, wenngleich in der praktischen Modellierungsarbeit nicht gerade häufiges Beispiel sind die sogenannten »Teufelskreise« (vgl. z. B. [van der Aalst et al. 2002]). Abbildung 4–31 stellt einen einfachen Fall davon dar. Nach F1 und F2 ist in diesem Beispiel jeweils unklar, ob noch auf Prozessmappen, die von F3 bzw. F4 ausgelöst wurden, zu warten ist, sodass es zur Blockade kommt, weil die beiden Zweige aufgrund der nicht lokalen Wirkungen der ODER-Konnektoren gegenseitig aufeinander warten. Es stellt sich allerdings die Frage, ob überhaupt zu warten ist, sobald ein Ereignis eingetreten ist. Falls man jedoch zum Warten bereit ist, bleibt unklar, auf welche Zweige und wie lange gewartet werden soll. Es ist jeweils eine Analyse des gesamten Modells nötig, um dazu klare Aussagen zu erhalten (vgl. [Gruhn & Laue 2005]).

Für den XOR-Konnektor gilt generell, dass er so interpretiert werden muss, dass es bei Zutreffen von mehr als einer Eingangsbedingung zur Blockade kommt, weswegen stets zu prüfen wäre, ob noch weitere Prozessmappen ankommen könnten. Folglich können sowohl der ODER- als auch der XOR-Konnektor grundsätzlich eine nicht lokale Semantik besitzen.

Zusammenfassend bleibt jedoch festzuhalten, dass der ODER-Konnektor mit seiner großen, gelegentlich zu großen Ausdrucksmächtigkeit im Vergleich mit dem XOR-Konnektor die deutlich größeren Probleme aufwirft. Rittgen empfiehlt, ihn nur in frühen Phasen der Anwendungssystementwicklung uneingeschränkt zu nutzen (vgl. [Rittgen 2000]). Für die hier vorrangig betrachtete Phase Fachentwurf ist der ODER-Konnektor folglich gerade wegen seiner Mächtigkeit und den damit verbundenen Möglichkeiten durchaus wichtig. Für spätere Phasen erscheinen Transformationen, wie sie [Langner et al. 1997] vorschlagen, sinnvoll, die die Ausdrucksmächtigkeit des ODER-Konnektors einschränken. Dazu können Stilregeln eingesetzt werden, wie sie in [Gruhn & Laue 2005] vorgestellt werden, die dann zu »wohlgeformten« EPKs«, wie [Rittgen 2000] sie nennt, führen.

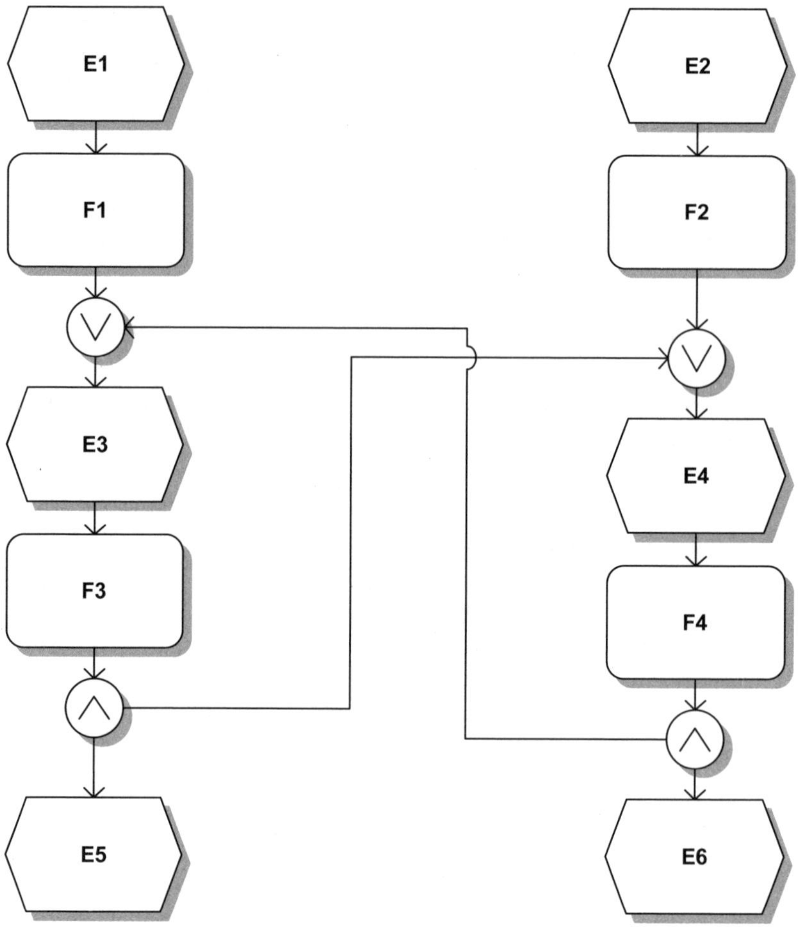

Abb. 4–31 *Beispiel eines sogenannten »Teufelskreises«*

4.6 Erweiterungsvorschläge

Aufgrund des verbreiteten und oft schon langjährigen Einsatzes der EPKs in der Praxis sind im Laufe der Zeit immer wieder Vorschläge für eine Erweiterung der EPKs formuliert worden, um bestimmten Modellierungssituationen, die bisher nur mühsam oder gar nicht abzubilden waren, gerecht zu werden. Eine umfassende Übersicht über derartige EPK-Erweiterungsvorschläge und Varianten findet sich bei [Sarshar et al. 2005], einschließlich einer Sammlung der entsprechenden Quellen zu EPK-Varianten, Erweiterungskonnektoren und sonstigen Erweiterungsvorschlägen. Ihnen gemeinsam ist, dass diese zum Beispiel im Werkzeug ARIS® in der Regel nicht – oder nur über Zusatzkomponenten – umgesetzt sind. Trotzdem sollen kurz einige wichtige herausgegriffen werden, um zu verdeutlichen, an welchen Punkten in der bisherigen ARIS-Konzeption Ergänzungsbedarf festgestellt worden ist.

4.6.1 ET-Konnektor

Einfache Regeln lassen sich in EPKs über Konnektoren abbilden. Komplexere Regeln sollten gesondert modelliert werden, z.B. als Entscheidungstabelle, und mit der betreffenden Funktion verknüpft werden. Rosemann schlägt einen Entscheidungstabellenkonnektor, kurz ET-Konnektor (bzw. in der Quelle »ET-Operator« genannt), zur Hinterlegung einer Entscheidungstabelle hinter einem Konnektor vor, um komplexere Beziehungen als mit den drei Standardkonnektoren ausdrücken zu können. Die Entscheidungstabelle wird symbolisiert durch ein »ET« in einem Konnektorsymbol (vgl. dazu [Rosemann 1996] und das Beispiel in Abb. 4–32). Spalten dienen in der Tabelle der Regelspezifizierung, die per UND verknüpft sind. Sie basieren auf der Erfüllung bzw. Nichterfüllung von Bedingungen (B1 bis B3). Abhängig von der Regel werden bestimmte Aktionen (A1 bis A4) durchgeführt. Falls keine der Regeln R1 bis R4 anwendbar sind, kommt die ELSE-Regel (»sonstige Fälle«) zum Einsatz.

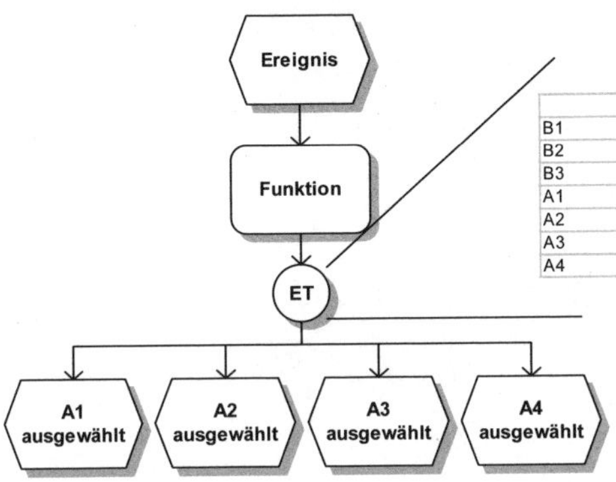

	R1	R2	R3	R4	ELSE
B1	J	J	J	N	
B2	J	J	N	J	
B3	J	N	N	N	
A1	X	X		X	
A2		X	X		
A3			X		X
A4					X

Abb. 4–32 *Veranschaulichung eines ET-Konnektors*

Eine vergleichbare Zielsetzung verfolgen Geschäftsregeln. In [Klückmann 2006] wird gezeigt, wie Geschäftsregeln in eine EPK integriert werden können: An eine Funktion wird ein *Geschäftsregelobjekt* gehängt, das mit einer Entscheidungstabelle hinterlegt wird. Hierfür steht z.B. auch ein spezielles ARIS®-Produkt zur Verfügung (siehe dazu Abschnitt 6.2.13).

4.6.2 SEQ-Konnektor

Ein SEQ-Konnektor (bzw. SEQ-Operator) dient der einfachen Modellierung einer beliebigen Reihenfolge der Ausführung von Funktionen. Es gilt dabei die Vorgabe, dass die Funktionen nicht gleichzeitig ausgeführt werden dürfen, sondern es muss eine nach der anderen ausgeführt werden, ansonsten gibt es aber keine Abhängigkeiten zwischen den Funktionen, die bei der Modellierung zu berücksichtigen wären. Ein Beispiel für eine solche Konstellation bilden flexible Fertigungssysteme (vgl. [Rump 1999]). Ein SEQ-Konnektor würde die recht umständliche Hilfskonstruktion der Modellierung aller alternativen Reihenfolgen ersetzen, die im oberen Teil der Abbildung 4–33 dargestellt ist. Im Teil a) der Abbildung wird hilfsweise explizit eine Entscheidung für eine bestimmte Reihenfolge gefordert, während im Teil b) die Beliebigkeit der Reihenfolge durch den SEQ-Konnektor sehr viel treffender ausgedrückt wird. Es sei darauf hingewiesen, dass im Teil a) der Abbildung unterstellt wird, dass die Funktionen F1 bis F3 lediglich Trivialereignisse als Ergebnisse nach sich ziehen, die konventionsgemäß zur Verbesserung der Übersichtlichkeit des Modells weggelassen werden dürfen, wovon hier Gebrauch gemacht wurde.

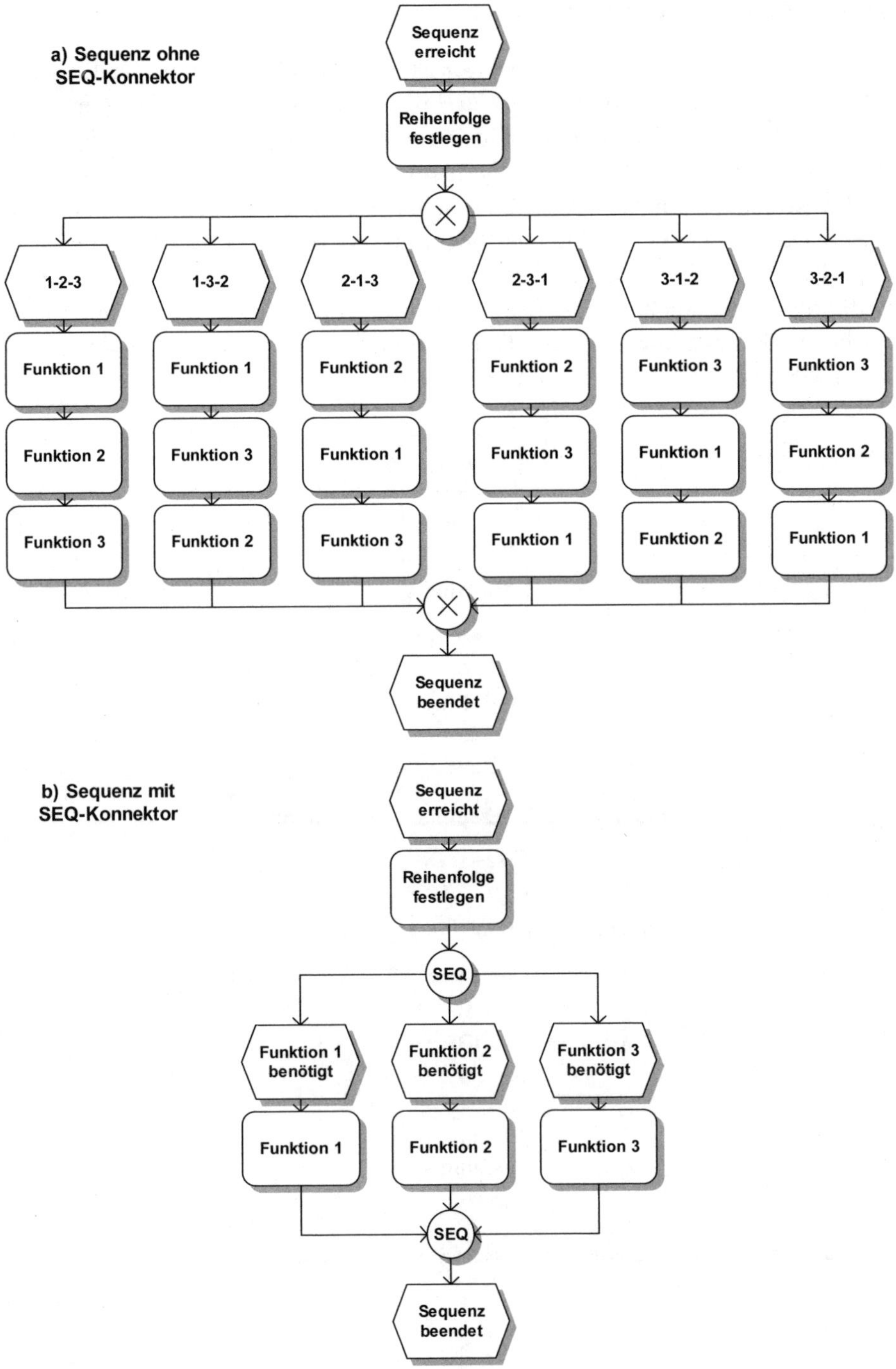

Abb. 4–33 *Modellierung einer beliebigen Reihenfolge*

4.6.3 IOR-Konnektor/OR_1-Konnektor

Der IOR-Konnektor bzw. IOR-Operator ist eine spezielle Form des ODER-Konnektors, bei dem ein bestimmter Zweig (mit »I« oder »1« markiert) immer, die anderen Zweige optional durchlaufen werden (vgl. [Rosemann 1996]). Eine solche Situation ist in der Praxis häufig anzutreffen und durch den gewöhnlichen ODER-Konnektor nur unzureichend – da nicht präzise – abzubilden. Eine äquivalente Darstellung mit den Standardoperatoren UND und XOR ist möglich (vgl. dazu [Rump 1999]), sie ist jedoch etwas umständlich. Aus diesem Grund wird die Einführung eines solchen speziellen Konnektors vorgeschlagen (vgl. Abb. 4–34), der in dem Beispiel bewirkt, dass die Funktion 2 in jedem Fall, die Funktionen 3 und 4 jedoch nur eventuell ausgeführt werden.

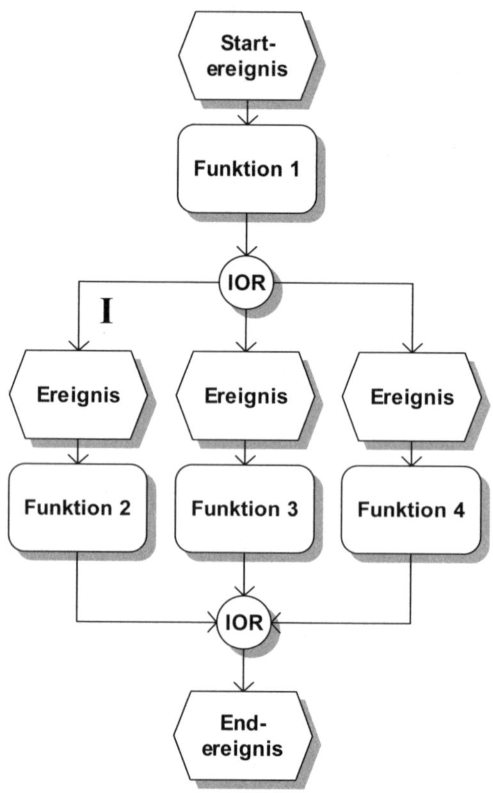

Abb. 4–34 *Veranschaulichung des vorgeschlagenen IOR-Konnektors*

Übung

Übung 13: Modellieren Sie die EPK aus Abbildung 4–34 ohne Nutzung eines IOR-Konnektors.

4.7 Vor- und Nachteile von EPKs

EPKs werden bereits seit Mitte der 1990er-Jahre in der Praxis verbreitet eingesetzt. Aus den Studienplänen der verschiedensten Institutionen des Bildungssektors sind sie ebenfalls nicht mehr wegzudenken. Dementsprechend liegen mittlerweile zahlreiche Einschätzungen über die Vor- und Nachteile von EPKs vor. Angesichts ihres Erfolgs können zahlreiche Vorteile als unstrittig gelten. Auf der anderen Seite finden sich auch immer wieder geäußerte Kritikpunkte am ARIS-Konzept bzw. am gleichnamigen Werkzeug, wobei – wie bereits erläutert – hier nicht immer sauber differenziert wird. Mittlerweile hat auch die Zahl der insgesamt verkauften ARIS®-Lizenzen beträchtliche Höhen erreicht (vgl. Tab. 4–2), insbesondere wenn man bedenkt, dass sich der reguläre Preis einer einzelnen Lizenz im hohen vierstelligen Euro-Bereich bewegt.

Jahr	Kumulierte Zahl der verkauften ARIS®-Lizenzen
1992	Markteinführung
1995	> 2.000
1996	> 5.000
2000	> 20.000
2001	> 25.000
2002	> 30.000
2003	> 40.000
2004	> 50.000
2005	keine Angabe, jedoch Steigerung der ARIS®-Lizenzumsätze um 17%
2006	keine Angabe, jedoch Steigerung der ARIS®-Lizenzumsätze um 39%
2007 (1. Halbjahr)	keine Angabe, jedoch Steigerung der ARIS®-Lizenzumsätze um 41%
Quellen: [IDS Scheer 2002; IDS Scheer 2006a; IDS Scheer 2007a; IDS Scheer 2007b; IDS Scheer o. J.]	

Tab. 4–2 *Übersicht über verkaufte ARIS®-Lizenzen (kumuliert)*

4.7.1 Vorteile

Häufig genannte Vorteile der EPKs zur Prozessmodellierung (vgl. dazu insbesondere [Allweyer 2005a; Richter-von Hagen & Stucky 2004; Rittgen 2000; Rosenkranz 2002; Schütte 1998; Staud 2006]), sind folgende Aspekte:

- **Hoher Verbreitungsgrad**
  EPKs sind relativ weit in der Praxis und in der Lehre verbreitet (vgl. Tab. 4–2). Folglich ist die Wahrscheinlichkeit recht hoch, dass einige Beteiligte an einem Modellierungsvorhaben bereits vorher – im Studium, im Rahmen von Projek-

ten oder durch den Besuch von Weiterbildungsveranstaltungen – mit ihnen in Berührung gekommen sind, sodass an diese Vorkenntnisse angeknüpft werden kann. Für Neueinsteiger in die Methode winkt der Erwerb vielfältig einsetzbaren EPK-Modellierungswissens, das für ihre berufliche Zukunft hilfreich sein kann. Der Einstieg selbst sollte unproblematisch sein, da als weiterer Vorteil von EPKs oft der nächste Aspekt genannt wird.

- **Leichte Erlernbarkeit**
  Es ist kein fundiertes modellierungstechnisches Vorwissen erforderlich, um mit EPKs modellieren zu können, die Erstellung einfacher Modelle gelingt sehr schnell. Für das Anlegen und Pflegen komplexerer Modelllandschaften sind dagegen vertiefte Kenntnisse und Erfahrungen notwendig, wie spätestens nach Abschluss der Lektüre dieses Buchs deutlich geworden sein sollte.
- **Gute Verständlichkeit**
  EPKs gelten im Vergleich zu anderen semiformalen Sprachen oder gar formalen Sprachen als gut und damit allgemein verständlich. Dies trifft auch und gerade für die Verwendung durch Nicht-Informatiker zu, die im Rahmen des Fachkonzepts unbedingt beteiligt werden müssen. Es ist ein bedeutender Vorteil, wenn die eingesetzte Modellierungsmethode, zu der – wie bereits erläutert – eine Sprache und eine Vorgehensweise gehören, es ermöglicht, dass auch Nicht-Informatiker diese verstehen und sich darin ausdrücken können, sodass sie nicht sprachlich ausgegrenzt werden.

  Dies geschieht ganz im Sinne Ludwig Wittgensteins Sinnspruch: »Die Grenzen meiner Sprache sind die Grenzen meiner Welt.« Wer die eingesetzte Modellierungssprache demzufolge nicht beherrscht, kann die entsprechenden Sprachprodukte (die Modelle) nicht lesen und sich erst recht nicht in der Sprache ausdrücken, d.h. selbst Modelle erstellen oder modifizieren. Den Sprachunkundigen fehlt dann oftmals auch das Verständnis für bestimmte Modellierungsaspekte und Zusammenhänge, da diese im Sinne der »Grenzen meiner Welt« das Vorstellungsvermögen der Betreffenden übersteigen. Zur Vermeidung solcher Begrenzungen trägt im Falle der EPKs bei, dass das Ziel der Anschaulichkeit explizit bei ihrer Konzeption verfolgt wurde, stärker als z.B. bei Petrinetzen. Folglich werden realitätsgetreue und exakte Abbildungen der Geschäftsprozesse geschaffen. Ihre gute Nachvollziehbarkeit ist insbesondere der expliziten Einbeziehung von Funktionen und Ereignissen zuzuschreiben.
- **Hohe Flexibilität**
  EPKs erlauben sowohl grobe als auch sehr detaillierte Darstellungen, zudem sind sie bei Einsatz eines entsprechenden Werkzeugs leicht änderbar. Sie können anwendungsübergreifend eingesetzt werden, d.h., sie eignen sich nicht nur zur Modellierung von Abläufen in einem Softwaresystem, sondern sind auch unternehmensweit oder auch unternehmensübergreifend zur Darstellung organisatorischer Prozesse einsetzbar, d.h. auch für Prozesse, die nur teilweise oder überhaupt nicht durch Software unterstützt werden können bzw. sollen.

- **Mächtigkeit**
  Der Modelltyp *eEPK* bietet sehr viele Objekttypen sowie grafische Ausprägungen von Objekttypen zur Erweiterung einer EPK an (vgl. Abschnitt 4.1.2), sodass Verbindungen zu sehr unterschiedlichen anderen Modelltypen hergestellt werden können, je nach Ausrichtung des Modellierungsvorhabens. Außerdem stehen zahlreiche Modelltypen zur Ergänzung einer EPK zur Verfügung, erinnert sei an *eERMs, Ereignisdiagramme, Funktionszuordnungsdiagramme, Organigramme, Produktbäume, Zieldiagramme* usw., die die Modellierung anderer Sichten bzw. das Auslagern von Modellelementen erlauben.
- **Integration**
  EPKs als Kern des ARIS-Konzepts bieten die ausführlich beschriebenen vielfältigen Möglichkeiten zur Integration anderer Sichten, z.B. der organisatorischen Sicht und der Datensicht, über die Nutzung gemeinsamer Objekte. Dies geschieht insbesondere über Hinterlegungsbeziehungen zu *Organigrammen, eERMs, UML-Klassendiagrammen* usw.
- **Durchgängigkeit**
  Aufgrund des Schichtenkonzepts sind Konstrukte für organisatorische und für informationstechnische Aspekte verfügbar, d.h., Prozesse können sowohl unter betriebswirtschaftlichen Gesichtspunkten als auch hinsichtlich ihrer Unterstützung durch Informationssysteme analysiert werden. EPKs dienen als Basis für die Modellierung der Steuerungssicht auf DV-Konzeptebene, die z.B. durch ein Programmablaufdiagramm, ein Maskendiagramm und ein Zugriffsdiagramm erfolgen kann.
- **Basis für Standardsoftwareeinführung**
  EPKs bilden eine wichtige Voraussetzung für den Einsatz betrieblicher Standardsoftware, z.B. dienen sie der Dokumentation der vom ERP-System von SAP unterstützten Prozesse.
- **Gute Werkzeugunterstützung**
  Zahlreiche Werkzeuge unterstützen die Modellierung von EPKs. Dies gilt sowohl für Modellierungswerkzeuge als auch für Grafikwerkzeuge. Eine besonders umfangreiche Unterstützung bietet – aus naheliegenden Gründen – das Werkzeug ARIS® der IDS Scheer AG. Dem Thema Werkzeugunterstützung ist das Kapitel 6 dieses Buchs gewidmet.

4.7.2 Nachteile

Dass EPKs noch nicht ausgereift seien, liest man inzwischen kaum noch. Andere Aspekte werden jedoch immer wieder als nachteilig genannt (vgl. dazu [Allweyer 2005a; Davis 2003; Langner et al. 1997; Rittgen 2000; Rolf 1998; Rosenkranz 2002; Staud 1999; Staud 2006; Uthmann 1997]):

- **Mehrdeutigkeit**
  Es bleibt Spielraum für eigene Interpretationen, da die Bedeutung einiger Konstrukte nicht eindeutig spezifiziert ist, man denke z.B. an den ODER-Konnektor, sodass sie unterschiedlich interpretierbar sind. Dies ist allerdings eher unproblematisch, da im Gegensatz etwa zu Notationen, die auf das Workflow-Management zugeschnitten sind, im Rahmen der Fachkonzeption, für die EPKs vor allem eingesetzt werden, keine absolut eindeutigen Prozessmodelle nötig sind, die direkt als Basis für die Systemsteuerung verwendet werden sollen.

  Es ist auch fraglich, ob Prozessmodelle, die eine solche Eindeutigkeit verkörpern und mit einer anderen Beschreibungssprache als den EPKs modelliert sind, nicht lediglich eine Exaktheit suggerieren, die in diesem frühen Stadium noch gar nicht erreicht sein kann. Ungenauigkeiten bergen allerdings die Gefahr, dass Missverständnisse zwischen Anwendern und Entwicklern erst später entdeckt werden und entsprechend aufwendiger zu beheben sind. Deshalb wird vorgeschlagen, durch ergänzende Word-Dokumente oder Attributpflege Präzisierungen vorzunehmen. Alternativ kann auch dic Ausdrucksmächtigkeit der EPKs begrenzt werden, indem nur solche Konstrukte verwendet werden, die keinen Interpretationsspielraum lassen (vgl. z.B. Abschnitt 4.5.4).
- **Fehlende mathematische Fundierung**
  Dieser formulierte Nachteil deckt sich inhaltlich weitgehend mit dem vorherigen und wird ebenfalls dann spürbar, wenn EPKs als Basis für die Transformation in eine formale Sprache dienen sollen. Für den betriebswirtschaftlich orientierten Sprachbenutzer wird dieser Mangel nur in den seltensten Fällen offenkundig werden und ihn in seiner Arbeit dementsprechend kaum beeinträchtigen. Stattdessen profitiert er von der Flexibilität der Darstellungsmöglichkeiten.
- **Symbolflut**
  Vielfach wird beklagt, dass Benutzer aus der Vielfalt der Objekttypen und ihrer grafischen Ausprägungen die für sie geeigneten auswählen und dementsprechende Modellierungskonventionen für ihren Bereich definieren müssen. Dem kann entgegengehalten werden, dass man durch entsprechende Nutzung angebotener Methodenfilter der Modellierungswerkzeuge sehr leicht bewährte Eingrenzungen übernehmen kann.
- **Überarbeitungsnotwendigkeit der Modelle vor ihrer Weiterverwendung**
  EPK-Modelle müssen, um für andere Anwendungsgebiete (z.B. Workflow-Management, Simulation) geeignet zu sein, grundsätzlich überarbeitet werden. Dies hängt insbesondere mit ihrer potenziellen Mehrdeutigkeit und dem Fehlen einer mathematischen Fundierung zusammen. Die Überarbeitung bietet jedoch neben der Pflicht zur Präzisierung auch die Chance zur kritischen Reflexion des erreichten Modellierungsstands.

- **Benennung von Ereignissen**
  Es ist oftmals nicht einfach, Ereignisse sinnvoll zu definieren und damit aussagekräftig zu benennen. Dies gilt insbesondere für höhere Abstraktionsebenen. Die umfangreiche Verwendung von Trivialereignissen (vgl. Abschnitt 4.1.4.7) führt in der Praxis regelmäßig zu einer kritischen Haltung gegenüber EPKs. Es sollte jedoch in diesem Zusammenhang nicht vergessen werden, dass Ereignisse gerade den besonderen Mehrwert der Beschreibungssprache EPK – nicht umsonst heißt sie *ereignis*gesteuerte Prozesskette – ausmachen und Probleme damit auch durch inhaltliche Modellierungsfehler (vgl. Abschnitt 4.4.2) verursacht sein können, man denke zum Beispiel an die – nicht ratsame – Beschränkung der Modellierung auf den Standardfall, die dazu führt, dass es eben gerade keine oder nur wenige Fallunterscheidungen gibt, wobei gerade Fallunterscheidungen im Gegensatz zu rein sequenziellen Ketten regelmäßig aussagekräftige und somit nicht triviale Ereignisse nach sich ziehen.
- **Statische Sicht auf Prozessstrukturen**
  Es wird beklagt, dass EPKs eine statische Sicht auf Prozessstrukturen abbilden und Simulationen nur mit Erweiterungskomponenten der entsprechenden Werkzeuge möglich sind. Es fehlt ein Markierungskonzept und damit eine direkte Simulations- und Ausführungsmöglichkeit vergleichbar Petrinetzen. Der Einsatz solcher Erweiterungskomponenten verursacht entsprechend höheren Aufwand bei der Modellierung, auch weil dazu eine Reihe von Attributen zu pflegen ist, insbesondere zu Kosten, Durchlaufzeit u.Ä., wobei die Ermittlung bzw. Schätzung der einzelnen Werte oft nicht trivial ist. Einen guten Einstieg in verschiedene Simulationsarten zur Bewertung alternativer Geschäftsprozessvarianten bietet [Ibert & Unterstein 2005].
- **Hoher Schulungs- und Einarbeitungsaufwand**
  Falls mehr als nur einfache Modelle erstellt werden sollen, genügen einfach zu erwerbende Grundlagenkenntnisse nicht mehr. Für aussagekräftige, integrierte und komplexere Modelllandschaften ist entsprechender Aufwand einzuplanen. Häufig müssen dazu interne Spezialisten beschäftigt bzw. externe Spezialisten engagiert werden.
- **Hoher Preis**
  Die Lizenzkosten einiger Werkzeuge zur Geschäftsprozessmodellierung sind nicht unerheblich. Falls EPKs nur in beschränktem Umfang zur Dokumentation erstellt werden sollen, empfiehlt sich der Verzicht auf teure Werkzeuge zugunsten der Nutzung geeigneter Grafikwerkzeuge, die in der Regel bereits im Unternehmen bzw. für Studierende privat oder an der Hochschule verfügbar sind. Zumindest können Grafikwerkzeuge auch außerhalb der Prozessmodellierung vielfältig eingesetzt werden. Man kann schlussfolgern, dass eine begrenzte EPK-Modellierung auch ohne hochpreisige Modellierungswerkzeuge möglich ist (siehe dazu Kapitel 6).

- **Grenzen der EPKs**

  Ungeeignet zur Modellierung als Prozesse und damit auch zur Modellierung als EPK gelten generell folgende Einsatzgebiete:

  - Abbildung wenig standardisierter Abläufe mit diversen Optionen,
  - Abbildung kreativer und komplexer Tätigkeiten, z.B. Projektplanungen,
  - Vorhaben zur Optimierung der Auslastung von Ressourcen, da man hier an die Grenzen der Prozessorientierung generell stößt.

  Man kann sich bei den genannten Grenzen allerdings fragen, ob es sich hierbei tatsächlich um Nachteile handelt, die man speziell den EPKs zuschreiben darf.

Zusammenfassend lässt sich feststellen, dass die Vorteile der EPKs ihre Nachteile deutlich überwiegen. Hinzu kommt, dass einige der genannten Nachteile weniger den EPKs oder dem ARIS-Konzept als vielmehr dem Werkzeug ARIS® anzulasten sind, wobei es mittlerweile schwierig geworden ist, von Nachteilen des Werkzeugs ARIS® im Allgemeinen zu sprechen, da es inzwischen eine ganze Familie von ARIS®-Werkzeugen gibt, deren Familienmitglieder auf unterschiedliche Zielgruppen und Einsatzzwecke zugeschnitten sind (siehe dazu Abschnitt 6.2.13). Auf quasi jeden genannten Nachteil der EPKs sind Lösungswege skizziert worden, wie er abzumildern oder sogar in einen Vorteil umzumünzen ist, sodass den zahlreichen Vorteilen keine gravierenden Nachteile mehr gegenüberstehen.

5 Organisation der Modellierungsarbeit

Ergänzend zu den bereits vorgestellten Konventionen (vgl. Abschnitt 4.1.4), mit deren Hilfe die Modellierungsarbeit in einem Unternehmen vereinheitlicht werden kann, wodurch unter dem Strich ein deutlich höherer Nutzen der Modellierungsergebnisse erzielt wird, werden in diesem Kapitel noch einige Empfehlungen gegeben, die sich zur Organisation der Modellierung mit EPKs bewährt haben.

5.1 Projektplanung

Prozessmodellierung erfolgt häufig im Rahmen der frühen Phasen eines Projekts zur Organisationsgestaltung oder Anwendungssystementwicklung. Nur in seltenen Fällen stellen Prozessmodelle das Endergebnis eines Projekts dar, vorstellbar wäre dies bei einem Projekt, das die umfassende Modellierung der Geschäftsprozesse eines Unternehmens zum Ziel hat. Aufgrund des hohen Aufwands und mangels direkt zurechenbarer Nutzeffekte dürften Projekte dieser Art jedoch die große Ausnahme bilden und wären auch im Sinne des Modellierungsgrundsatzes der Wirtschaftlichkeit kritisch zu hinterfragen. Folglich nimmt die Modellierungsarbeit meist nicht den Hauptteil der Projektlaufzeit ein. Sie fällt in der Regel in den frühen Projektphasen an.

Angelehnt an [Davis 2003] ist eine Reihe von Punkten zu beachten, die für den Erfolg der Modellierungsarbeit im Rahmen eines Projekts maßgeblich sind. Zentrale Frage muss dabei sein, weshalb überhaupt modelliert werden soll. Mögliche Antworten darauf sind gemäß Davis:

- **Strategische Planung**
  Sie setzt Prozessmodelle auf hohem Abstraktionsniveau voraus, um Führungskräften zielgruppengerecht Entscheidungsunterstützung zu bieten.
- **Prozessanalyse und -verbesserung**
  Zur Analyse der Unternehmensprozesse werden detaillierte Modelle und damit im Rahmen der ARIS-Konzeption stets EPKs eingesetzt, wohingegen zur strategischen Planung auch andere Modelltypen genügen können, z.B.

Wertschöpfungskettendiagramme (vgl. Abschnitt 4.2.4). Im Fokus können dabei Geschäftsprozesse insgesamt oder auch Teilprozesse sein. Das Thema »Prozessanalyse« wird in Abschnitt 5.5 näher betrachtet.

- **Aufbau eines Unternehmensprozessmodells**
  Angestrebt wird eine umfassende Erfassung der Prozesse im Unternehmen über verschiedene Detaillierungsebenen hinweg. Die isolierte Verfolgung dieser Zielsetzung erscheint unter wirtschaftlichen Gesichtspunkten jedoch fragwürdig, da hierzu ein recht hoher Aufwand betrieben werden kann, ohne dass dem ein konkreter Nutzen gegenüberstehen muss und ohne dass gewährleistet ist, dass die Prozessmodelle stets auf dem aktuellen Stand sind. Der Erfolg eines Unternehmensprozessmodells steht und fällt damit, dass es nicht nur von und für Prozessmodellierungsexperten erstellt und gepflegt wird, sondern auch umfassend im Unternehmen verankert und genutzt wird. Dazu gehört auch, dass Führungskräfte aus den Fachabteilungen für das Aktuellhalten der einzelnen Prozessmodelle und damit zugleich für Teile des Unternehmensprozessmodells als Prozessverantwortliche benannt werden. Gelingt dies, so kann die durch ein im Unternehmen veröffentlichtes Unternehmensprozessmodell verkörperte Transparenz für das Management genauso wie für alle anderen Mitarbeiter zur Orientierung über organisatorische Zusammenhänge, zur Einordnung eigener Aufgaben und – im Falle des Managements – als Basis zur Entwicklung strategischer Konzepte dienen.
- **Systementwicklung**
  Zur Entwicklung von Anwendungssystemen sind spätestens nach Abschluss der frühen Phasen exakte, detaillierte und widerspruchsfreie Prozessmodelle nötig. In der Regel werden Systeme nicht direkt auf Basis von EPKs entwickelt. Vielmehr erfolgt meist eine Transformation in formal besser fundierte Modelle, z.B. in UML-Diagramme (siehe dazu Abschnitt 5.6).

Nachdem geklärt ist, warum überhaupt modelliert werden soll, muss festgelegt werden, welche Sichten auf die Prozesse von Interesse sind (vgl. Abschnitt 3.1.1). Es sei daran erinnert, dass zur umfassenden Darstellung eines Prozesses auch andere Sichten als die Prozesssicht relevant sein können und diese in der Prozesssicht gemäß dem Integrationskonzept von ARIS zusammengeführt werden können, wobei zu prüfen ist, inwieweit z.B. Organisationseinheiten und Entitytypen bereits modelliert worden sind und dementsprechend wiederverwendet werden können. Des Weiteren sind inhaltliche Abgrenzungen notwendig. Es muss klar festgelegt werden, welcher Realitätsausschnitt aus welcher Sicht modelliert werden soll, d.h., für welchen Bereich Prozesse, aufbauorganisatorische Einheiten, Entitytypen oder Anwendungssysteme zu modellieren sind. Im Sinne von Abschnitt 4.4.2 ist darauf zu achten, dass man sich über den Zeitbezug der Modelle Gedanken macht. Es muss insbesondere entschieden werden, ob man den Istzustand, einen Sollzustand oder beides (in getrennten Modellen!) modellieren möchte.

Vor Projektbeginn sind in Anlehnung an [Davis 2003] folgende Punkte zu klären:

- Wer ist der Auftraggeber eines Modells? Von ihm hängt es zum Schluss ab, ob ein Modellierungsvorhaben als Erfolg verbucht werden kann oder nicht.
- Wer werden die Nutzer der Prozessmodelle sein? Denn es ist sehr wichtig, sich bei der Modellierung auch an deren Bedürfnissen, Sichtweisen und Wünschen zu orientieren.
- Welche Ergebnisse werden vom Modell erwartet? Davon sind Sichten und Detaillierungsgrade der Modellierung abhängig zu machen.
- Sollen lediglich Analyseergebnisse, die aus der genauen Untersuchung der EPKs gewonnen werden, als Ausgangsbasis für Veränderungen interessieren oder sollen die Prozessmodelle an sich als Fundament der Entwicklung von Anwendungssystemen bzw. als Bausteine übergreifender Modelle Verwendung finden?
- Mithilfe welchen Mediums sollen die Modellierungsergebnisse genutzt werden? Dies wird nicht selten auch heute noch das Medium Papier sein, da dieses zwischen dem Format DIN A4 und wandtapetenartigen Darstellungen, die das Format DIN A0 durchaus überschreiten können, quasi beliebig große Modelldarstellungen erlaubt, die dem verbreiteten Wunsch nach einem mehr oder weniger detaillierten Überblick in nur einem Modell entgegenkommen. Wichtig ist in vielen Unternehmen auch die Veröffentlichung der Prozessmodelle im Intranet, wobei dies der Information aller Mitarbeiter dient, üblicherweise jedoch erst nach Durchlaufen einer Freigabeprozedur stattfindet, wohingegen Papier in allen Phasen der Modellentstehung und -nutzung eine Rolle spielt. Im Intranet stehen in der Regel bereits beschränkte Navigationsmöglichkeiten zur Verfügung. Besonders komfortabel ist selbstredend die Nutzung der Modellierungsergebnisse über ein eingesetztes Werkzeug zur Prozessmodellierung mit vollem Funktionsumfang, z.B. das ARIS® Toolset. Angesichts häufig hoher Lizenz- und Schulungskosten ist dies jedoch keine Alternative für einen breiteren Nutzerkreis. Für die unternehmensweite Nutzung gibt es spezielle ARIS®-Varianten (vgl. dazu auch Abschnitt 6.2.13). Die eingesetzten Medien sind somit wichtig bei der Gestaltung der Modelle, z.B. hinsichtlich Modellgröße und Navigationsnotwendigkeit. Während das Medium Papier auch für großformatige Modelle grundsätzlich geeignet ist, selbst wenn dazu spezielle Drucker oder etwas Fleißarbeit beim Zusammensetzen der einzelnen Teile notwendig ist, sind großformatige Modelle zur Veröffentlichung im Intranet untauglich, da die Bildschirmgröße der Benutzer zwangsläufig beschränkt ist und beim Hin- und Herblättern in größeren Modellen schnell der Überblick verloren geht. Andererseits ist der Änderungsaufwand beim Präsentationsmedium Papier nicht zu vernachlässigen. Demzufolge sollten die vorgestellten Zerlegungsmöglichkeiten von EPKs für zu groß gewordene Modelle ausgiebig genutzt werden, um den Problemen im

Umgang mit großformatigen Modellen aus dem Weg zu gehen. Dies ist insbesondere dann ratsam, wenn die Modelle mithilfe eines Geschäftsprozessmodellierungswerkzeugs betrachtet werden. In diesem Fall können die werkzeugseitig gebotenen komfortablen Navigationsmöglichkeiten berücksichtigt werden, z.B. zur Navigation in einer komplexen Modellhierarchie, wobei durchaus auch mehrere Modelle (verschiedenen Typs!) hinter einer Funktion gleichzeitig hinterlegt sein und per Auswahlliste aufgerufen werden können. Derartig komplexe Modelllandschaften können bei Nutzung anderer Medien die Benutzer mental schnell überfordern.

- Wie viel Zeit wird zur (fachlichen) Prüfung seitens der Auftraggeber oder der fachlichen Experten investiert werden? Ist eine eher oberflächliche Betrachtung zu erwarten, so ist dem hinsichtlich des Modellierungsaufwands Rechnung zu tragen. Beispielsweise erübrigt sich in einem solchen Fall die umfassende Pflege von Attributen. Dagegen sind Attribute erschöpfend zu erfassen, falls die Prozessmodelle zur Simulation oder zur detaillierten Dokumentation der Ablauforganisation verwendet werden sollen.
- Sollen Ergebnisse unternehmensweit – z.B. im Intranet – oder sogar darüber hinaus veröffentlicht werden? Je nach Umfang der Verbreitung ist zu prüfen, welcher Detaillierungsgrad für einen Überblick für die jeweilige Zielgruppe ausreichend ist und gleichzeitig keine für den Unternehmenserfolg entscheidenden Einzelheiten der Prozessgestaltung preisgibt.
- Sind unterschiedliche Zielgruppen mit unterschiedlichen Perspektiven zu berücksichtigen? Einige der möglichen Zielgruppen und ihre spezifischen Anforderungen wurden bereits genannt. Sollen z.B. Manager mit Überblicksdarstellungen und gleichzeitig Benutzer mit detaillierten Teilprozessmodellen versorgt werden, müssen entsprechend hierarchisch geschachtelte Prozessmodelle entwickelt werden, die den Ansprüchen beider Zielgruppen genügen, indem zielgruppenspezifische Darstellungen bestimmter Prozessebenen verfügbar sind.
- Wem im Unternehmen steht das zur Modellierung eingesetzte Werkzeug zur Verfügung? Davon ist es abhängig, inwieweit überhaupt andere Präsentations- und Navigationsmöglichkeiten angeboten werden müssen. Bei einer flächendeckenden Ausstattung der Arbeitsplätze mit dem Werkzeug kann dies entfallen. Häufig werden vor allem aus Kostengründen jedoch nicht alle Beschäftigten mit dem Werkzeug arbeiten können, zumal es auch übertrieben wäre, für ein gelegentliches Betrachten ein teures und in der Benutzung meist gewöhnungsbedürftiges Werkzeug bereitzustellen. Manche Hersteller bieten ergänzend jedoch wie bereits erwähnt eine Produktvariante an, die gerade den unternehmensweiten Zugriff auf die Modelle per Intranet ermöglicht, allerdings mit reduzierter Funktionalität gegenüber dem eigentlichen Modellierungswerkzeug (siehe dazu Abschnitt 6.2.13).

- Sollen die Modelle zum Business Process Reengineering (vgl. Abschnitt 2.1.3), eingesetzt werden? Business Process Reengineering bedeutet prinzipiell die radikale Loslösung von bisherigen Prozessen, sodass vorrangig eine Sollmodellierung zu betreiben ist. Business-Process-Reengineering-Projekte scheitern jedoch oftmals daran, dass man auch bis dahin gut laufende Teilprozesse neu gestaltet und damit tendenziell eine Verschlechterung und Akzeptanzprobleme provoziert. Folglich sollte stets auch eine Istmodellierung stattfinden. Anhand der Istmodelle sind sowohl Schwachstellen der bisherigen Prozesse als auch Stärken derselben zu identifizieren, um gezielt ineffiziente und gleichzeitig wichtige Teilprozesse umzugestalten, andere, gut laufende dagegen so weit wie möglich unangetastet zu lassen. Dies widerspricht zwar etwas der reinen Lehre des Business Process Reengineering, erhöht jedoch die Erfolgswahrscheinlichkeit solcher Vorhaben beträchtlich.
- Ist eine Simulation der Prozesse beabsichtigt? Davon hängt es ab, ob – wie schon erwähnt – bestimmte Attribute bezüglich Zeit und Kosten zu pflegen sind, vor allem aber, ob ein spezielles Werkzeug mit einer Simulationskomponente benötigt wird.

5.2 Rollen in der Modellierung

EPK-Modellierung im Unternehmen erfolgt in der Regel arbeitsteilig, da mit teuren Geschäftsprozessmodellierungswerkzeugen Ziele verfolgt werden, die gewöhnlich über den Arbeitsbereich eines Einzelnen hinausreichen. Es käme dem sprichwörtlichen »Schießen mit Kanonen auf Spatzen« gleich, diese lediglich als besondere Grafikwerkzeuge zur komfortablen Erstellung einfacher Prozessmodelle einzusetzen. Es ist grundsätzlich jedoch möglich, sie nebenbei auch für andere Zwecke als die reine, professionelle und integrierte Prozessmodellierung zu nutzen und sie dadurch bei Management und Mitarbeitern populär zu machen, solange eine klare Trennlinie zwischen der eigentlichen Zielsetzung der arbeitsteiligen Prozessmodellierung sowie den sonstigen Nutzungen gezogen werden kann, beispielsweise mittels unterschiedlicher Datenbanken für die verschiedenen Einsatzzwecke. Ein weiteres Argument für die Notwendigkeit der arbeitsteiligen Modellierung besteht darin, dass nur in seltenen Fällen Mitarbeiter sowohl umfassende inhaltlich-fachliche Kenntnisse als auch vertiefte methodische Kenntnisse in der Modellierung besitzen werden.

Sollen somit die EPK-Modellierungsaktivitäten systematisch in der Organisationsstruktur verankert und nicht nur sporadisch und in stark begrenztem Umfang durchgeführt werden, so wird man die Modellierungsarbeit klar auf verschiedene Beteiligte aufteilen, die dann unterschiedliche Rollen einnehmen. Diese Rollen werden nachfolgend beschrieben. Angestoßen werden die Modellierungsaktivitäten in der Regel durch den **Auftraggeber** eines Projekts, das beispielsweise die Entwicklung eines Anwendungssystems oder die Einführung einer Standardsoftware zum Ziel hat. Dieser Auftraggeber kann je nach Art und Umfang des Projekts einer entsprechenden Managementebene angehören oder auch ein externer Kunde sein.

Die eigentliche Modellierung übernehmen **Modellierer.** Diese können in den fachlich zuständigen Bereichen oder in einer zentralen Einheit beheimatet sein. Die Erstellung der Modelle erfolgt auf der Basis von Prozessbeschreibungen, die aus Quellen unterschiedlichster Art bezogen werden. Wichtige Quellen sind interne und externe Experten sowie Führungskräfte und Mitarbeiter des betreffenden Gebiets, die zu den Prozessen befragt werden. Letztere kennen Hintergründe, Zusammenhänge, Schwachstellen und praktizierte, jedoch nicht dokumentierte Verfahrensweisen besonders gut. Es wird sich dabei häufig auch um die späteren Benutzer der auf der Basis der Prozessmodelle zu entwickelnden Anwendungssysteme bzw. der einzuführenden Standardsoftware handeln.

In manchen Unternehmen werden für die Rolle des Modellierers bestimmte Anwender als Multiplikatoren ausgewählt, um ein sogenanntes »Key-User-Konzept« zu etablieren. Dies bedeutet, dass die ausgewählten Mitarbeiter besonders gründlich in der Modellierung und ihrer Hintergründe geschult werden, um danach als motivierte, dezentrale Ansprechpartner in den Fachabteilungen für alle die Modellierung betreffenden Fragen der dort an der Modellierungsarbeit beteiligten Mitarbeiter zur Verfügung zu stehen. Man verspricht sich dadurch eine größere Bereitschaft der Mitarbeiter in den Fachabteilungen, sich mit dem Thema Modellierung zu beschäftigen, da sie einen ihnen bekannten Ansprechpartner haben, der »ihre Sprache spricht«. Außerdem erhofft man sich eine höhere inhaltliche Qualität der Modellierungsergebnisse und nicht zuletzt natürlich auch eine Entlastung der zentral angesiedelten Methodenexperten. Es gibt jedoch auch kritische Stimmen, die bezweifeln, ob sich Investitionen in die Ausbildung von Multiplikatoren (bzw. Schlüsselanwendern) lohnen, da erfahrungsgemäß durch verschiedene Faktoren wie Wechsel von Aufgabengebieten, Fluktuation und nur unregelmäßig anfallende Modellierungsaktivitäten selten die dafür nötige Konstanz und Auslastung der Multiplikatoren erreicht werden.

Für sporadische Modellierungsaktivitäten oder einmalig anfallende Modellierungsaufgaben im Rahmen der frühen Phasen eines Projekts bietet sich alternativ zum Multiplikatorenkonzept auch der in der Praxis häufig praktizierte Einsatz externer Berater an. Diese bringen entsprechende Modellierungserfahrung aus anderen Unternehmen mit und rechnen sich somit in der Regel trotz der höheren Kosten im Vergleich zu internen Mitarbeitern, wenn man Schulungsaufwand und zeitliche Verzögerung bei der Lieferung der Modellierungsergebnisse im Falle der internen Mitarbeiter mit einkalkuliert. Dies gilt uneingeschränkt jedoch nur so lange, wie es sich tatsächlich um einmalige Modellierungsaktionen handelt. Sobald Modellierungsergebnisse integriert, gepflegt und wiederverwendet werden sollen, wozu zu raten ist, um damit dauerhaft Nutzen aus der Prozessmodellierung zu ziehen und echtes Geschäftsprozessmanagement betreiben zu können, kommt man nicht umhin, parallel interne Mitarbeiter auszubilden, falls man sich nicht in dauerhafte Abhängigkeit von externen Spezialisten begeben will.

Modellierer können im Übrigen auch für die kontinuierliche Pflege von Prozessmodellen zuständig sein. Für derartige Aktualisierungen der Prozessmodelle werden sie idealtypisch von **Prozessverantwortlichen** beauftragt, die die Änderungen jedoch auch selbst vornehmen können. Prozessverantwortliche sind spätestens nach Abschluss der Erstellung eines Modells zu benennen. Sie sind an der fachlichen Abnahme der Modelle maßgeblich beteiligt. Sie übernehmen die Verantwortung dafür, dass die Prozessmodelle regelmäßig überprüft und an die Realität angepasst werden. Für weitere unternehmensspezifisch zu regelnde Einzelheiten des Aufgabenspektrums von Prozessverantwortlichen sei auf [Schmelzer & Sesselmann 2006] verwiesen. Prozessverantwortliche sind in der Regel in den entsprechenden Fachabteilungen angesiedelt. Es handelt sich je nach Bedeutung des Prozesses nicht selten um Angehörige des unteren und mittleren Managements oder um entsprechende interne Spezialisten.

ARIS-Methodenexperten sind für die methodische Abnahme der Modellierungsergebnisse zuständig. Sie müssen deshalb die ARIS-Konzeption und das eingesetzte Werkzeug in besonderem Maße beherrschen. Sie prüfen im Rahmen der Abnahme, ob die in einem Unternehmen festgelegten Regeln und Konventionen der EPK-Modellierung eingehalten wurden. Es ist vorab festzulegen, wie mit Regel- und Konventionsverletzungen umgegangen werden soll, d.h. zum Beispiel, inwieweit ein ARIS-Methodenexperte ohne Rücksprache mit dem Modellierer Veränderungen vornehmen darf und muss, damit die geltenden Regeln und Konventionen eingehalten werden. Sie beraten die Modellierer bei eventuellen Problemen mit der Modellierung und gegebenenfalls auch mit dem Werkzeugeinsatz. Ferner unterbreiten sie Vorschläge zur Veränderung der Modellstruktur und zur Integration der Modellierungsergebnisse in übergeordnete Modelle, z.B. in ein Unternehmensprozessmodell. Häufig übernehmen ARIS-Methodenexperten auch die Schulung von Mitarbeitern aus Fachabteilungen, die EPKs modellieren sollen. Grundlagenschulungen können selbstverständlich auch durch externe Anbieter übernommen werden.

Ergänzend sollten jedoch unbedingt die unternehmensinternen Konventionen zur EPK-Modellierung vermittelt werden. Dies kann mithilfe ergänzender Schulungen durch interne ARIS-Methodenexperten, aber auch durch das Veröffentlichen entsprechender unternehmensinterner Handbücher geschehen, die wiederum von den ARIS-Methodenexperten zu verfassen sind. Darüber hinaus sind ARIS-Methodenexperten meist auch für Aufbau und Pflege übergreifend nutzbarer Objektbibliotheken zuständig, die z.B. Organisationseinheiten, Entitytypen oder Anwendungssysteme beinhalten, deren konsequente Nutzung für Modellierungsaktivitäten in allen Bereichen des Unternehmens obligatorisch sein sollte. Eine wichtige Aufgabe besteht schließlich in der Koordination übergreifender

Modellierungsaktivitäten, d.h., ARIS-Methodenexperten sind an der Koordination der Schnittstellen zwischen verschiedenen Modellierungsvorhaben oder Fachbereichen und bei der Abstimmung von Änderungen von gemeinsam genutzten Objekten beteiligt, jeweils zusammen mit den betroffenen Prozessverantwortlichen.

Nicht vergessen werden sollte, dass die Modelle und das bei größeren Modellierungsvorhaben zwangsläufig eingesetzte Modellierungswerkzeug samt der eventuell dazugehörigen Datenbank auch administriert werden müssen. Diese Aufgaben übernehmen **Administratoren.** Sie verwalten die Benutzer und ihre Berechtigungen hinsichtlich der einzelnen Modelle und der Datenbanken. Berechtigungen können von Leserechten, bezogen auf einzelne Modelle, bis hin zu umfassenden datenbankweiten Zugriffsrechten und sogenannten »Funktionsrechten« – z.B. zur Benutzerverwaltung – reichen. Ein entsprechendes Berechtigungskonzept ist dazu in Abstimmung mit den ARIS-Methodenexperten zu erarbeiten. Den Administratoren obliegt es außerdem, das Werkzeug zu installieren, die Lizenzen zu verwalten, Aktualisierungen des Werkzeugs einzuspielen, Datenbanken anzulegen und zu pflegen, Berichte über den Modell- und Objektbestand zu erstellen, Sicherungen vorzunehmen und Modelle im Intranet zu veröffentlichen, sofern dies jeweils nicht zentral durch entsprechende Spezialisten im Unternehmen übernommen wird.

Selbstverständlich hängt es von der Größe des Unternehmens und seiner Modellierungsaktivitäten ab, ob die genannten Rollen jeweils als haupt- oder nebenamtliche Aufgaben wahrgenommen werden müssen und wie viele Mitarbeiter dieselbe Rolle gleichzeitig übernehmen. Umgekehrt ist es möglich, dass mehrere Rollen von einem Mitarbeiter in Personalunion besetzt werden, z.B. die Rollen *Modellierer, ARIS-Methodenexperte* und ggf. auch noch *Administrator.* Als Mindestarbeitsteilung dürfte eine Aufteilung in eine fachliche und eine administrativ-methodische Verantwortung gelten.

5.3 Qualitätssicherung

Nachdem im Zuge der Beschreibung der Rollen in der arbeitsteiligen Modellierung bereits einige Aspekte der Qualitätssicherung von Modellen angesprochen worden sind, sollen diese hier noch etwas vertieft werden. Mit [Grief 2005] ist zu empfehlen, die Modelle gemeinsam von ARIS-Modellierern und anderen Projektbeteiligten (Methodenexperten, Fachexperten usw.) prüfen zu lassen. Dabei dürften ganz zwangsläufig Diskussionen hinsichtlich der Verständlichkeit und Korrektheit der Modelle, sowohl inhaltlich als auch methodisch, geführt werden. Eine solche Verfahrensweise verhindert erfahrungsgemäß das Entstehen allzu eleganter und schlanker, für Außenstehende gleichzeitig jedoch schwer verständlicher Modelle. Daneben – und dies ist sicher oftmals noch wichtiger – dürften im Rahmen dieser Prüfungen und der daraus resultierenden Diskussionen semantische Fehler entdeckt werden, d.h. Punkte, an denen die Realität inhaltlich nicht korrekt abgebildet worden ist. Derartige Diskussionen sollten in regelmäßigen Abständen geführt werden, d.h., die Modellierer sollten sich nicht mit den Modellen und den fachlichen Anforderungen dauerhaft zurückziehen.

Nach Möglichkeit sollten bei diesen Diskussionen auch Endanwender beteiligt werden, selbst wenn dies zunächst als zu anspruchsvoll für diese Gruppe eingestuft werden sollte oder zu aufwendig erscheint. Wesentliche Vorteile liegen in der höheren Akzeptanz von Modellen und der ARIS-Konzeption durch die Endanwender sowie einer Kompetenzentwicklung durch die Beteiligung der Endanwender an der Modellentwicklung. Dies kann bei den Endanwendern generell zu größerer Offenheit für Neuerungen – z.B. Prozessveränderungen – und höherer Qualität ihrer Arbeitsergebnisse aufgrund gesteigerter Motivation ihrerseits führen, die durch den Eindruck einer größeren Wertschätzung ihrer Meinung bzw. Erfahrung seitens des Unternehmens bei ihnen hervorgerufen wird.

Die Qualitätssicherung eines einzelnen Prozessmodells kann sehr systematisch erfolgen. Davis schlägt hierfür ein Vorgehensmodell zur Qualitätssicherung von Prozessmodellen vor, das folgende Schritte umfasst (vgl. [Davis 2003]):

Schritt 1: Gehen Sie einen Abschnitt des Prozesses Funktion für Funktion durch.

Schritt 2: Identifizieren Sie auslösende Ereignisse und Ergebnisse für jede Funktion.

- Prüfen Sie, ob die auslösenden Ereignisse notwendig und ausreichend sind.
- Prüfen Sie die Logik, d.h. die Auswirkungen des Zusammenspiels mehrerer Auslöser.
- Stellen Sie sicher, dass alle Ergebnisse identifiziert sind.
- Stellen Sie sicher, dass Abbruchbedingungen identifiziert sind.

Schritt 3: Legen Sie die wesentlichen Stellen, an denen Entscheidungen im Prozess zu fällen sind, fest:

- Gewährleisten Sie, dass eine Funktion die Entscheidung trifft, nicht ein Ereignis.
- Wählen Sie den korrekten Konnektor (in der Regel ist dies der XOR-Konnektor).

Schritt 4: Legen Sie Verzweigungen und Schnittstellen zu anderen Prozessen fest.

- Prüfen Sie, ob Zweige aktuell parallel laufen.
- Prüfen Sie, ob auf Sprünge zu anderen Prozessen wieder entsprechende Rücksprünge von diesen Prozessen zum betrachteten Prozess folgen.

- Prüfen Sie, ob eine grobe Modellierung dieser anderen Prozesse im Sinne »außerhalb des eigenen Betrachtungs- bzw. Verantwortungsbereichs« genügt (dies ist beispielsweise mithilfe von Prozessschnittstellen zu realisieren).

Schritt 5: Definieren Sie die relevanten Attribute in Abhängigkeit vom geplanten Einsatz von Komponenten zur Simulation oder Prozesskostenrechnung:

- Prozesszeiten
- Prozesskosten
- unterstützende Informationen

Schritt 6: Identifizieren Sie Eingabe- und Ausgabedaten für jede Funktion.

- Identifizieren Sie Informationsträger.
- Prüfen Sie, wo Eingabedaten entstehen. (Sind sie das Ergebnis eines vorhergehenden Prozessschritts?)
- Prüfen Sie, an welcher Stelle Ausgabedaten verwendet werden.
- Beschaffen Sie sich Kopien der Dokumente und Formulare, die die Datenobjekte abbilden, damit Sie eine Vorstellung davon gewinnen.
- Beschaffen Sie sich Datendefinitionen und Datenmodelle.

Schritt 7: Identifizieren Sie Systeme, Organisationen bzw. Organisationseinheiten und Ressourcen, die die einzelnen Funktionen unterstützen.

- Fragen Sie, wie der Prozess von einer Organisation(seinheit) zur anderen übergeben wird.
- Fragen Sie, wie der Prozess von einem System zum anderen übergeben wird.
- Falls Übergaben für den Prozess wichtig sind, dann modellieren Sie sie explizit.

Schritt 8: Identifizieren Sie das zur Funktionsausführung benötigte Wissen:

- spezielle Fähigkeiten
- dokumentiertes Wissen und Vorgehensweisen
- relevante Dokumente (die möglichst mit den entsprechenden Quellen verknüpft werden sollten)

Schritt 9: Prüfen Sie, ob danach die Auslagerung der Erweiterungsobjekte in Funktionszuordnungsdiagramme sinnvoll ist.

Schritt 10: Überarbeiten Sie die äußere Gestalt der EPK.

Schritt 11: Wiederholen Sie die Schritte 1 bis 10 so lange, bis alle Prozessabschnitte modelliert sind.

Schritt 12: Überprüfen Sie alle Datenobjekte.

- Prüfen Sie, ob alle Eingabedaten im Rahmen des Prozesses vorab erstellt worden sind.

- Falls dies nicht der Fall ist, prüfen Sie, ob sie außerhalb erstellt und korrekt modelliert worden sind.
- Prüfen Sie, ob alle Ausgabedaten später im Prozess verwendet werden.
- Falls dies nicht der Fall ist, prüfen Sie, wo sie verwendet werden, und modellieren Sie die Übergabe.

Schritt 13: Überprüfen Sie alle Organisations- und Systemobjekte.

- Prüfen Sie, ob die Beziehungen zwischen ihnen klar sind.
- Falls dies nicht der Fall ist, modellieren Sie ein einfaches Organigramm, um die Beziehungen zwischen den Organisationsobjekten zu klären.
- Modellieren Sie ein einfaches Anwendungssystemtypdiagramm, um die Beziehungen zwischen den Systemobjekten zu klären.

Dieses Vorgehensmodell kann von den Modellierern selbst, zum Teil jedoch auch von den für die Modellabnahme zuständigen ARIS-Methodenexperten eingesetzt werden. Das heißt, Modellierer und Methodenexperten werden sich vielfach dieselben Fragen stellen müssen, sodass auch im Detail ein Vieraugenprinzip gewährleistet sein sollte. Dabei ist offensichtlich, dass mit diesem Vorgehensmodell die wesentlichen, jedoch nicht alle theoretisch möglichen Aspekte der Modellierungsarbeit abzudecken sind, beispielsweise werden nur wenige Erweiterungsobjekte berücksichtigt.

5.4 Strategien zur Komplexitätsbeherrschung

Je detaillierter modelliert wird, desto komplexere Prozessketten mit umso mehr Rücksprüngen, Verzweigungen und Prozessverknüpfungen entstehen. Insgesamt nimmt die Zahl der Objekte im Zuge fortschreitender Modellierungsaktivitäten tendenziell immer weiter zu. Die immer detaillierter werdenden EPKs zu verstehen wird dadurch methodisch immer anspruchsvoller. Somit werden Strategien zur Beherrschung der Komplexität notwendig. Die wichtigsten Strategien sind in Abschnitt 4.2 vorgestellt worden. Es hat sich demzufolge bewährt, komplexe Modelle horizontal oder vertikal in Teilmodelle zu zerlegen. Eine andere Möglichkeit besteht darin, Prozessmodelle auf hohem Abstraktionsniveau zu erstellen, Staud spricht in diesem Zusammenhang von »hoher Kapselung« (vgl. [Staud 2006]). Je höher die Kapselung, desto einfacher – aber eben auch weniger aussagekräftig – werden EPKs. Andererseits steigt der Aufwand der Aktualisierung der EPKs mit ihrem Detaillierungsgrad. Sehr detaillierte, wandtapetengroße EPKs sind stets sehr komplex und werden früher oder später undurchschaubar und deshalb auch nicht mehr pflegbar. Es ist somit eine Abwägung zwischen notwendigem Detaillierungsgrad und Modellkomplexität nötig. Staud rät, dies in

Abhängigkeit vom jeweiligen Optimierungspotenzial zu gestalten, d.h. dort detaillierter zu modellieren, wo das Optimierungspotenzial höher ist.

Daran anknüpfend wird vorgeschlagen, Aktivitäten, die extern vergeben werden, nicht zu modellieren, da mit ihnen keine direkte Optimierungsmöglichkeit verbunden ist und die Modelle dadurch nur unübersichtlich werden, zum Beispiel die Durchführung einer Marktstudie im Rahmen eines Geschäftsprozesses »Produkt entwickeln«, die an ein selbstständiges Marktforschungsinstitut vergeben wird. Zu modellieren wären folglich nur die Beauftragung der Marktstudie und die Entgegennahme der Ergebnisse, z.B. »Markt ist vorhanden« oder »kein Markt vorhanden«, aus denen sich unterschiedliche Folgeschritte ergeben dürften. Alle Schritte dazwischen werden nicht dargestellt. Für den Wechsel des Prozesses zum externen Partnerunternehmen und seine Rückkehr können Prozessschnittstellen modelliert werden (vgl. Abschnitt 4.1.1.4).

Ein anderer Weg, um die Komplexität der Übersichtsmodelle gering zu halten, besteht darin, die Modelle mit Fachexperten zu diskutieren und dabei Ausnahmefälle zunächst auszuklammern. Die Modelle können dann schrittweise verfeinert werden; wobei als Grundsatz gelten sollte, insgesamt nur wenige Modell- und Objekttypen im Fachkonzept zu verwenden. [Grief 2005] spricht in diesem Zusammenhang von der Einhaltung des Minimalitätsprinzips. Durch Einbeziehung der Fachexperten werden tendenziell verständlichere EPKs geschaffen. Die Problematik, Ausnahmefälle völlig unberücksichtigt zu lassen, wurde bereits in Abschnitt 4.4.2.2 erörtert, d.h., es ist bei diesem Vorgehen wichtig, die zunächst ausgeklammerten Ausnahmen nicht aus den Augen zu verlieren, und im weiteren Verlauf alle wesentlichen Sonderfälle mit in die Modelle aufzunehmen.

Es sollte trotz der Tendenz, dass EPKs schnell zu groß und zu unübersichtlich werden, auch nicht Ziel der Modellierung sein, extrem verschlankte EPKs zu modellieren, um möglichst wenige Objekte verwenden zu müssen, da diese dann häufig lange Kantenwege und komplexe Konnektorfolgen beinhalten, die die Lesbarkeit der Modelle erschweren. Vielmehr können generell Dopplungen von Elementen (z.B. von einzelnen Endereignissen) und ganzen Prozessteilen per Konvention toleriert werden, um »wilde« Kantenkreuzungen und Konnektorschachtelungen zu vermeiden. Oft hilft auch die Auslagerung einzelner Abschnitte in separate Prozesse mittels horizontaler oder vertikaler Segmentierung, wobei hier stets abzuwägen ist, ob dies den Nachteil der Verteilung der Informationen auf mehrere Modelle aufwiegt.

5.5 Analysen

Neben der reinen Dokumentation gehört die Analyse von Istprozessen zu den verbreitetsten Motiven einer EPK-Modellierung. An der Analyse und Neugestaltung von Prozessen sind häufig Management und (interne und/oder externe) IT-Berater beteiligt. Selten werden jedoch die Endanwender, d.h. diejenigen, die in der Praxis mit den neu gestalteten Prozessen bzw. Systemen arbeiten müssen, zu dieser Aufgabe hinzugezogen. Gemäß [Berger & Scheube 2006] liegt dies daran, dass die Projektverantwortlichen eine solche Beteiligung nicht für praktikabel halten, da sie das Thema als zu anspruchsvoll für die Betreffenden einstufen oder aber den damit verbundenen Aufwand scheuen. Häufig spielen dafür jedoch laut [Berger & Scheube 2006] weniger macht- oder kostenpolitische als vielmehr eher Gründe wie mangelnde Kenntnisse und mangelndes Interesse der betroffenen Endanwender und ihrer Vorgesetzten sowie zeitliche oder räumliche Restriktionen eine Rolle. Solange jedoch maximal einzelne ausgewählte Endanwender – z. B. die bereits vorgestellten Multiplikatoren (»Key User«) – oder Führungskräfte der entsprechenden Bereiche beteiligt werden, besteht die latente Gefahr, dass sowohl Ist- als auch Sollmodelle unvollständig oder sogar fehlerhaft erstellt werden, weil das Wissen der Endanwender über ihren Arbeitsvollzug in der Praxis nicht oder nur partiell eingeflossen ist. Eine kontinuierliche Beteiligung aller Endanwender, zumindest in Form regelmäßiger Information über Modellierungsergebnisse sowie Umgestaltungspläne und -fortschritte, verbunden mit der Aufforderung zur Einbringung von Verbesserungsvorschlägen, bedeutet somit aktive Qualitätssicherung in der Prozessgestaltung.

Anhand eines möglichst weitgespannten Überblicks über die Prozesse eines Unternehmens sollen Schwachpunkte folgender Art identifiziert werden:

- **Organisationsbrüche**
  Dies bedeutet das Hinterfragen der Notwendigkeit des Wechsels von Organisationseinheiten bei fachlich oder inhaltlich zusammengehörigen Aktivitäten. Eine Erklärung dafür kann allerdings in dem Wunsch der Unternehmensleitung oder anderer vorgesetzter Stellen nach einer Kontrolle von Arbeitsergebnissen durch einen zweiten Beteiligten oder eine zweite beteiligte Organisationseinheit liegen.
- **Medienbrüche**
  Man versteht unter einem Medienbruch den Wechsel des informationstragenden Mediums – des Informationsträgers – innerhalb eines Prozesses, zum Beispiel den Wechsel von einem handschriftlichen Papierdokument zu einem elektronischen Formular. Derartige Medienbrüche führen zu einem unproduktiven Erfassungs- oder Übertragungsaufwand. Erschwerend kommt hinzu, dass sich dabei auch leicht Fehler einschleichen können.
- **Mehrfacharbeiten**
  Es kann ein Ergebnis der Analyse sein, dass bestimmte Funktionen in verschiedenen Organisationseinheiten mehrfach und damit redundant vorgehalten und im Rahmen von Prozessen auch mehrfach genutzt werden, sodass kritisch zu prüfen ist, ob dies in der Form sinnvoll ist oder ob nicht eine Zentralisierung effizienter wäre.

- **Systembrüche**
  Hinterfragt wird, ob Wechsel der eingesetzten Anwendungssysteme inhaltlich notwendig sind, wie die Schnittstellen zwischen ihnen realisiert sind und damit ob der Integrationsgrad der Anwendungssysteme noch zeitgemäß ist. Es lassen sich meist Vorschläge für eine stärker integrierte IT-Architektur (Anwendungslandschaft) ableiten.
- **Gefahr des Umsonstarbeitens**
  Im Falle der Parallelisierung statt sequenzieller Prüfung von Abbruchkriterien besteht die latente Gefahr, dass eine aufwendige Teilprüfung noch weiter fortgeführt wird, obwohl ein anderes Teilprüfungsergebnis bereits vorliegt, das automatisch zu einem insgesamt negativen Prüfungsergebnis und damit zum Abbruch führt (vgl. Abschnitt 4.5.1). Alternativ könnten die Prüfungen sequenziell unter Inkaufnahme längerer Durchlaufzeiten durchgeführt werden. Oder aber es kann während einer laufenden Teilprüfung der Prüfungsfortschritt der jeweils anderen Teilprüfungen regelmäßig abgefragt werden, um gegebenenfalls den sofortigen Abbruch der noch laufenden Teilprüfung vorzunehmen (vgl. dazu auch die Simulation in [Ibert & Unterstein 2005]).

Hinweis

Zur Identifikation von Organisations- und Systembrüchen eignen sich ganz besonders EPKs in Spaltendarstellung, die von manchen Geschäftsprozessmodellierungswerkzeugen als Variante der normalen EPK-Darstellung angeboten werden, da sie die entsprechenden Schnittstellen deutlich hervorheben. Ein Beispiel dazu zeigt Abbildung 5–1. Für EPKs in Spaltendarstellung gilt, dass die Symbole über mehrere Spalten verteilt werden. Damit soll eine höhere Übersichtlichkeit des Modells erreicht werden. Der Kontrollfluss wechselt somit z.B. zwischen den Spalten der am Prozess beteiligten Organisationseinheiten hin und her, es können jedoch auch Anwendungssysteme in der Kopfzeile des Modells modelliert werden, sodass die Verteilung der Funktionen auf verschiedene Anwendungssysteme verdeutlicht wird. Statt einer Spaltendarstellung wird oft auch eine zeilenorientierte Darstellung einer EPK angeboten. In beiden Fällen werden die Beziehungen zwischen Funktionen und Organisationseinheiten bzw. Anwendungssystemen nicht direkt – als Kanten zwischen den Symbolen –, sondern werkzeugseitig indirekt angelegt (vgl. [IDS Scheer 2006c]).

Alternativ dazu kann auch eine Kontrollflussspalte modelliert werden, sodass der Kontrollfluss (EPK ohne Erweiterungsobjekte) in nur einer Spalte dargestellt wird. Sie wird ergänzt um eine variable Anzahl von Spalten zur Darstellung von beteiligten Organisationseinheiten, Input- und Outputdaten, Anwendungssystemen usw., d.h., es werden für jede relevante Kategorie von Erweiterungsobjekten Spalten angelegt (vgl. [Rosemann et al. 2005]). Auch diese Art der Darstellung dient der Erhöhung der Übersichtlichkeit und Benutzerakzeptanz der Modelle. Alle Erweiterungsobjekte werden jeweils auf der Höhe der zugehörigen Funktion in der betreffenden Spalte platziert, d.h. beispielsweise alle Organisationseinheiten, Stellen, Gruppen, Personen in einer Spalte *Organisationseinheit*, alle beteiligten Anwendungssysteme, DV-Funktionen und Module in einer Spalte *Anwendungssystem*.

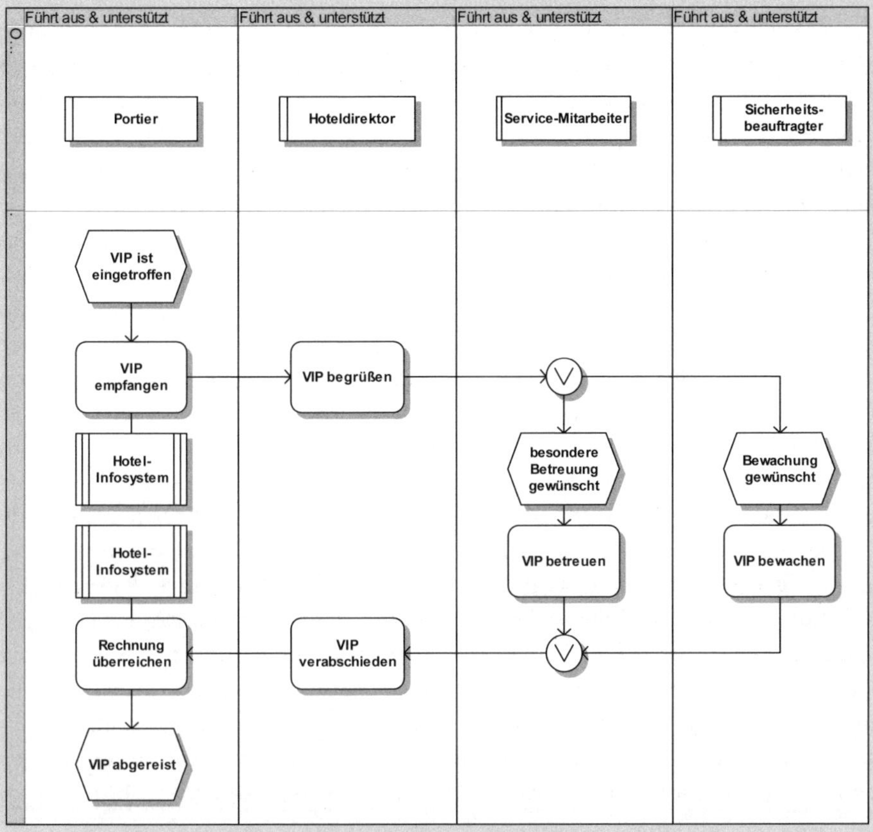

Abb. 5–1 *Beispiel einer EPK in Spaltendarstellung*

5.6 Transformation des Prozessmodells in ein Anwendungssystem

Es gibt stets mehrere Möglichkeiten, um vom Prozessmodell zur Anwendung zu gelangen. Dabei ist regelmäßig die Kluft zwischen dem fachlichen Prozessmodell auf der einen Seite und der IT-Sicht, die eine detaillierte und exakte Beschreibung des Prozesses fordert, auf der anderen Seite zu überwinden. Wünschenswert ist ein reibungsloser Übergang von der fachlichen Geschäftsprozessmodellierung zur Modellierung der Abläufe in einem Informationssystem. Zur Entwicklung betrieblicher Informationssysteme hat sich der objektorientierte Ansatz durchgesetzt, der, statt getrennt Daten und Funktionen zu betrachten, vielmehr Objekte vorsieht, die diese beiden Aspekte vereinen. Objekte in diesem Sinne besitzen dementsprechend Eigenschaften (Datensicht) und ein Verhalten (Funktionssicht). Ereignisgesteuerte Prozessketten verkörpern allerdings eine datenorientierte, prozedurale und keine objektorientierte Betrachtungsweise, sodass hier zwangsläufig ein Bruch in der Betrachtungsweise stattfindet. Es existiert somit ein Problem der Durchgängigkeit, da es z.B. keine verbindlichen Vorgaben für die Beziehungen zwischen den eng verwandten Konzepten einer Funktion in einer EPK, eines Sub-Workflows, eines UML Use Case usw. gibt. Dieses Problem wurde bereits frühzeitig erkannt, und es gibt den Vorschlag einer Notation für *objektorientierte ereignisgesteuerte Prozessketten* (vgl. dazu [Scheer et al. 1997]). Diese Art der Notation hat sich jedoch bislang in der Praxis nicht durchgesetzt.

Aufgrund ihres breiten Ansatzes und ihrer großen Verbreitung im Zusammenhang mit der Anwendungsentwicklung ist es durchaus naheliegend zu prüfen, ob man zur Geschäftsprozessmodellierung nicht entsprechend geeignete Modelltypen der Unified Modeling Language (UML) einsetzen könnte, wobei Modelltypen in der UML-Terminologie übrigens »Diagrammtypen« genannt werden. UML gilt heute vielfach als der objektorientierte Modellierungsansatz schlechthin, sodass man unter Umständen bereits seine Prozessmodelle objektorientiert ausrichten möchte. Es darf jedoch nicht vergessen werden, dass Geschäftsprozessmodellierung zunächst nicht zwangsläufig mit Objektorientierung oder allgemein Softwareentwicklung zu tun hat, sondern die Abläufe in einem Unternehmen generell betrachtet (vgl. [Oestereich et al. 2003]). Erst dadurch, dass gewöhnlich ein Großteil dieser Abläufe durch Software unterstützt wird, entsteht demnach ein enger Bezug der Geschäftsprozessmodellierung zur Softwareentwicklung. Es wird jedoch auch betont, dass es für die Geschäftsprozessmodellierung zunächst uninteressant ist, mit welcher Technologie oder Programmiersprache – und damit ob objektorientiert oder prozedural – ein Anwendungssystem realisiert werden soll oder realisiert worden ist. Im Mittelpunkt steht die Frage, inwieweit die benötigte Funktionalität verfügbar ist.

Erschwerend kommt hinzu, dass selbst laut Einschätzung von [Oestereich et al. 2003] – einem Autorenteam, das, ablesbar an anderen Veröffentlichungen, der UML und der Objektorientierung insgesamt sehr aufgeschlossen gegenübersteht – der Bereich der Geschäftsprozessmodellierung in der UML nicht nennenswert unterstützt wird und die infrage kommenden Diagrammtypen nur bedingt zur integrierten Prozessmodellierung geeignet sind. Die in der UML enthaltenen Anwendungsfälle bieten demnach allenfalls einen Ansatzpunkt zur Prozessmodellierung. Echte objektorientierte Konzepte für die Prozessmodellierung haben sich bisher nicht durchgesetzt. Des Weiteren kommen UML-Aktivitätsdiagramme (ARIS-Modelltyp: *UML Activity Diagram*) infrage. Sie weisen laut Einschätzung in [Allweyer 2005a] nur wenige Nachteile gegenüber anderen Notationen zur Prozessmodellierung auf. Sie sind jedoch zur fachlichen Prozessmodellierung wenig verbreitet, sodass sich ihre Nutzung außerhalb der Anwendungssystementwicklung auch nicht gerade aufdrängt, zumal sie gegenüber EPKs insbesondere hinsichtlich ihrer Ausdrucksmächtigkeit sehr wohl beschränkt sind und für Nicht-Informatiker erfahrungsgemäß schwerer lesbar sind, sofern es sich um nicht triviale Modelle handelt.

Dagegen ist eine Verbindung zwischen EPKs und UML-Modelltypen vielfach möglich und sinnvoll. Beispielsweise können EPKs so modelliert werden, dass die Funktionen auf der untersten Hierarchieebene Anwendungsfällen (»Use Cases«) entsprechen, sodass ein *UML Use Case Diagram* abgeleitet werden kann (vgl. [Allweyer 2005a]). Dabei ist jede Funktion dahingehend zu prüfen, ob sie aus Benutzersicht eine vollständige, mit einem Anwendungssystem durchführbare Aufgabe darstellt. Gegebenenfalls ist eine Funktion auch in mehrere Anwendungsfälle aufzuspalten bzw. sind mehrere Funktionen zu einem Anwendungsfall zusammenzufassen. Aus den Organisationseinheiten in der EPK lassen sich vielfach die Akteure ableiten, jedoch können auch Anwendungssysteme bzw. Anwendungssystemtypen Akteure darstellen. Weitere Verknüpfungsmöglichkeiten, die ARIS® bietet, sind z.B.:

- Einsatz einer EPK zur Beschreibung des Ablaufs eines Anwendungsfalls
- Verwendung von UML-Objekttypen als Erweiterungsobjekttypen in EPKs, z.B. Komponenten (Package) oder komplexe Datenobjekte (Business Class)
- Einsatz einer EPK zur Beschreibung einer Methode einer Klasse

Sofern man eine entsprechende Zusatzkomponente nutzt (z.B. den ARIS® UML Designer, siehe dazu Abschnitt 6.2.13), werden bereits durchgängige modellbasierte Ansätze von der Geschäftsprozessmodellierung bis hin zum Systemdesign angeboten (vgl. [Andres 2005]).

Alternativ zu UML-Aktivitätsdiagrammen kann auch die *Business Process Modeling Notation* (BPMN) als Modellierungssprache für die Überführung fachlicher Prozessmodelle in fachlich-technische Prozessmodelle genutzt werden (vgl. [OMG 2006]). Die semiformale BPMN-Darstellung lässt sich mithilfe von Abbildungsregeln in ein codebasiertes, ausführbares BPEL-Modell überführen. BPEL steht dabei für *Business Process Execution Language*, eine XML-basierte Sprache, die der Geschäftsprozessimplementierung auf Basis von Web-Services dient (vgl. [Alves 2006]). In [Thomas et al. 2007] wird ein mehrstufiges Konzept vorgestellt, das Prozessmodellierung im Kontext serviceorientierter Architekturen (SOA) einsetzt und dazu unter anderem EPKs, BPMN und BPEL verwendet. Es verdeutlicht, dass eine stärkere Verbindung der fachkonzeptionellen Sicht der EPKs und einer IT-serviceorientierten Gestaltung des DV-Konzepts und der Implementierung – vgl. die entsprechenden ARIS-Schichten in Abschnitt 3.1.2 – unbedingt erforderlich ist, um bei der Realisierung serviceorientierter Architekturen betriebswirtschaftlich-organisatorische Aspekte nicht zu vernachlässigen.

6 Hinweise zum Einsatz von Werkzeugen

6.1 Auswahl des Modellierungswerkzeugs

Die Auswahl eines geeigneten Werkzeugs zur EPK-Modellierung ist für ein Unternehmen nicht trivial. Grundsätzlich kommen spezielle Geschäftsprozessmodellierungswerkzeuge oder bestimmte Grafikwerkzeuge infrage. Dabei ist vorrangig an diejenigen Grafikwerkzeuge zu denken, die das Entwickeln von Prozessmodellen explizit unterstützen, indem sie die entsprechenden Symbole eines Modelltyps wie der EPK bereits vordefiniert als Vorlage bereitstellen, sodass man die Standardsymbole wie z.B. das Sechsecksymbol für ein Ereignis nicht selbst entwerfen muss. Verfügbar sind in der Regel die gebräuchlichsten Symbole eines Modelltyps. Weitere Symbole – es sei an die breite Palette von Erweiterungsobjekttypen der EPK erinnert – sollten ohne großen Aufwand bei Bedarf definiert werden können. Auch das Verbinden und Verschieben der einzelnen grafischen Objekte einschließlich des Nachziehens der Kanten wird in der Regel unterstützt. Als Beispiel für ein solches Werkzeug wird in Abschnitt 6.3 Microsoft Office Visio vorgestellt. Je nach Zielsetzung und Umfang der Modellierung kann es deshalb durchaus genügen, EPKs auf Papier zu konzipieren und mithilfe eines solchen komfortablen Grafikwerkzeugs zu erfassen.

Möchte man dagegen arbeitsteilig komplexe Modellstrukturen zur langfristigen Verwendung und Weiterentwicklung anlegen, so ist der Einsatz eines Geschäftsprozessmodellierungswerkzeugs unumgänglich. Nur ein solches Werkzeug bietet genügend Administrations-, Layoutgestaltungs-, Modifikations- und Navigationsunterstützungsfunktionen zur Beherrschung einer komplexen EPK-Modelllandschaft. Von zentraler Bedeutung ist jedoch, dass die Daten der Modelle und Objekte in einer Datenbank gespeichert werden, sodass beispielsweise Zusammenhänge zwischen Modellen, zwischen Objekten sowie zwischen Modellen und Objekten administriert werden können.

Bei den Prozessmodellierungswerkzeugen handelt es sich um einen sehr heterogenen Markt, der entsprechend schwer zu überblicken ist. Die Verwendung eines detaillierten Kriterienkatalogs bezogen auf die eigenen Anforderungen ist deshalb vom Grundsatz her unumgänglich. Die Aufstellung eines solchen Kriterienkatalogs ist jedoch keinesfalls trivial. Ein Beispiel für einen solchen Kriterienkatalog findet sich in [Rosemann et al. 2005]. Dabei steht die Auswahl eines leistungsfähigen Werkzeugs im Fokus. Der Katalog umfasst im Kern folgende Aspekte:

- Verwaltung der Modelle in einer Datenbank
  - Datenbanksicherung
  - Datenbankbereinigung (Löschen von nicht mehr benötigten Objekten, Konsolidieren, d.h. Verschmelzen von redundanten Objekten)
- Mehrbenutzerfähigkeit (inkl. Sperrkonzept)
  - Zeitgleiche Erstellung der Modelle
  - Modellzugriff von unterschiedlichen Orten aus
  - Komfortable Benutzer- und Benutzerrechteverwaltung
- Sichtenübergreifendes Metamodell
  Integration der Modelltypen verschiedener Sichten über gemeinsame Objekttypen, Beispiel: *Funktionen* (vgl. Kapitel 4)
- Anpassbarkeit an unternehmensspezifische Anforderungen, z.B. durch Filterung
- Benutzerfreundliche Bedienung
  - Komfortable Erzeugung/Löschung von Modellen und Objekten
  - Komfortable Layoutoptimierung, z.B. zur einfachen Veränderung der Ausrichtung von Objekten im Modell (gleiche Abstände, mittig, links- oder rechtsbündig usw.)
  - Einfache Bearbeitung von Attributen, z.B. der Kantentypen
  - Einfaches Anlegen und Löschen von Hinterlegungen
- Skriptsprache
  Einfache Auswertungsskripte sollen leicht erstellbar sein, ebenso sollen Modelldaten komfortabel verändert werden können, z.B. zur gruppenweisen Veränderung von Attributwerten.
- HTML-Generator
  Es sollen HTML-Seiten beliebigen Inhalts, z.B. zur Veröffentlichung im Intranet, generiert werden können.
- Zusatzkomponenten für Anwendungsgebiete wie die Simulation, die Prozesskostenrechnung, Benchmarking usw. sollten zur Verfügung stehen, sofern sie benötig werden.
- Schnittstellen sollten existieren, um Modelldaten mit Workflow-Management-Systemen und CASE-Tools austauschen zu können.
- Vorhandensein von Know-how bezüglich des Modellierungswerkzeugs im Projektteam bzw. im Unternehmen

- Ausreichendes, lokal verfügbares Schulungsangebot
- Gutes Preis/-Leistungs-Verhältnis
- Umfassender Support durch den Hersteller des Geschäftsprozessmodellierungswerkzeugs oder dessen Vertriebspartner

Ein weiteres Kriterium kann gegebenenfalls die Unterstützung der Mehrsprachigkeit durch ein Werkzeug sein, und zwar sowohl bezüglich der Benutzeroberfläche als auch der Sprache der Modell- und Objektbezeichnungen sowie der Attributinhalte.

Sofern man aus Zeit- oder Kostengründen keine eigenen Produktvergleiche anstellen möchte bzw. kann, bieten einschlägige Studien Hilfestellung für die Werkzeugauswahl, deren Detailergebnisse allerdings nicht selten nur gegen Preise zugänglich sind, die den hohen Aufwand widerspiegeln. Gerade diese Details sind es jedoch, die notwendig sind, um fundiert entscheiden zu können, welches Werkzeug den unternehmensindividuellen Anforderungen bezüglich Visualisierung, Analyse und Steuerung von Prozessen am meisten gerecht wird. Der Funktionsumfang eines Werkzeugs sollte dabei im Einklang mit den Anforderungen stehen, d.h., es sollten alle wesentlichen Anforderungen abgedeckt sein, jedoch muss nicht unbedingt das Werkzeug mit dem größten Funktionsumfang erworben werden, wenn absehbar ist, dass nur ein kleiner Teil davon auch tatsächlich genutzt werden wird.

Damit der Leser abschätzen kann, welchen Nutzen Vergleichsstudien für die Werkzeugauswahl stiften können, werden an dieser Stelle einige wichtige Studien kurz vorgestellt. Sie unterscheiden sich hinsichtlich Vergleichskriterien, verglichenen Produkten und Untersuchungsergebnissen, ergeben jedoch zusammengenommen gerade deshalb einen guten Überblick über den Markt. Sortiert sind die Studien nach ihrem Erscheinungsjahr, um auch die Entwicklung des Marktes in den vergangenen Jahren etwas zu dokumentieren. Begonnen wird mit der ältesten Studie, für die ganz besonders gilt, dass weniger die einzelnen Ergebnisse – die offenkundig nicht mehr aktuell sein können, da mittlerweile zahlreiche neue Produktversionen und Anbieter auf den Markt gekommen sind, wohingegen andere Anbieter mittlerweile übernommen oder ganz verschwunden sind – als vielmehr die Vorgehensweise und die zum Vergleich herangezogenen Kriterien von Interesse sind. Die Kurzvorstellungen der Studien sollen dementsprechend auch dazu dienen, bei Bedarf Anregungen für die Erstellung eines individuellen Vergleichskriterienkatalogs zu bekommen.

6.1.1 Fraunhofer-IAO-Studie

In [Bullinger & Schreiner 2001] wurden 32 Werkzeuge miteinander verglichen. Diese wurden fünf unterschiedlichen Werkzeugkategorien zugeordnet, orientiert an ihren Schwerpunkten. Untersucht wurden folgende Werkzeuge, wobei in Klammern jeweils der Hersteller angegeben wird:

- **Visualisierungswerkzeuge**
  Visio 2000 Professional Edition (Microsoft); RFFlow 4.06 (RFF Electronics); ViFlow 2000 b4 (ViCon)
- **Modellierungswerkzeuge**
  AENEIS 4.6a (ATOSS Software); METIS 3.1 (Computas); Merge-Tool 3.0 (FZI); ibo Process Designer 4.0 (ibo Software); ARIS E-Business Suite 5.01 (IDS Scheer); GRADE Modeler 4.0 (Infologistik); Bonapart 3.1 (IntraWare); MEGA Process 5.1 (MEGA International); iGrafx Process 2000 (Micrografx); ProVision Workbench 3.4.3 (Proforma Corporation); INCOME Process Designer 4.2 (PROMATIS); TopEASE 2.5 (Pulinco); SILVERRUN BPM 2.7.5 (SILVERRUN Technologies)
- **Simulationswerkzeuge**
  ithink®Analyst (High Performance Systems); PACE 4.0 (IBE Simulation Engineering); IvyFrame 4.4 (IVY Team); ProSim (Knowledge Based Systems); PowerSim Studio 2000 Enterprise (PowerSim)
- **Workflow-Management-Werkzeuge**
  COI Business Flow 3.7 (COI Consulting für Office und Information Management); DYNAMX Standard Edition 3.22 (Dignos EDV); IBM MQSeries Workflow Version 3.3 (IBM); COSA Workflow 3 SP 1 (Ley); PAVONE ProcessModeler 5.01 (PAVONE); Staffware 2000 8.1 (Staffware)
- **CASE-Werkzeuge**
  INNOVATOR Business 7.0 (MID); System Architect 2001 V 7.5 (Pokin Software & Systems); Rational Rose v2001 (Rational Software); Visible Analyst V 7.5 (Visible Systems). CASE-Werkzeuge unterstützen die Entwicklung von Informationssystemen. Deshalb fallen in diese Kategorie insbesondere Werkzeuge zur Umsetzung der UML, die gegebenenfalls auch zur Prozessmodellierung eingesetzt werden können, da sie Vorteile hinsichtlich der phasenübergreifenden methodischen Durchgängigkeit bieten (vgl. Abschnitt 5.6).

Als Kriteriencluster verwendete diese Studie für alle Werkzeugkategorien einheitlich:

- Architektur und Konfigurierbarkeit
- Einsatzfelder
- Sichtenkonzept
- Methodenangebot
- Modellierung
- Integritätssicherung
- Bedienunterstützung
- Analyse, Simulation und Optimierung
- Import/Export und Schnittstellen
- Internet-Modellierungsfunktionalität
- Dokumentation und Erlernbarkeit

Das Ergebnis der Untersuchung bestand in einer Rangfolge der Konkurrenzprodukte pro Werkzeugkategorie. Diese Rangfolgen wurden pro Kriteriencluster und als Gesamtbewertung angegeben. Die fünf Erstplatzierten im Bereich der für die integrierte Modellierung von Prozessen vorrangig relevanten Kategorie »Modellierungswerkzeuge« lauteten: ARIS® (1.) – Bonapart (2.) – ProVision (3.) – MEGA (4.) – ICOME (5.). ARIS® lag dabei mit Abstand an der Spitze, gewann sieben der elf Kriteriencluster, wies nennenswerte Schwächen lediglich im Kriteriencluster »Dokumentation und Erlernbarkeit« auf. Inzwischen sind – möglicherweise als Reaktion auf die Ergebnisse dieser Studie – ergänzende Produkte von IDS Scheer auf den Markt gebracht worden, die für gelegentliche Nutzer leichter zu handhaben sind (siehe dazu auch Abschnitt 6.2.13).

6.1.2 BundOnline 2005 – Studie

In einer Studie des Bundesverwaltungsamts, die im Kontext des Projekts »BundOnline 2005« durchgeführt wurde, sind 18 Softwareprodukte zur Geschäftsprozessanalyse und -optimierung hinsichtlich ihrer Einsatzmöglichkeiten in Behörden verglichen worden (vgl. [Bundesverwaltung 2005]): ADONIS, AENEIS 5, ARIS Process Platform, BONAPART 3.4, GRADE Modeler 4.0, ibo Process Designer 7.0, iGrafx Process 2000, INCOME Suite 4.7, ivyFrame 4.5 FREE Version, MEGA 6.1, METGE Light, Nautilus 4, PowerSim Studio 2000 Entreprise, SILVERRUN BPM 2.7.5, SYCAT Process Designer, TopEASE 2.5, ViFlow 2003, visio Professional. Dies geschah, ohne eine konkrete Rangfolge zu ermitteln, da die Anforderungen und damit die Gewichtung der Kriterien je nach Einsatzgebiet in der Verwaltung selbstverständlich variieren, sodass keine allgemeingültigen Empfehlungen abgeleitet worden sind. Es wurde ein Kriterienkatalog aufgestellt und jedes geprüfte Produkt dahingehend bewertet, ob es das jeweilige Kriterium erfüllt oder nicht. Die Kriterien wurden in zwei Stufen zu folgenden Kriteriengruppen und Kriterienobergruppen zusammengefasst:

- Funktionalität
  - Architektur/Konfigurierbarkeit
  - Bedienunterstützung/Ergonomie/Erlernbarkeit
  - Prozessabbildung
  - Prozessauswertung
- Schulungsaufwand
  - Schulungserfordernis
  - Schulungsumfang
- Kosten
  - Hardwareausstattung
  - Einzellizenz
  - Schulung

- Erweiterte Funktionalitäten
  - Datenexport
  - Methodik

6.1.3 Gartner-Studie

In [Blechar & Sinur 2006] wurden im Rahmen einer Gartner-Studie die Unternehmen Casewise (Corporate Modeler), Fuego (BPM Designer), iGrafx (iGrafx), IBM (WebSphere Business Modeler), IDS Scheer (ARIS), MEGA (MEGA Suite), Microsoft (visio), ProActivity (Enterprise Hub), Proforma (ProVision), Savvion (Business Manager), Sybase (PowerDesigner), Telelogic (Telelogicit), Troux Technologies (Metis) und Ultimus (Ultimus BPM Suite) verglichen. Es wurde dabei ein sogenannter »Gartner magic Quadrant for Business Process Analysis Tools« eingesetzt, der auf den folgenden Kriterienclustern basiert:

- Fähigkeiten des Unternehmens (»Ability to execute«):
  - Produkte/Dienstleistungen
  - Überlebensfähigkeit
  - Absatzförderung/Preisgestaltung
  - Reaktionsfreudigkeit auf Marktveränderungen/Erfolgsgeschichte
  - Marketing
  - Unterstützung der Kunden
  - Effektivität und Effizienz der Organisation
- Vollständigkeit der Ziele (»Completeness of Vision«):
  - Berücksichtigung der Bedürfnisse des Markts
  - Marketingstrategie
  - Verkaufsstrategie
  - Produktstrategie
  - Geschäftsmodell
  - Berücksichtigung von Branchenspezifika
  - Innovationskraft
  - Berücksichtigung der Spezifika von regionalen Märkten

Das Ergebnis der Untersuchung 2006 lautete, dass die IDS Scheer AG mit ARIS® wie schon seit Jahren in dieser regelmäßig durchgeführten bzw. aktualisierten Studie an der Spitze der Konkurrenz lag. Besonders positiv gewertet wurde die Verbindung von ARIS® mit SAP NetWeaver.

6.1.4 BARC-Studie

In einer Studie des Business Application Research Center (BARC) wurden gemäß [Böhn et al. 2007] die Produkte ADONIS (BOC GmbH), Sycat (Dr. Binner CIM-House GmbH), DHC Vision (Dr. Herterich & Consultants), Bonapart (EMPRISE Process Management), Nautilus (Gedilan Consulting GmbH), PACE (IBE Simulations Engineering GmbH), ibo Prometheus (ibo Software GmbH), ARIS (IDS Scheer AG), iGrafx (iGrafx), AENEIS (intellior AG), Innovator Business (MID Enterprise Software Solutions), QPR Collaboration (QPR Software Plc.), LIVE KIT Power (Siemens Business Services GmbH & Co. OHG in Entwicklungskooperation mit IBIS Prof. Thome AG) und ViFlow 2003 (ViCon GmbH) verglichen. Als Kriteriencluster wurden verwendet:

- Allgemeine Kriterien
  - Firmenprofil
  - Sprachvarianten
  - Plattformen und Betriebssysteme
  - Komponenten
  - Preise
  - Referenzkunden
  - Referenzmodelle
- Technisches Konzept
  - Architektur
  - Integration
  - Publikation
  - Internet
  - Systemadministration
  - Modelladministration
- Anwendungsunterstützung
  - Standardnotationen
  - Ausgereiftheit der Methoden
  - Modellsegmentierung
  - Modellanalyse
  - Kennzahlen und Simulation
  - Bedienungsunterstützung
  - Support

Die detaillierten Ergebnisse sind der angegebenen Quelle zu entnehmen.

6.1.5 Fazit aus den Studien

Zusammengenommen kann aus den Ergebnissen der Studien geschlossen werden, dass ARIS® seit Jahren Maßstäbe im Bereich der Geschäftsprozessmodellierungswerkzeuge setzt. Aus diesem Grund erscheint es gerechtfertigt, dieses Werkzeug etwas näher vorzustellen, damit der Leser einen Eindruck davon gewinnen kann, welche zusätzlichen Möglichkeiten der Einsatz eines ausgereiften und modernen Werkzeugs bietet. Ein weiterer Grund hierfür ist natürlich auch in der engen Verbindung des Werkzeugs ARIS® mit der Konzeption ARIS zu sehen, da in der Praxis doch eher selten die ARIS-Konzeption in größerem Umfang eingesetzt wird, ohne das gleichnamige Werkzeug zu benutzen. Außerdem ist eine ganze Reihe von Konzeptionselementen untrennbar mit dem Werkzeug verbunden. Darauf wurde in den Kapiteln 3 und 4 jeweils hingewiesen.

6.2 Funktionsumfang eines Modellierungswerkzeugs am Beispiel von ARIS®

Es soll hier bewusst keine Einführung in die Bedienung von ARIS® geboten werden. Dieser Verzicht erlaubt es, weitgehend unabhängig von einer bestimmten Produktversion oder Produktvariante die Funktionalität von ARIS® bezüglich der Modellierung von Prozessen zu erläutern. Abschnitt 6.2.13 bietet zur Abrundung einen kurzen Überblick über die mittlerweile breite ARIS®-Produktpalette. Derjenige, der eine Einführung in die Bedienung des Werkzeugs sucht, sei insbesondere auf die komfortablen Onlinehilfen, aber auch auf die entsprechenden Dokumente der IDS Scheer AG verwiesen, namentlich den Schnelleinstieg [IDS Scheer 2006b] und – für methodische Fragen – das Methodenhandbuch [IDS Scheer 2006c]. Beide Dokumente gehören in elektronischer Form zum Lieferumfang des Werkzeugs.

Das Methodenhandbuch hat in seiner aktuellen Version einen Umfang von 3642 Seiten, sodass es sich erübrigt, über das individuelle Ausdrucken des Gesamtwerks ernsthaft nachzudenken, wie es früher gelegentlich praktiziert wurde. Doch trotz des beachtlichen Umfangs können darüber – wie nicht anders zu erwarten – trotzdem nicht alle Fragen beantwortet werden. Dies liegt nicht zuletzt daran, dass der Anhang des Methodenhandbuchs rund 3000 Seiten mit verschiedensten Typenauflistungen umfasst, gegenüber dem sich die Darstellung der etwa 100 Modelltypen auf den restlichen rund 600 Seiten vergleichsweise bescheiden präsentiert. Eine gute Gliederungsstruktur und entsprechende Navigationshilfen unterstützen die Arbeit mit dem Methodenhandbuch sinnvoll, sodass es als Einstieg in die verschiedenen Modelltypen stets zu empfehlen ist. Man darf jedoch z.B. nicht erwarten, Hinweise zur Verwendung sämtlicher verfügbaren Symbole zu bekommen.

Weitere methodische Unterstützung bietet die Funktion *Methodenhilfe*, die Informationen zu allen verfügbaren Modelltypen, Objekttypen und Attributtypen zur Verfügung stellt. Darüber hinaus wird das ARIS-Haus erläutert und im Zuge dessen eine Einordnung der großen Zahl der Modelltypen in seine Sichten (Daten, Funktionen, Leistung, Organisation, Prozesse/Steuerung) und Schichten (Fachkonzept, DV-Konzept, Implementierung) – vgl. Abschnitt 3.1 – vorgenommen.

6.2.1 Datenbank als Basis

Modelle und Objekte werden in einer Modellierungsdatenbank abgelegt, die die Funktion eines Repositories hat. In ihr wird z.B. dokumentiert, welche Ausprägungen von welchen Objekten in welchen Modellen verwendet werden. Erst diese Datenbankunterstützung ermöglicht viele der Vorteile, die ein Geschäftsprozessmodellierungswerkzeug gegenüber einem Grafikwerkzeug aufweist, insbesondere hinsichtlich der Integration der Modelle, der Wiederverwendung der Modellkomponenten sowie der Navigation zwischen Modellen gleichen und unterschiedlichen Typs.

Die Grundstruktur der Datenbank ist in Abbildung 6–1 dargestellt. Objekte und Modelle bilden die Elemente, die von der Datenbank verwaltet werden. In der Abbildung werden sie durch Ovale bzw. Kreise markiert, wobei unterschiedliche Größen und Formen keine speziellen Bedeutungen haben. Es sei daran erinnert, dass Modelle eine Menge von Objektausprägungen darstellen. Ausprägungen einzelner Objekte können in verschiedenen Modellen verwendet werden, dies wird in der Abbildung exemplarisch veranschaulicht. Voraussetzung dafür ist die Anwendung des Prinzips der Ausprägungskopien, das ARIS® standardmäßig umsetzt und das im folgenden Abschnitt näher erläutert wird.

Man kann in der Datenbank wie üblich eine hierarchische Gruppenstruktur (Ordnerstruktur) anlegen, in der die einzelnen Modelle und Objekte abgelegt werden. Dabei kann beispielsweise nach Projekten unterschieden werden. Dagegen ist für eine Unterscheidung zwischen Modellen im Entwurfsstadium und fertigen, d.h. abgenommenen, produktiven Modellen die Nutzung zweier Datenbanken zu empfehlen. Über die angebotenen Export- und Importfunktionen können die abgenommenen Modelle dann über Datenbankgrenzen hinweg »kopiert« werden. Der Statuswechsel wird damit sauber dokumentiert. Unterschiedliche Berechtigungen der Benutzer – siehe Abschnitt 6.2.12 – sorgen dafür, dass Modelle nicht unautorisiert in die Datenbank mit den produktiven Modellen verschoben werden und dass abgenommene Modelle nicht mehr verändert werden.

Es sei außerdem noch darauf hingewiesen, dass Modelle keine Dateien darstellen, sondern dass es sich ausschließlich um Zusammenstellungen von Objektausprägungen und ihren Beziehungen handelt. Der Umgang mit Modellen in ARIS® unterscheidet sich somit in einigen Punkten vom Umgang mit Dateien. Beispielsweise können sie konzeptionsbedingt nicht isoliert gespeichert werden.

Benötigt man die entsprechende grafische Modelldarstellung in anderen Anwendungen – z. B. in einer Textverarbeitungs – oder Präsentationssoftware –, so ist das Kopieren der grafischen Darstellung über die Zwischenablage problemlos möglich.

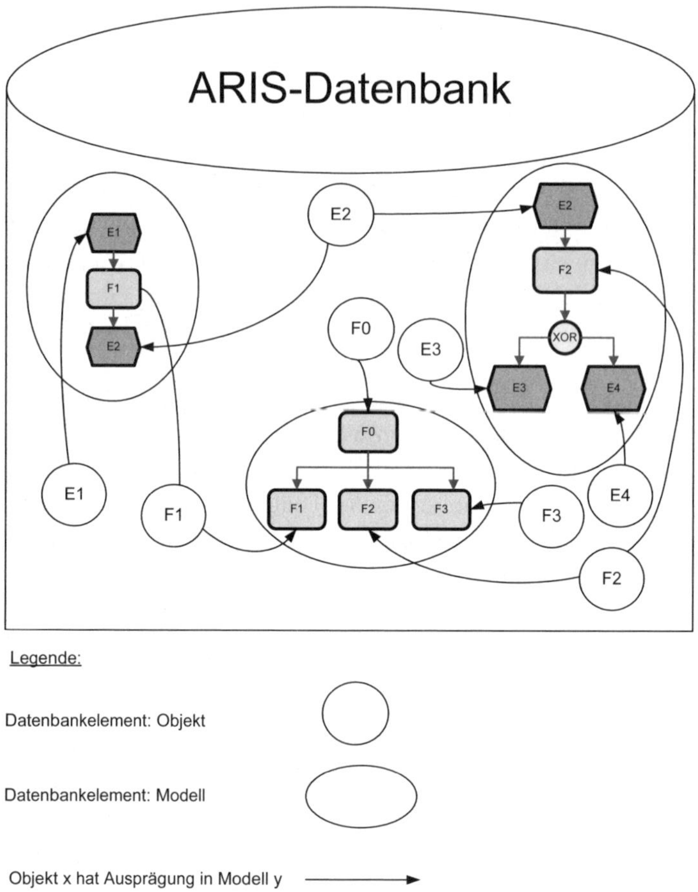

Abb. 6-1 *Grundstruktur der ARIS®-Datenbank*

6.2.2 Ausprägungs- vs. Definitionskopien

ARIS® bietet verschiedene Arten von Kopien an. Wichtig für die Praxis ist dabei vor allem die Unterscheidung zwischen Ausprägungskopien und Definitionskopien. Durch beide Kopienarten wird ein neues Symbol in einem Modell erzeugt. Dieses Symbol (=Ausprägung) bezieht sich im Fall der Ausprägungskopie auf ein Objekt, das bereits existiert. Bei einer Definitionskopie wird dagegen zunächst das Objekt (=Definition) kopiert und dann zu der neuen Kopie ein Symbol (=Ausprägung) angelegt. Definitionskopien dienen der Arbeitserleichterung, wenn man ähnlich zu benennende Objekte gleichen Typs anlegen möchte und dazu in der Kopie den Objektnamen nur leicht verändern muss. Man muss sich dabei jedoch sicher sein, dass es sich tatsächlich um unterschiedliche Objekte handelt. In allen anderen Fällen ist von der Verwendung von Definitionskopien abzuraten und das Neuanlegen des Objekts zu empfehlen, um sicherzugehen, dass das Umbenennen nicht versehentlich vergessen wird und dadurch ein Objekt mehrfach angelegt wird.

Falls man versucht, ein Objekt mit einem Namen anzulegen, zu dem ein namensgleiches Objekt bereits in der Datenbank existiert, bietet ARIS® die Option des mehrfachen Anlegens zwar an, jedoch ist von ihrer Nutzung grundsätzlich abzuraten. Die Ausprägungskopie ist deshalb stets diejenige Kopienart, die von ARIS® erzeugt wird, sofern man nicht ausdrücklich eine andere Art wünscht. Unterstützt z.B. dadurch, dass es bewusst etwas aufwendiger ist, eine Definitionskopie statt einer Ausprägungskopie anzulegen.

6.2.3 Zentrale Verwaltung von Objekten

Das Prinzip der Ausprägungskopien bildet das Fundament der zentralen Verwaltung von Objekten in der Datenbank, d.h., Objekte werden genau einmal einheitlich definiert. Nach dem Anlegen eines Objekts und der Namensvergabe wird geprüft, ob ein namensgleiches Objekt bereits existiert. Falls dem so ist, so sollte es verwendet werden, da es logisch nicht korrekt wäre und im Rahmen von Auswertungen über die Verwendung von Objekten zu unvollständigen und damit verfälschenden Ergebnissen führen würde, verschiedene Objekte gleichen Namens in einer Datenbank zu haben. Vor einer allzu unkritischen Übernahme des vorhandenen Objekts in Form einer Ausprägungskopie ist jedoch ebenfalls zu warnen. Es ist anhand von Attributwerten und bisherigen Verwendungen genau zu prüfen, ob tatsächlich das benötigte Objekt bereits existiert oder lediglich ein ähnliches. Unter Umständen sind Abstimmungen mit den bisherigen Verwendern von Ausprägungen des Objekts bzw. – falls vorhanden – dem Verantwortlichen für das Objekt notwendig, die klären müssen, ob eine Anpassung des Objekts an die neuen Anforderungen mit der bisherigen Verwendung in existierenden Modellen in Einklang zu bringen ist.

Da Ausprägungskopien eines Objekts auf einer Objektdefinition beruhen, wirken sich Änderungen an einer Kopie auf alle Kopien in gleicher Weise aus, beispielsweise eine Umbenennung. Dazu ist zunächst zu klären, in welchen Modellen Ausprägungen eines Objekts, z.B. der Funktion *Gast begrüßen,* verwendet werden. Danach ist zu ermitteln, wer jeweils für die betreffenden Modelle als Modellverantwortlicher benannt ist (vgl. zur Rolle des Modellverantwortlichen Abschnitt 5.2). Angenommen, es gibt drei Modelle A, B und C, in denen *Gast begrüßen* vorkommt, wobei die Modelle jeweils einen anderen Modellverantwortlichen besitzen. Es soll zudem angenommen werden, dass der Verantwortliche des Modells A die Umbenennung der Funktion von »Gast begrüßen« in »Kunde begrüßen« wünscht. Aus diesem Grund muss er sich mit den Verantwortlichen der Modelle B und C abstimmen und klären, ob diese mit einer Umbenennung einverstanden sind. Dazu muss für alle Verwendungen der Funktion in den Modellen geprüft werden, ob die Umbenennung inhaltlich möglich ist. Hilfreich bei der Durchführung der Abstimmungsaktivitäten kann eine Koordination und Moderation durch die ARIS-Methodenexperten im Unternehmen sein. Die Abstimmungen können dazu führen, dass eine Aufteilung in zwei Objekte – selbstverständlich mit unterschiedlichem Namen – notwendig wird, beispielsweise weil man nach eingehender Prüfung feststellt, dass es sich genau betrachtet bei Kunden und Gästen doch um verschiedene Objekte handelt.

Das Löschen von Ausprägungskopien in einem Modell hat keine Konsequenzen für die anderen Ausprägungskopien. Wird jedoch das Quellobjekt gelöscht, werden damit automatisch alle Ausprägungskopien in allen Modellen der Datenbank gelöscht. Aus diesem Grund sollte man mit dem Löschen von Quellobjekten sehr vorsichtig sein, wobei vonseiten des Werkzeugs in der Regel noch einmal nachgefragt wird, ob der Löschvorgang tatsächlich beabsichtigt ist. Quellobjekte, die in keinem Modell verwendet werden, werden ohnehin im Zuge einer Reorganisation – einer regelmäßigen Aufgabe der Datenbankadministration zur Beseitigung derartiger »Karteileichen«– automatisch und sicher entfernt. Es werden dabei nur solche Objekte gelöscht, von denen nicht mindestens eine Ausprägung in einem Modell existiert. Da das Anlegen von Objekten im Zuge des Anlegens von Modellen erfolgt, kann es somit nicht passieren, dass gerade angelegte Objekte bei einer Reorganisation umgehend und unbeabsichtigt wieder gelöscht werden, da diese zwangsläufig mindestens in diesem einen Modell, in dem sie erstmals angelegt wurden, verwendet werden, solange sie nicht explizit dort gelöscht worden sind.

Sofern es sich um Objekte handelt, die zentral angelegt werden sollen, etwa Organisationseinheiten, Entitytypen oder Anwendungssysteme, geschieht dies in der Praxis häufig in individuell gestalteten speziellen Modellen, die auflistungsartig die entsprechenden Objekte umfassen. Der schreibende und löschende Zugriff auf diese Modelle ist unbedingt auf den jeweiligen Modellverantwortlichen zu beschränken, alle anderen Modellierer erhalten lesenden Zugriff, um Ausprägungen der zentral gepflegten Objekte in ihren Modellen verwenden zu können.

6.2.4 Konsolidierung von Objekten

Es kommt in der Praxis häufiger vor, dass Objekte gleichen Namens angelegt werden. ARIS® unterstützt die Suche nach solchen namensgleichen Objekten mit einer entsprechenden Funktion. Sollten entsprechende Paare gefunden werden, sind diese vom Datenbankadministrator oder anderen dazu berechtigten Modellierungsbeteiligten zu einem Objekt zu verschmelzen, man nennt dies gemäß der

ARIS®-Terminologie »Konsolidieren«. Bei Konnektoren, die als *ODER-Regel, UND-Regel bzw. XOR-Regel* meist mehrfach in einer Liste namensgleicher Objekte verzeichnet sind, kann in der Praxis auf eine Verschmelzung verzichtet werden, da Auswertungen, die diese Verschmelzungen erfordern würden, wenig Aussagekraft besitzen und deshalb unüblich sind.

Vor einer Verschmelzung muss natürlich geprüft worden sein, ob es sich tatsächlich um inhaltlich identische Objekte handelt, die lediglich versehentlich oder aus Unkenntnis heraus doppelt angelegt wurden. Falls die Frage der Übereinstimmung nicht zweifelsfrei beantwortet werden kann, etwa weil Attributwerte abweichen, sind wiederum Nachfragen bei denjenigen nötig, die die entsprechenden Objekte angelegt haben. Es muss nämlich im Zuge der Konsolidierung entschieden werden, in welchem der namensgleichen Objekte die anderen aufgehen sollen, bei ARIS® spricht man von dem »Master-Objekt«, das dazu zu bestimmen ist. Hat man sich für ein Master-Objekt entschieden, sollte mit dem automatischen Löschen der redundanten Objektdefinitionen nach der Konsolidierung die Bereinigung abgeschlossen werden. Es bereiten jedoch nicht nur namensgleiche Objekte in der Datenbank Probleme.

Durch Schreibfehler und Schreibvarianten (Beispiel: *Klient* vs. *Client*), die Übergänge sind hier bisweilen als fließend anzusehen, oder Synonyme (Beispiel: *Kunde* vs. *Klient*) können inhaltlich identische Objekte angelegt werden, die bei der automatischen Suche nach namensgleichen Objekten nicht gefunden werden können. Deshalb müssen Datenbankadministratoren in regelmäßigen Abständen prüfen, ob die entsprechende Liste der Objekte unterschiedlich benannte Objekte enthält, die inhaltlich identisch sein könnten. Sofern solche Paare gefunden werden, ist wiederum jeweils zu ermitteln, wie die Objekte verwendet werden und welche Attribute sie besitzen. Erhärtet sich aufgrund ähnlicher Attributwerte der Verdacht, dass die Objekte inhaltlich übereinstimmen, so sind wiederum Abstimmungen mit den Verantwortlichen der Objekte und den Verwendern der Objektausprägungen vorzunehmen, bevor entschieden werden kann, ob es schlussendlich zu einer Konsolidierung kommen muss.

Da derartige Abstimmungsprozesse sehr aufwendig sein können, ist es unbedingt ratsam, vorab diesbezügliche Abstimmungsrichtlinien zur Vereinfachung der Zusammenarbeit aufzustellen. Der Einsatz des formalen Organisationsinstruments »Richtlinie«, das im Kontext der Modellierungsarbeit gerne »Konvention« genannt wird, kann die Koordination der Beteiligten erheblich erleichtern und ihre Zusammenarbeit beschleunigen, da ansonsten zu befürchten ist, dass derartige Aufgaben immer wieder aufgeschoben werden mit der Konsequenz, dass entweder Modellierungsvorhaben nicht voranschreiten können, weil eine Einigung über bestimmte Objekte aussteht, oder aber doch isoliert statt integriert modelliert wird.

Man kann zur Ermittlung von Konsolidierungskandidaten unter den Objekten auch gezielte Suchen ausführen. ARIS® bietet dazu komfortable Suchmöglichkeiten an, die auch den Einsatz von Platzhaltern (»Wildcards«) erlauben, sodass z.B. eine Suche nach **lient* – die Einstellung der notwendigen Suchoptionen vorausgesetzt – zu den Schreibvarianten *Klient* und *Client* führen sollte, falls diese in der betreffenden Datenbank vorhanden sind. Im Rahmen von Suchanfragen können auch Attributvergleiche vorgenommen werden, z.B. eine Einschränkung auf Objekte, die nach einem bestimmten Zeitpunkt angelegt wurden (Beispiel: *Erstellzeitpunkt größer als 31.12.2006*).

6.2.5 Hinterlegungen

Als Hinterlegungen werden in ARIS® die Detailmodelle bezeichnet, die mit einem Objekt (z.B. einer Funktion oder einem Ereignis) verknüpft sind und dieses näher beschreiben. Das Konzept der Hinterlegungen und eine Auswahl an Hinterlegungsmöglichkeiten sind in Abschnitt 4.2.2 vorgestellt worden. ARIS® gibt dabei vor, welche Modelltypen dazu im konkreten Fall überhaupt infrage kommen. Grundvoraussetzung ist dabei selbstverständlich, dass der Modelltyp des Detailmodells den Objekttyp vorsieht, der im Ausgangsmodell mit dem Detailmodell verknüpft werden soll. Das Anlegen einer Hinterlegung ist sehr einfach. Man hat die Wahl, ob man ein neues Modell zur Detaillierung eines Objekts anlegen möchte oder aber ein bereits bestehendes verwendet. Entscheidet man sich für die zweite Möglichkeit, so ist besonderes Augenmerk auf die Einhaltung der Modellierungsregeln H1 bis H5 zu legen, diese werden dabei nicht automatisch geprüft. Die Prüfung obliegt zunächst einmal dem Modellierer oder dem ARIS-Methodenexperten (vgl. Abschnitt 5.2), die sich dazu bei Bedarf durch entsprechende Semantik-Checks unterstützen lassen können (siehe dazu Abschnitt 6.2.9.3).

Das Vorhandensein einer Hinterlegung wird grafisch durch ein kleines »Turmsymbol« (eine Art Kreuzung aus EPK und Funktionsbaum) rechts unterhalb des Objektsymbols dargestellt. Dieses Turmsymbol wird unabhängig vom jeweiligen Objekttyp, dem ein Detailmodell hinterlegt wird, und unabhängig vom Typ des hinterlegten Modells verwendet. Per Doppelklick auf das Turmsymbol gelangt man in das jeweilige Detailmodell und kann damit bequem zwischen verschiedenen Modellebenen und Sichten navigieren. Unter Umständen erscheint jedoch eine Auswahlliste mit mehreren hinterlegten Modellen.

Das Werkzeug erlaubt es nämlich auch, mehrere Modelle gleichzeitig einem Objekt zu hinterlegen, allerdings müssen diese unterschiedlichen Typs sein, d.h., es ist z.B. nicht zulässig, in einer EPK einer Funktion *Anfrage prüfen* sowohl eine EPK zur Beschreibung des fachlichen als auch eine EPK zur Beschreibung des DV-technischen Ablaufs zu hinterlegen. Diese Einschränkung schützt vor Modellierungsfehlern im Sinne von Abschnitt 4.4.2.6. Dagegen könnten dieser Funktion z.B. gleichzeitig eine EPK, ein UML Use Case Diagram und ein Funktionsbaum hinterlegt werden, sofern man dies für sinnvoll erachtet.

6.2.6 Weitere Navigationshilfen

Eine der Stärken von ARIS® besteht in der Vielzahl der angebotenen Navigationshilfen, die es dem Benutzer erlauben, zwischen Modellen verschiedener Modellierungsebenen und/oder Modellierungssichten hin- und herzuspringen, um so einen Gesamtüberblick über die Zusammenhänge in der Modelllandschaft zu erlangen. Hierzu dienen zunächst die in Abschnitt 6.2.5 beschriebenen Hinterlegungsbeziehungen. Hinzu kommt die Funktion *Modellübersicht*, die veranschaulicht, welcher Teil eines Modells gerade auf dem Bildschirm angezeigt wird, sodass man vor allem bei der Navigation innerhalb eines größeren Modells nicht so schnell die Orientierung verliert (vgl. Abb. 6–2).

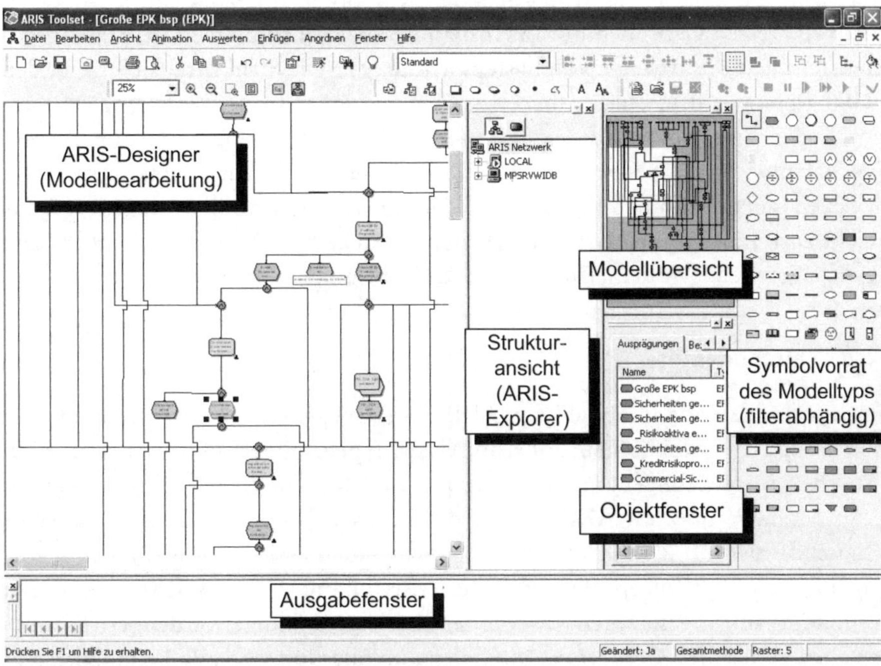

Abb. 6–2 *Benutzeroberfläche des ARIS® Toolset*

Über das Objektfenster können bezogen auf ein Objekt unter anderem Ausprägungen, Beziehungen, Hinterlegungen und gepflegte Attribute angezeigt werden, sodass z.B. abzulesen ist, welche Beziehungen ein bestimmtes Objekt vom Typ *Funktion* zu anderen Funktionen (etwa in einem Funktionsbaum), zu Ereignissen, Organisationseinheiten, Entitytypen und Regeln (in einer EPK) hat. Es werden die Beziehungen aller Ausprägungen dieses Objekts in allen Modellen angezeigt, wobei auch der jeweilige Beziehungstyp (Kantentyp) genannt wird, z.B. *ist prozessorientiert übergeordnet, wird aktiviert, führt aus.* Auch die jeweiligen Gruppen, in denen die betreffenden Modelle abgelegt sind, werden angezeigt, damit man sich im Falle geplanter Änderungen über die datenbankweiten Konsequenzen informieren kann, z.B. welche Vorgänger- oder Nachfolgerfunktionen betroffen sind oder mit welchen Modell- und Objektverantwortlichen Abstimmungen erforderlich sind. Man kann auf diese Weise auch ermitteln, an welchen Prozessen eine bestimmte Person oder ein bestimmtes Anwendungssystem beteiligt ist, um Konsequenzen von geplanten Veränderungen des Ressourceneinsatzes besser abschätzen zu können.

Die eigentliche Modellbearbeitung erfolgt im ARIS®-Designer. Je nach Modelltyp und gewähltem – bzw. seitens der Systemadministration zugeordnetem – Filter (siehe Abschnitt 6.2.7) stehen hier mehr oder weniger viele Symbole (Objekttypen und ggf. alternative grafische Ausprägungen derselben) zur Verfügung. In Abbildung 6–2 ist allerdings der Symbolvorrat der Gesamtmethode zu erkennen, dessen Gebrauch nur in Ausnahmefällen zu empfehlen ist. Das Ausgabefenster dient der Anzeige von Systemmeldungen. Die Strukturansicht zeigt den ARIS®-Explorer, d.h. einen Überblick über die lokal bzw. serverseitig vorhandene Verzeichnisstruktur, die gemäß der ARIS®-Terminologie »Gruppenstruktur« genannt wird. Selbstverständlich wird man sich zum Neuanlegen von Modellen im Normalfall auf den ARIS®-Designer, den Symbolvorrat und ggf. das Objektfenster als Elemente seiner Arbeitsoberfläche beschränken, um mehr Platz für die eigentliche Modellierungsarbeit zur Verfügung zu haben.

6.2.7 Methodenfilter

Ein häufig zu lesender Nachteil von ARIS® – vgl. Abschnitt 4.7.2 – besteht in der vom Werkzeug angebotenen Fülle an Modelltypen, an Objekttypen und ihren grafischen Ausprägungen, an Attributtypen und Kantentypen, die auf Anfänger in der Modellierung mit ARIS® nicht selten abschreckend – da zu kompliziert anmutend – wirkt und zu einer deutlich ablehnenden Haltung sowohl dem Werkzeug als auch der Konzeption gegenüber führen kann. Dieser Effekt kann durch den Einsatz von sogenannten »Methodenfiltern« verhindert werden. ARIS® bietet neben dem Filter *Gesamtmethode*, der nun allerdings gerade keine Filterung vornimmt, eine Reihe von vorgefertigten Filtern an, die die Menge der verfügbaren Modelltypen, Objekttypen, Attributtypen und Kantentypen allgemein mehr oder weniger stark begrenzen (*Easy-Filter, Standard-Filter, erweiterter Standard-Filter*). Es gibt weitere Filter, die auf ganz bestimmte Modellierungsziele hin ausgerichtet sind (*ARIS for SAP NetWeaver, ARIS for SOA Filter, Balanced Scorecard Filter, Demodatenbank, Quality Management Scout, SAP-Filter, Simulationsfilter*). Grundsätzlich ist deshalb davor zu warnen, ARIS-Neulinge mit dem Gesamtmethodenfilter zu konfrontieren. Stattdessen ist der *Easy-Filter* in Kombination mit dem Filter *Demodatenbank* für Einsteiger empfehlenswert. Letzterer ist nötig, um mitgelieferte Beispielmodelle betrachten zu können, die als Orientierung für die eigene Modellierung hilfreich sein können.

In Ausnahmefällen kann es in der Lehre dennoch sinnvoll sein, die Mächtigkeit der Gesamtmethode zu demonstrieren, etwa weil manche Modelltypen nur im *Gesamtmethodenfilter* und nicht in den anderen Standardfiltern verfügbar sind. In bestimmten Situationen kommt man um den Gesamtmethodenfilter allerdings auch in der Praxis nicht herum, nämlich dann, wenn ein Modell von einem Modellierer angelegt oder bearbeitet wurde, der mit einem anderen Filter arbeitet und Elemente (Modelltypen, Objekttypen usw.) verwendet hat, die im eigenen Filter nicht zur Verfügung stehen. In der Gruppenstruktur werden die entsprechenden Modelle und Objekte in diesem Fall ausgefiltert, d.h. gar nicht erst angezeigt, in der grafischen Darstellung werden die dem eigenen Filter unbekannten Objekttypen nur noch gestrichelt ohne Namen abgebildet. Beide Effekte verunsichern den Benutzer zunächst einmal stark. Hier hilft im Zweifelsfalle stets der Wechsel zum Gesamtmethodenfilter.

Die beschriebenen Effekte können durch klare Modellierungskonventionen, die die Nutzung einheitlicher Filter zwingend vorschreiben, verhindert werden. Dies wiederum kann durch die eindeutige Zuweisung eines bestimmten Filters für alle Benutzer automatisch gewährleistet werden, sodass nur noch im Ausnahmefall Modelle betrachtet werden müssen, deren Typ dem Filter insgesamt oder in Teilen – bezüglich einiger Objekttypen – unbekannt ist, etwa weil sie von externen Partnern stammen. Seitens desjenigen, der für die Benutzerverwaltung zuständig ist, kann definiert werden, welche Filter der einzelne Benutzer zur Auswahl bekommt, wenn man ihm überhaupt die selbstständige Auswahl eines Filters bei der Anmeldung in einer Datenbank ermöglichen möchte und nicht sicherheitshalber einen bestimmten Filter organisationsweit vorgibt.

Sollten die angebotenen Standardfilter für die unternehmensspezifischen Modellierungszwecke nicht genügen, kann man ergänzend auch eigene Filter definieren, indem man eine individuelle Festlegung zulässiger Modelltypen, Objekttypen, Attributtypen und Kantentypen sowie ihrer grafischen Ausprägungen vornimmt. Erfahrungsgemäß kann man jedoch auch mit den Standardfiltern gut zurechtkommen, sodass sich die Definition individueller Filter nur in Ausnahmefällen aufdrängt, was in der Praxis am ehesten in größeren Unternehmen mit umfangreichen Modellierungsaktivitäten der Fall ist.

6.2.8 Generieren neuer Modelle aus bestehenden Modellen

Es besteht die Möglichkeit, komfortabel ein neues Modell aus einem oder mehreren anderen Modellen unter Verwendung der in den Ausgangsmodellen vorhandenen Objektausprägungen zu generieren. Das Ausgangsmodell darf dabei auch einen anderen Modelltyp besitzen als das Zielmodell. Voraussetzung ist lediglich eine Schnittmenge von gemeinsamen Objekttypen zwischen den Modelltypen, sodass beispielsweise eine EPK unter anderem als Basis für die Modellierung eines Wertschöpfungskettendiagramms (*Funktion* als gemeinsamer Objekttyp), eines UML Use Case Diagram (*Funktion* als gemeinsamer Objekttyp) oder eines Organigramms (*Organisationseinheit* als gemeinsamer Objekttyp) dienen kann, je nachdem, welche Modelltypen im Rahmen der integrierten Prozessmodellierung oder aufgrund der Wünsche des Managements benötigt werden. Ein Beispiel dazu: Angenommen, es soll aus einer EPK ein Funktionsbaum generiert werden. Dazu werden die Objektausprägungen, die in der EPK verwendet werden, en bloc in das neue Modell vom Typ *Funktionsbaum* kopiert. Da der Modelltyp *Funktionsbaum* neben Kanten nur den Objekttyp *Funktion* kennt, fallen alle anderen Symbole aus der EPK (Ereignisse, Konnektoren, Organisationseinheiten usw.) hierbei weg, es bleiben die Funktionen übrig, die zu einem prozessorientiert strukturierten Funktionsbaum vervollständigt werden können.

Man kann auf diese Weise auch Teilmodelle gleichen Typs zu einem gemeinsamen Modell zusammenführen, d.h. aus mehreren EPKs eine EPK als Gesamtdarstellung erzeugen. Dies wird in der Praxis häufig seitens des Managements gewünscht, um so alle Zusammenhänge aus einem Modell ablesen zu können. Dazu wird vorzugsweise eine Papierversion des Ergebnisses erstellt. Dabei können recht großformatige Modelle entstehen, deren Pflege entsprechend aufwendig ist. Dies kann bis hin zu den berühmt-berüchtigten »Wandtapeten« reichen, die entsprechende Wände in oder vor Büros von Prozessverantwortlichen zieren sollen. ARIS® bietet zwar verschiedene Navigationshilfen für die Arbeit mit großen Modellen am Bildschirm sowie zum Zusammensetzen von Papierausdrucken zu einer »Tapete« an, doch stoßen diese Möglichkeiten auch an Grenzen, insbesondere wenn es darum geht, Änderungen an komplexen, großformatigen Modellen vorzunehmen, da das Neuziehen von Kanten hierbei eine große Herausforderung darstellt, zumal Änderungen erfahrungsgemäß häufiger auftreten, als es den Beteiligten lieb ist.

Hinzu kommt, dass die Gesamtdarstellung in der Regel redundant zu der Darstellung in Teilmodellen zu pflegen ist, was die Fragwürdigkeit einer permanenten Aktualisierung eines komplexen Übersichtsmodells noch unterstreicht. Falls die Teilmodelle, die per Generierung zu einem Gesamtmodell zusammengefügt werden sollen, von unterschiedlichen Beteiligten erstellt wurden, sind im Vorfeld außerdem stets Absprachen über Detaillierungsgrad, Wahl der Modell- und Objekttypen und die entsprechenden Schnittstellen nötig. Dies kann effizient in Form des mehrfach angesprochenen Konventionenhandbuchs geschehen.

6.2.9 Modellauswertung

ARIS® bietet verschiedene Möglichkeiten, die Datenbankinhalte – Modelle und Objekte – zu analysieren. Diese Möglichkeiten werden zusammengefasst als »Modellauswertungen« bezeichnet. Dazu zählen Berichte (»Reports«), Analysen und sogenannte »Semantik-Checks«. Für die Modellauswertung werden Skripte eingesetzt, die Dateien im Word-, Excel- oder HTML-Format bzw. Textdateien erzeugen.

6.2.9.1 Analysen

Zur Verfügung stehen unter anderem Analysen, die ein Modell bzw. eine Gruppe von Modellen hinsichtlich folgender Aspekte untersuchen:

- **Anwendungssystembrüche** im Prozess
  Es wird geprüft, ob die vorhergehende und die nachfolgende Funktion in einem Prozess nicht mindestens eine gleiche Zuordnung von Anwendungssystemen (je nach Abstraktionsgrad auch Anwendungssystemtypen, Anwendungssystemklassen) hat, d.h., es wird ermittelt, an welcher Stelle im Prozess das eingesetzte Anwendungssystem wechselt. Wechsel sind im Rahmen der Analyse grundsätzlich kritisch zu hinterfragen, da durch einen höheren Grad der Systemintegration in der Regel Einsparungen an Zeit und Kosten möglich wären und Übergabefehler von einem System zum anderen entfallen.
- **Medienbrüche** im Prozess
  Es wird geprüft, ob die vorhergehende und die nachfolgende Funktion in einem Prozess nicht mindestens eine gleiche Zuordnung von Informationsträgern wie Dokumenten, Festplatten, Protokollen, Akten, Telefon usw. hat, d.h., es wird ermittelt, am welcher Stelle im Prozess der eingesetzte Informationsträger wechselt. Es wird auch untersucht, welche Funktionen in Folge nicht mindestens einen übereinstimmenden Input- bzw. Output-Informationsträger besitzen. Grundsätzlich sind Medienbrüche zu vermeiden, da sie unnötige Mehrarbeit bedeuten – etwa durch eine notwendige Mehrfacherfassung von Daten – und dadurch zusätzlich eine vermeidbare Fehlerquelle darstellen.
- **Organisationsbrüche,** d.h. Wechsel in der organisatorischen Zuständigkeit im Prozess
  Für alle Funktionsübergänge wird ermittelt, ob ein Wechsel der durchführenden Organisationseinheit, Gruppe, Person oder Stelle vorliegt. An deren Häufigkeit kann der Grad der Prozessorientierung der zugrunde liegenden Aufbauorganisation abgelesen werden. Häufige Wechsel deuten auf eine funktionale Aufbauorganisation hin, die eine ganzheitliche Prozessbetrachtung aufgrund ihrer ausgeprägten Arbeitsteiligkeit sehr erschwert, da ein Geschäftsprozess dabei häufig »Abteilungsmauern« zwischen den verschiedenen funktionalen Bereichen, die an ihm beteiligt sind, überwinden muss, was zeitaufwendig und fehlerträchtig ist. Seltene Wechsel charakterisieren eine eher prozessorientiert gestaltete Aufbauorganisation.
- **Zeiten und Kosten**
  Ermittelt werden für alle Funktionen bzw. Kanten die Summen der mittleren, minimalen und maximalen Zeiten- und Kostenwerte entsprechend den gepflegten Funktions- und Kantenattributen. Es wurde bereits erwähnt, dass der Aufwand zur Pflege der entsprechenden Attribute nicht unterschätzt werden sollte. Ohne eine durchgängige Erfassung und ggf. notwendige Aktualisierung der Attributwerte sind zeit- und kostenbezogene Analysen jedoch sinnlos.

6.2.9.2 Berichte

Es können Berichte (»Reports«) für folgende Elemente einer Datenbank erstellt werden:

- Datenbank insgesamt
- Filter
- Gruppen
- Modelle
- Objektdefinitionen
- Objektausprägungen

Dazu werden zahlreiche sogenannte »Reportskripte« zur Verfügung gestellt. Grundsätzlich besteht jeder Bericht aus einem allgemeinen und einem skriptspezifischen Teil. Der allgemeine Teil informiert über den Zeitpunkt der Berichterstellung, den Server, auf dem sich die Datenbank befindet, aus der der Bericht stammt, den Namen der Datenbank und den Namen des Benutzers, der den Bericht erstellt hat. Es werden Skripte zur Erstellung von Berichten mitgeliefert, die ein breites Spektrum an Anforderungen abdecken, beispielhaft seien folgende Ausgabemöglichkeiten genannt:

- Ausgabe von Objekten in der modellierten Reihenfolge bezüglich ausgewählter Modelle (grafische Struktur)
- Ausgabe aller gepflegten Modellattribute und -beziehungen
- Ausgabe aller gepflegten Objektattribute und -beziehungen
- Suche nach Objektausprägungen in Modellen, die weder eine eingehende noch eine ausgehende Kante haben
- Ausgabe der Organisationseinheiten zu ausgewählten Funktionen
- Ausgabe einer Funktionshierarchie

Je nach ARIS®-Variante ist teilweise auch die individuelle Programmierung von Berichten in Form von Reportskripten möglich, sodass organisationsspezifisch die Struktur von Berichten festgelegt werden kann, sofern die Berichtsempfänger mit den Standardberichtsformaten nicht zufrieden sind.

6.2.9.3 Semantik-Checks

Die Benennung ist verwirrend, da Semantik-Checks keineswegs vorrangig die Korrektheit der Semantik eines Modells und somit die inhaltlich korrekte Abbildung des Realitätsausschnitts prüfen, sondern vielmehr die Einhaltung bestimmter Syntaxregeln kontrollieren, sodass man besser von »Syntax-Check« sprechen sollte. Von besonderer Bedeutung ist dabei die Gruppe der sogenannten Strukturregeln. Die möglichen Überprüfungen durch Semantik-Checks unterscheiden sich zwangsläufig von Modelltyp zu Modelltyp. Im Falle des meist im Vordergrund der Modellierungsarbeit stehenden Modelltyps *eEPK* kann z.B. per Semantik-Check Folgendes überprüft werden:

- Sind alle Startobjekte vom Typ *Ereignis*
- Gibt es von jedem Ereignis und jeder Funktion höchstens eine Ausprägungskopie in einem Modell. Aus Gründen der Übersichtlichkeit hat es sich in der Praxis bewährt, Dopplungen von Ereignissen zuzulassen. Im Sinne einer Wiederverwendung bzw. Standardisierung von Funktionen kann es auch sinnvoll sein, mehrere Ausprägungskopien einer Funktion in einem Modell zuzulassen.
- Endet ein Pfad mit einem Ereignis oder einer Funktion
- Folgt auf einen zusammenführenden Konnektor eine Funktion bzw. ein weiterer Konnektor
- Existieren in einer Modellhierarchie Zyklen. Zyklen widersprechen dem Prinzip eines klar definierten Anfangs und eines klar definierten Endes eines Prozesses.
- Folgen auf einen aufspaltenden Konnektor (ODER, XOR) Ereignisse
- Folgt nach einzelnen Ereignissen kein aufspaltender ODER- bzw. XOR-Konnektor
- Gibt es Objekte ohne Kantenbeziehungen
- Verbinden Kanten stets Objekte unterschiedlichen Typs. Das konventionsgemäße Weglassen von Trivialereignissen führt somit zu Fehlermeldungen.
- Besitzen Objekte (unzulässigerweise) Kanten zu sich selbst
- Beginnt und endet jeder Pfad mit einem Ereignis oder einer Prozessschnittstelle
- Ist die Anzahl der ein- und ausgehenden Kanten am Konnektor korrekt
- Besitzen alle Funktionen und Ereignisse höchstens eine eingehende und eine ausgehende Kante
- Sind Konnektoren ausschließlich Funktionen vorgelagert und Ereignissen nachgelagert bzw. umgekehrt ausschließlich Ereignissen vorgelagert und Funktionen nachgelagert
- Existieren im Falle von Hinterlegungen im Detailmodell die die hinterlegte Funktion auslösenden Ereignisse als Startereignisse und die Ergebnisse der hinterlegten Funktion als Endereignisse (ohne Beachtung der Prozessschnittstellen)?
- Sind Ereignisse, die einer Prozessschnittstelle direkt vor- oder nachgelagert sind, auch in allen der Prozessschnittstelle hinterlegten Prozessmodellen platziert, wobei Startereignisse im Ausgangsmodell Endereignisse im hinterlegten Modell sein müssen und umgekehrt.

Es bleibt dem Benutzer überlassen, ob er alle Regeln prüfen lassen möchte oder aber, z.B. aufgrund eigener Modellierungskonventionen, bestimmte dieser Regeln bewusst ignoriert. Vergleicht man die durch Semantik-Checks abprüfbaren Regeln mit der Auflistung der Modellierungsregeln in Anlage A, so stellt man fest, dass man die Einhaltung der meisten, jedoch nicht aller Regeln automatisiert überprüfen lassen kann. Dies bedeutet, dass bestimmte Modellierungsfehler und die meisten Verletzungen von Modellierungskonventionen auf diese Weise nicht aufgedeckt werden können. Umgekehrt können vermeintliche Modellierungsfehler als Ergebnisse eines Semantik-Checks genannt werden, die bei genauerem Betrachten gar keine sind. Beispielsweise berücksichtigen Semantik-Checks standardmäßig keine Ereignisdiagramme, d.h. Zusammenfassungen von Einzelereignissen zu einem Gesamtereignis (vgl. Abschnitt 3.7.1). Die Semantik-Checks müssten deshalb ggf. individuell angepasst werden.

Folglich kann man sich als Modellierer nicht blindlings auf die Ergebnisse der Semantik-Checks verlassen, man muss vielmehr deren Ergebnisse sowie die Modelle insgesamt gründlich analysieren, um vollkommen regelgerechte und konventionsgerechte Modellierungsergebnisse zu bekommen. Damit ist ein durchaus nicht zu vernachlässigender Aufwand verbunden, der zumindest mit dem Aufwand vergleichbar ist, der im Rahmen der Erstellung eines nicht trivialen Textdokuments zusätzlich zu betreiben ist, nachdem man zuvor bereits die Orthografie- und Grammatikprüfungen seines Textverarbeitungsprogramms genutzt hat, die bei bestimmten Wörtern und grammatikalischen Konstruktionen bekanntlich an ihre Grenzen stoßen, indem sie Fehler anzeigen, die keine sind bzw. umgekehrt bestimmte Fehler nicht entdecken. Nur mithilfe dieser Nacharbeit wird man einen angenehm lesbaren, syntaktisch und semantisch vollkommen korrekten Text erhalten. Vergleichbare Nacharbeiten sind auch im Rahmen der Modellierung nicht trivialer EPKs unumgänglich. Hat man dies verstanden, so unterstützen Semantik-Checks die Erstellung korrekter Modelle jedoch sinnvoll, indem sie die Mehrzahl der Fehler aufdecken und zum Nachdenken über zunächst unklar erscheinende Fehlermeldungen hinsichtlich der Frage anregen, ob jeweils tatsächlich ein Fehler im Sinne der organisationsinternen Regelungen zur Modellierung vorliegt.

6.2.10 Change Management

Die Funktion *Change Management* ermöglicht die Beschreibung der zu erledigenden Modellierungsaufgaben. Veränderungsvorschläge und Maßnahmen werden erfasst, es können dazu Prioritätsstufen vergeben, ein Bearbeitungsstatus gepflegt, ein Verantwortlicher benannt und ein Endtermin gesetzt werden. Das Change Management eignet sich somit vom Grundsatz her gut zur Dokumentation der anstehenden Modellierungsaufgaben. Eine Versionsverwaltung bezogen auf die Modellierungsergebnisse wird in diesem Zusammenhang allerdings nicht angeboten. In der Praxis wird meistens darauf verzichtet, detailliert die Modell- und Objektänderungen zu erfassen, da dies von den meisten Modellierern als zu aufwendig eingestuft und deswegen tendenziell vernachlässigt oder gar ignoriert wird, sodass die Eintragungen dort generell als lückenhaft und fehlerträchtig eingestuft werden müssen und somit als Basis für die Planung und Steuerung von Modellierungsvorhaben nicht geeignet sind (vgl. [Grief 2005]).

6.2.11 Unterstützung einer einheitlichen und ansprechenden Gestaltung der Modelle

ARIS® unterstützt eine einheitliche grafische Gestaltung der Modelle durch Vorlagen, Empfehlungen für Konventionen (vgl. Abschnitt 4.1.4) und die ARIS®-Funktion *Layout*, die automatisiert das Layout eines Modells generiert. Letztere ist grundsätzlich hilfreich, stößt bei komplexen Modellen jedoch an Grenzen. Bei bestimmten Modelltypen wie etwa bei Organigrammen und Funktionsbäumen entsprechen die Ergebnisse dieser ARIS®-Funktion sogar nur sehr selten den Vorstellungen des Modellierenden, sodass generell geschlussfolgert werden kann, dass sie sich in der Praxis eher nicht bewährt hat (vgl. z.B. [Grief 2005]). Über einen Layout-Assistenten kann man in bestimmten ARIS®-Varianten generell sehr detaillierte Vorgaben für die grafische Gestaltung machen, etwa bezüglich der Kantenansatzpunkte an einem Objekt oder hinsichtlich der Anordnung seiner »Satelliten«, d.h. bei einer EPK insbesondere der Erweiterungsobjekte, die eine Funktion näher beschreiben. Doch auch bei Nutzung des Layout-Assistenten bleiben trotz ausgefeilter Festlegungen allgemeingültiger Vorgaben in der Regel nicht unerhebliche Nacharbeiten am einzelnen Modell übrig, sodass der Einsatz dieser Unterstützungsmöglichkeit letztlich eine Ermessensfrage jedes Einzelnen ist. In jedem Falle hilfreich zur Erzielung ansprechend gestalteter Modelle sind folgende jeweils auf eine Gruppe von Objekten bezogene Ausrichtungshilfen:

- Linksbündig
- Rechtbündig
- Obenbündig
- Untenbündig
- Vertikal zentrieren
- Horizontal zentrieren
- Horizontal gleicher Abstand
- Vertikal gleicher Abstand

Mithilfe dieser Funktionen fällt es den Modellierenden leicht, in kurzer Zeit angenehm zu betrachtende, übersichtliche Modellierungsergebnisse zu erzeugen, wobei immer noch genügend Gestaltungsspielräume bleiben und man nicht der Versuchung erliegen sollte, diese über verbindliche detaillierte Konventionen zur Modellgestaltung so weit wie möglich einzuschränken, zumal es kaum zu schaffen sein dürfte, alle in der Praxis auftretenden Konstellationen der Objektanordnung vorherzusehen und zudem noch sinnvoll einheitlich zu regeln.

6.2.12 Berechtigungskonzept

Das Berechtigungskonzept von ARIS® ermöglicht die arbeitsteilige Erstellung und Verwaltung von Modellen. Für die Arbeit in einer serverbasierten Datenbank ist es deshalb grundsätzlich erforderlich, dass man als Benutzer angelegt wird und danach seine Zugangsdaten (Benutzername, Kennwort) erhält. ARIS® unterscheidet zwischen verschiedenen Typen von Benutzern: Systembenutzern, die definitionsgemäß alle Zugriffs- und Funktionsrechte haben, und gewöhnlichen Benutzern, denen individuell oder über die Zuordnung zu sogenannten Benutzergruppen Rechte zugewiesen werden. Hinsichtlich des Zugriffs auf Modelle kann zwischen den Stufen

- keine Rechte,
- nur Leserechte,
- Lese- und Schreibrechte,
- Lese-, Schreib- und Löschrechte,

bezogen auf jede einzelne (Modellablage-)Gruppe in der hierarchischen Gruppenstruktur, differenziert werden. Beispielsweise kann man einem Benutzer Leserechte für die gesamte Datenbank einräumen, Schreib- und Löschrechte jedoch nur für eine bestimmte Untergruppe. Zur Vereinfachung können diese Zugriffsrechte wie erwähnt auch vorher anzulegenden Benutzergruppen zugeordnet werden, sodass ein neuer Benutzer lediglich noch einer bestimmten Benutzergruppe zugeordnet werden muss. Ergänzend können – abgestimmt auf die konkreten Aufgaben eines Benutzers bzw. einer Benutzergruppe – bestimmte Funktionsrechte zugewiesen werden, zu nennen sind vor allem:

- Benutzerverwaltung
- Change Management (vgl. Abschnitt 6.2.10)
- Datenbankadministration
- Datenbankexport
- Methodische Änderungen

Jedoch kann es auch Benutzer geben, die über keine Funktionsrechte verfügen. Dagegen sollte jedem Benutzer direkt oder über die Benutzergruppe mindestens ein Methodenfilter zugewiesen werden (vgl. Abschnitt 6.2.7). Ansonsten arbeitet man automatisch mit der Gesamtmethode. Sofern einem Benutzer mehrere Methodenfilter zugewiesen werden, muss er sich bei der Anmeldung für einen der ihm zur Verfügung stehenden Filter entscheiden. Ein Wechsel des Filters ist über ein Abmelden und ein erneutes Anmelden in der entsprechenden Datenbank möglich. Individuelle Rechte und Rechte, die mit der Zugehörigkeit zu einer

Benutzergruppe verbunden sind, ergeben zusammengenommen die sogenannten »absoluten Rechte« eines Benutzers. Für die serverbasierte gemeinsame Arbeit an Modellen ist selbstverständlich auch ein entsprechendes Sperrkonzept vorhanden, das den schreibenden Zugriff auf ein Modell stets nur einem Benutzer gestattet, damit keine Inkonsistenzen dadurch entstehen, dass mehrere Benutzer gleichzeitig ein Modell verändern. Für alle anderen Benutzer ist der schreibende oder löschende Zugriff so lange blockiert, bis das Modell vom sperrenden Benutzer wieder geschlossen wird. Betrachtet werden kann das Modell jedoch weiterhin, allerdings nur mit dem zuletzt gespeicherten Stand vor der Sperrung.

6.2.13 ARIS®-Produktpalette

Es wurde bereits erwähnt, dass es heutzutage kaum noch möglich ist, pauschal über *das* Werkzeug ARIS® zu schreiben, da es neben dem klassischen und verbreitet eingesetzten ARIS® Toolset mittlerweile eine ganze Familie von zu ihm mehr oder weniger nah verwandten weiteren Produkten der IDS Scheer AG gibt, die sich zwangsläufig hinsichtlich Zielgruppe, Einsatzgebiet und Funktionalität teilweise deutlich unterscheiden. Man sollte somit stets genauer spezifizieren, auf welches Produkt man sich konkret bezieht, oder aber die Ausführungen – wie bis hierher geschehen – möglichst allgemein halten, wobei im Zweifelsfalle dann doch das »klassische« ARIS® Toolset Betrachtungsgegenstand gewesen ist. Die sogenannte »ARIS® Platform for Process Excellence« fasst die Produktpalette zusammen. Die einzelnen Produkte sollen für das Management und die Modellierung von Geschäftsprozessen sehr unterschiedlichen Zielsetzungen und Ansprüchen genügen. Genau genommen besteht diese Plattform sogar aus vier (Teil-) Plattformen, die zusammen ein integriertes Werkzeugportfolio für (1.) die Strategie, (2.) das Design, (3.) die Implementierung und (4.) das Controlling von Geschäftsprozessen bieten (vgl. Abb. 6–3).

Die nachfolgende knappe Zusammenstellung (Stand: Juni 2007) soll helfen, einen Überblick über die mittlerweile breite Palette an ARIS-Produkten zu bekommen und das für die Prozessmodellierung vorrangig wichtige, seit Jahren bewährte ARIS® Toolset entsprechend einordnen zu können. Es wird schnell deutlich, dass der Integrationsgedanke dadurch weit über die Prozessmodellierung hinausgetragen wird. Für weitergehende Informationen sei auf *http://www.ids-scheer.de* und die dort verfügbaren Dokumente verwiesen.

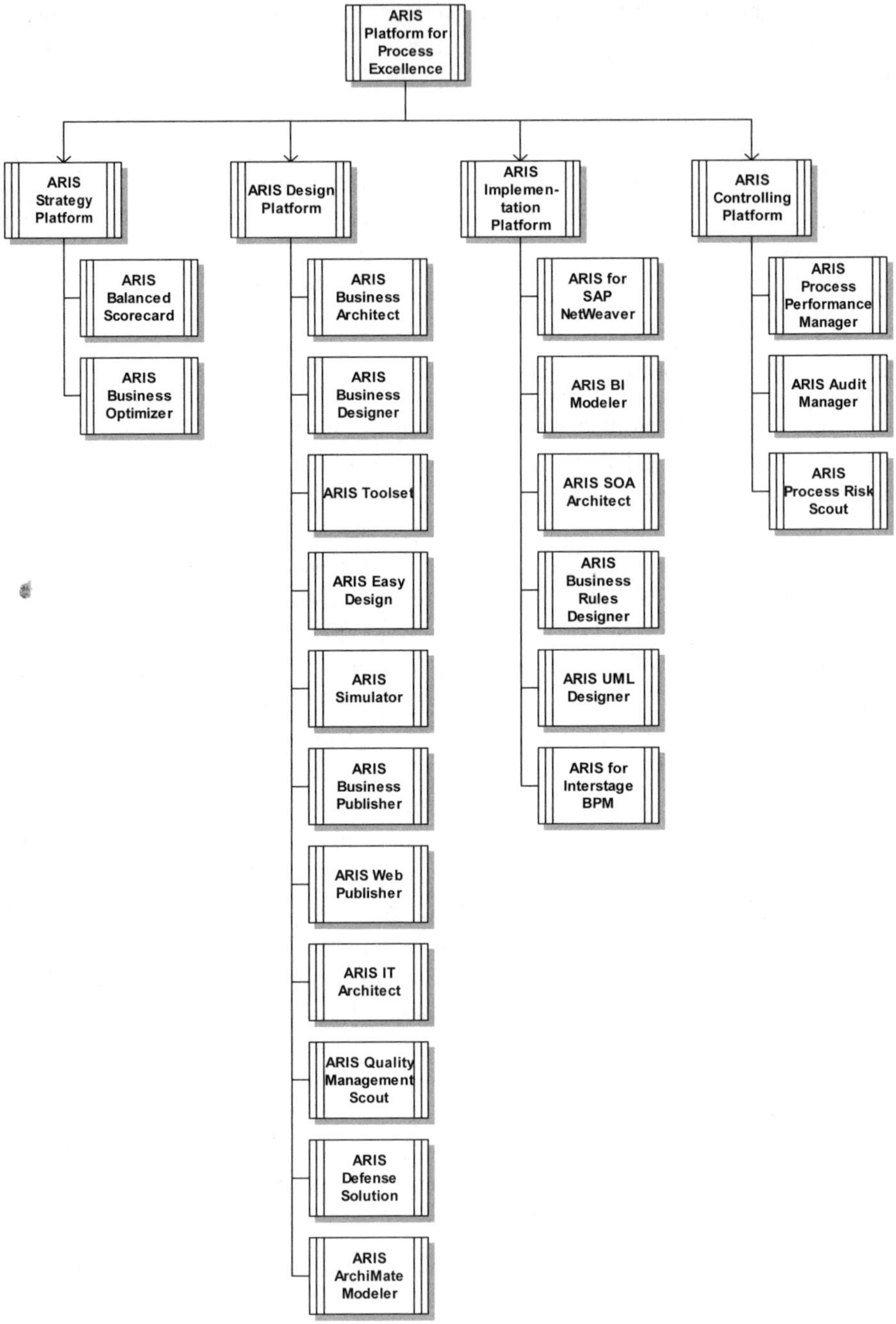

Abb. 6–3 *ARIS®-Produktpalette*

- **ARIS® Strategy Platform**
  Ziel der Werkzeuge dieser Plattform ist die Ableitung der Geschäftsprozesse aus der Unternehmensstrategie, d.h., diese Werkzeuge dienen der Identifikation der Geschäftsprozesse, die im Anschluss daran zu modellieren, zu analysieren und bei Bedarf umzugestalten sind, um die Produktivität eines Unternehmens zu steigern.
  - **ARIS® Balanced Scorecard**
    beinhaltet Werkzeuge für die Design-, Implementierungs-, Controlling- und Neuausrichtungsphase eines Strategieprojektes. Damit können strategische Unternehmensziele definiert sowie Ursache-Wirkungs-Beziehungen über alle Perspektiven hinweg festgelegt werden. Im Kern geht es dabei vor allem um die Identifikation strategisch relevanter Prozesse. Zusätzlich lassen sich alle benötigten Kennzahlen und Maßnahmen beschreiben. Die Ergebnisse können mit anderen ARIS-Produkten weiter analysiert werden.
  - **ARIS® Business Optimizer**
    Er ist ein webbasiertes Werkzeug für die kennzahlenbasierte Prozessoptimierung. Kennzahlen und Prozessstrukturen werden dazu in einem zentralen Repository als Analysebasis verwaltet. Die angebotenen What-if-Analysen, Zeitreihenbetrachtungen und Szenariovergleiche sollen die strategische Entscheidungsfindung bezüglich geeigneter Optimierungsmaßnahmen unterstützen.
- **ARIS® Design Platform**
  Diese Plattform dient der Gestaltung von Prozessen und ist damit für das Thema dieses Buches von besonderem Interesse. Zu der Plattform zählen Werkzeuge, die für sehr unterschiedliche Zielgruppen und Einsatzgebiete konzipiert sind.
  - **ARIS® Business Architect**
    ist eine webbasierte Software für unternehmensweites Geschäftsprozessmanagement. Das Werkzeug ermöglicht die flexible Modellierung, Analyse und Optimierung von Geschäftsprozessen. Seine Benutzeroberfläche ist besonders ergonomisch gestaltet.
  - **ARIS® Business Designer**
    Hierbei handelt es sich quasi um eine einfachere Variante des ARIS® Business Architect, die den Einstieg in die Modellierung für den Anfänger erleichtert.
  - **ARIS® Toolset**
    Das ARIS® Toolset ist ein bewährtes, professionelles Werkzeug für die Modellierung von Geschäftsprozessen und den Aufbau von IT-Anwendungslandschaften. Es basiert auf einer zentralen Datenbank (Repository) und bietet umfangreiche Funktionen, Architekturkonzepte und Modellierungsnotationen, ablesbar an dem breiten Spektrum an Modelltypen, wie es in den Kapiteln 3 und 4 vorgestellt worden ist. Zielgruppen sind insbe-

sondere Modellierungsexperten und Verantwortliche für das Geschäftsprozessmanagement in Projekten.

- **ARIS® Easy Design**
  Dieses Werkzeug stellt eine einfacher gestaltete Alternative zum ARIS® Toolset dar, die es ermöglicht, dass Mitarbeiter aus Fachabteilungen selbstständig modellieren können. Die Vereinfachung wird unter anderem dadurch erreicht, dass auf bildhafte Symbole zur leichteren Handhabung und auf dialogorientierte Assistenten (»Wizards«) als Hilfestellung bei der Modellierung zurückgegriffen wird. Auch das ARIS® Easy Design basiert auf einem zentralen Repository, sodass eine Integration der damit erstellten Modellierungsergebnisse mit denjenigen anderer ARIS®-Werkzeuge – z.B. des ARIS® Toolset – möglich ist.
- **ARIS® Simulator**
  Auf der Basis bestimmter zu pflegender Attribute können Ressourcenengpässe, Prozessschwachstellen, Ressourcenauslastung, Durchlaufzeiten usw. per Simulation bestimmt werden, um diesbezüglich Verbesserungen in der Prozessgestaltung vornehmen und z.B. genauere Personalbedarfsplanungen durchführen zu können.
- **ARIS® Business Publisher**
  Er dient dem dynamischen Publizieren von Prozesswissen oder von Wissen über Anwendungslandschaften. Dieses Wissen wird über webbasierte Portale zur Verfügung gestellt, wobei die Portalinhalte dynamisch während des Zugriffs des Benutzers generiert werden, sodass die Prozessinformationen stets aktuell sind.
- **ARIS® Web Publisher**
  Diese Zusatzkomponente zum ARIS® Toolset ermöglicht das einfache Publizieren von Unternehmensprozessen im Intranet oder Internet. Sie besitzt eine webbasierte, weitgehend intuitiv zu bedienende Benutzeroberfläche. Durch die unternehmensweite Verfügbarkeit wird es möglich, Modellierungsergebnisse unabhängig von der individuellen Verfügbarkeit des ARIS® Toolset oder des ARIS® Easy Design allen Organisationsangehörigen zugänglich zu machen.
- **ARIS® IT Architect**
  Dieses Werkzeug dient der übersichtlichen Darstellung der IT-Systeme in Form einer IT-Landschaft. Es unterstützt die Dokumentation der Istarchitektur, ihre Analyse und darauf aufbauend die Einführung einer an den Geschäftsprozessen ausgerichteten Zielarchitektur.
- **ARIS® Quality Management Scout**
  Diese Komponente ist für den Aufbau und den Betrieb eines prozessorientierten Qualitätsmanagementsystems konzipiert, ausgerichtet auf die ISO-

9000:2000-Norm. Mit ARIS® erstellte Modellierungsergebnisse werden dabei mit für das Qualitätsmanagement relevanten Inhalten verknüpft.

- **ARIS® Defense Solution**
  Dieses Produkt ist ein speziell auf militärische Organisationen ausgerichtetes Werkzeug, das sich durch ein zentrales Repository, einen objektorientierten Ansatz und eine große Zahl von Schnittstellen auszeichnet.
- **ARIS® ArchiMate Modeler**
  Er integriert das ArchiMate-Framework mit den ARIS-Modelltypen. Das Rahmenwerk wurde von dem niederländischen Telematica Institut mit dem Ziel entwickelt, Unternehmen ein einfaches und intuitives Konzept zu bieten, das IT-Aspekte und fachliche Aspekte verbindet. Über das internationale ArchiMate-Forum wird das Rahmenwerk kontinuierlich als Standard weiterentwickelt. Das ArchiMate-Framework hat seine Stärken in der Gestaltung von IT-Architekturen und ermöglicht somit, dass IT-Architekten und Fachabteilungsmitarbeiter (die z.B. mit ARIS® Easy Design arbeiten) in einer gemeinsamen Umgebung tätig sind. Es bietet damit eine umfassende Umgebung für das Design und die Analyse von Geschäftsarchitekturen.

- **ARIS® Implementation Platform**
  Diese Plattform unterstützt die Umsetzung der Geschäftsprozesse, die z.B. als EPKs dokumentiert sind, in die IT-Landschaft. Die fachliche Sicht auf die Prozesse und die Sicht der Informationstechnologie auf die Prozesse werden somit integriert. Dazu werden die fachlichen Prozesse schrittweise in implementierbare Modelle bzw. Diagramme überführt.
  - **ARIS® for SAP NetWeaver**
    Dieses Produkt ermöglicht es, betriebswirtschaftliche Anforderungen aus Prozesssicht zu definieren. Diese Anforderungen werden mittels fachlicher Prozessmodelle abgebildet und können mit allen wichtigen Informationen ergänzt und analysiert werden. Es gibt eine bidirektionale Schnittstelle zum SAP Solution Manager, über die die Modelle auf Basis der von SAP bereitgestellten Referenzinhalte für eine prozessbasierte SAP-Lösung aufgebaut werden. Sie können direkt im SAP Solution Manager implementiert werden, sodass sichergestellt ist, dass eine Umsetzung der geforderten Prozesse im SAP-System möglich ist.
  - **ARIS® BI Modeler**
    In speziellen Modelltypen werden Datenstrukturen und Datenflüsse aufbereitet. Eine integrierte Schnittstelle zu SAP Business-Intelligence-(BI-) Systemen ermöglicht dabei das automatische Generieren dieser Modelle.
  - **ARIS® SOA Architect**
    Ausgehend von den Geschäftsprozessen der Fachbereiche im Unternehmen kann eine serviceorientierte Architektur (SOA) aufgebaut werden.

Ein Service-Browser hilft bei der Identifikation von Services zur Automatisierung fachlicher Aktivitäten. Generiert werden ausführbare BPEL-Prozesse (BPEL = Business Process Execution Language). Umgekehrt lässt sich leicht feststellen, welcher Service in welchem Prozess verwendet wird.

- **ARIS® Business Rules Designer**
  Mit ihm können Verantwortliche aus den Fachbereichen Geschäftsregeln beschreiben und in die Geschäftsprozesse integrieren. Das Werkzeug hilft beim Aufspüren unvollständiger oder widersprüchlicher Regeln. Die Regeln können zur automatisierten Ausführung in Web-Services überführt werden.
- **ARIS® UML Designer**
  Er verbindet die fachliche Geschäftsprozessmodellierung mit der UML-basierten Softwareentwicklung. Dazu wird ein durchgängiges Vorgehensmodell bereitgestellt. Der Zugriff auf Prozessmodelle und UML-Modellierungsergebnisse erfolgt über einen Web-Browser.
- **ARIS® for Interstage BPM**
  Dieses Produkt verbindet mithilfe des ARIS® Business Architect definierte Prozesse mit deren technischer Ausführung mittels der Fujitsu BPM-Lösung, wodurch eine enge Verzahnung von Prozess- und IT-Management erreicht wird.

- **ARIS® Controlling Platform**
  Die Werkzeuge dieser Plattform dienen der Leistungsmessung von Prozessen, insbesondere von solchen, die in IT-Systemen umgesetzt sind. Ziel ist die Erhöhung der Prozessqualität durch das Aufdecken von Verbesserungspotenzialen.
  - **ARIS® Process Performance Manager**
    Er dient der Analyse der in IT-Systemen ablaufenden Geschäftsprozesse unter Berücksichtigung der sogenannten »Best Practices«, d.h. bewährter Methoden. Zur Analyse werden speziell ausgewählte Kennzahlen herangezogen. Außerdem werden Unternehmensziele und Kommunikationsbeziehungen berücksichtigt und ein Frühwarnsystem bezüglich Planabweichungen angeboten.
  - **ARIS® Audit Manager**
    Er unterstützt die Durchführung von Prozesstests und anderen Maßnahmen, die zur Einhaltung verschiedener gesetzlicher oder sonstiger normativer Vorgaben (Schlagwort: »Compliance«) erforderlich sind. Dies erfolgt auf der Basis eines Workflow-Konzepts, das sicherstellt, dass der Benutzer alle notwendigen Maßnahmen einleitet, indem es ihn von Maßnahme zu Maßnahme leitet.

- ARIS® Process Risk Scout
  Dieses Werkzeug dient dem Aufbau und dem operativen Betrieb eines Risikomanagementsystems. Dazu zählen die Teilaufgaben *Festlegung der Risikopolitik, Risikoanalyse, Risikodokumentation* und *Risikocontrolling*.

6.3 Funktionsumfang eines Grafikwerkzeugs zur Prozessmodellierung am Beispiel von Microsoft Office Visio

Es wurde bereits angesprochen, dass es in der Praxis genügen kann, statt eines speziellen und oft teuren Modellierungswerkzeugs ein häufig ohnehin schon vorhandenes, zumindest aber vielseitig einsetzbares Grafikwerkzeug zu benutzen. Jedoch sollte dieses unbedingt die wesentlichen Modelltypen für die Prozessmodellierung und deren zentrale Symbole vorgefertigt bereitstellen. Aufgrund seiner weiten Verbreitung wird stellvertretend für diese Werkzeugkategorie *Microsoft Office Visio* betrachtet. Seine Unterschiede zu einem reinen Modellierungswerkzeug wie ARIS® werden analysiert. Gegenüber einem beliebigen Grafikwerkzeug, das keine vordefinierten EPK-Symbole und keine komfortable Unterstützung beim Anlegen von Kanten sowie ihrem Nachziehen beim Verschieben von Objekten bietet, sind einige Vorteile bei der Erstellung von EPKs unverkennbar. Es stellt sich jedoch die Frage, inwieweit Microsoft Office Visio die Verwendung eines Modellierungswerkzeugs ersetzen kann. Dazu sollen in den folgenden Abschnitten die wesentlichen Unterschiede herausgearbeitet werden.

6.3.1 Symbolvorrat

Die Ausdrucksmöglichkeiten einer Sprache hängen von ihrem Wortschatz, aber auch von ihrer Syntax ab. Die Ausdrucksmächtigkeit einer Diagrammsprache hängt bei einem gegebenen Wortschatz somit insbesondere von der Palette der angebotenen Symbole ab, die ganz wesentlich darüber entscheidet, welche Sachverhalte wie differenziert dargestellt werden können. Der Symbolvorrat von Microsoft Office Visio 2003 wird in Tabelle 6–1 mit dem Objekttypenvorrat des Modelltyps *eEPK* bei Einsatz des Easy-Filters des Werkzeugs ARIS® Toolset verglichen. Dargestellt ist der Grundvorrat an Symbolen aufseiten von Microsoft Office Visio 2003. Das Werkzeug erlaubt zusätzlich die komfortable Definition fehlender Symbole durch den Benutzer.

ARIS® Toolset 7.02 (Easy-Filter)	Microsoft Office Visio 2003
Kantenmodus [Kante]	Dynamischer Verbinder [Kante]
Funktion	Funktion
Ereignis	Ereignis
UND-Regel, ODER-Regel, XOR-Regel	UND-Regel, ODER-Regel, XOR-Regel
Prozessschnittstelle	Prozesspfad
Organisationseinheit	Organisationseinheit
Gruppe	Unternehmensbereich
Standort	
Stelle	--
Person intern	--
Person extern	--
Personentyp	--
Fachbegriff	Informationen/Material
Datei	
Dokument	
Kartei	
Know-how	
Ordner	
Telefon	
Fax	
Barcode	
Magnetband	
Microfiche	
Typ Anwendungssystem	Komponente
Cluster	
Leistung	--
Ziel	--
--	Hauptprozess
--	Prozessgruppe

Tab. 6–1 *Gegenüberstellung des Standardsymbolvorrats des Modelltyps EPK in ARIS® und in Microsoft Office Visio*

Soll arbeitsteilig modelliert werden, müssen dazu grundsätzlich alle Erweiterungen des Symbolvorrats einvernehmlich vorgenommen werden, d.h., es muss Einigkeit darüber herrschen, welche ergänzenden Symbole benötigt werden, wie diese darzustellen (Farbe und Form der Symbole) und wie diese einzusetzen sind.

Dass ARIS® in Form anderer vorgefertigter oder selbst zu definierender Filter weitreichende Erweiterungs- und Veränderungsmöglichkeiten bezüglich Auswahl und grafischer Gestaltung von Modelltypen, Objekttypen, Kantentypen und Attributen bietet, wurde in Abschnitt 6.2 bereits angesprochen. Es ist jedoch sowohl bei ARIS® als auch bei Microsoft Office Visio 2003 am einfachsten und am unverfänglichsten, zu versuchen, mit dem Standardsymbolvorrat auszukommen, sodass sich als Vergleich eine Gegenüberstellung des Symbolvorrats des Easy-Filters beim ARIS® Toolset in der Version 7.02 und des Standardsymbolvorrats bei Microsoft Office Visio 2003 anbietet, wie sie in Tabelle 6–1 vorgenommen wird.

Aus Tabelle 6–1 geht bei genauerer Betrachtung deutlich hervor, dass ARIS® bereits mit seinem für Anfänger und gelegentliche Modellierer gedachten »Easy-Filter« für die EPK-Modellierung einen deutlich umfangreicheren Symbolvorrat mitbringt als Microsoft Office Visio 2003. Dafür stellt Microsoft Office Visio 2003 mit *Hauptprozess* und *Prozessgruppe* zwei Symbole zur Verfügung, die gemäß der ARIS-Konzeption nicht zum Modelltyp *eEPK,* sondern zu anderen Modelltypen (insbesondere zu den Typen *Prozessauswahldiagramm*, *Prozessauswahlmatrix* bzw. *Wertschöpfungskettendiagramm*) gehören (vgl. Abschnitt 3.7).

Der Vollständigkeit halber sei angemerkt, dass die Zuordnungen in der Gegenüberstellung in einigen Fällen nicht im Sinne exakter Übereinstimmungen zu verstehen sind, denn dafür sind Bezeichnungen wie »Informationen/Material« und »Komponente« zu vage, als dass eindeutig abzuleiten wäre, welche ARIS-Symbole sie genau abdecken. Man kann schlussfolgern, dass Microsoft Office Visio 2003 die wesentlichen Symbole mitbringt und fehlende Symbole leicht zu ergänzen sind, sodass das Modellierungswerkzeug ARIS® hinsichtlich des Symbolvorrats für den Einsatz in der Praxis kaum Vorteile bietet, solange man nicht auf eine sehr differenzierte Darstellung durch eine umfassende Symbolik Wert legt, wie sie ARIS® insbesondere dann ermöglicht, wenn kein zu starker Filter eingesetzt wird.

Bei Microsoft Office Visio 2003 fehlen insbesondere viele der Symbole, die bei ARIS® die Verknüpfung zu den zahlreichen anderen Modelltypen erlauben. Derartige Verknüpfungen unterstützt Microsoft Office Visio 2003 ohnehin nicht nennenswert. Auch werden Modelltypen wie z.B. *Ereignisdiagramme, Prozessauswahldiagramme* oder *Zieldiagramme* gar nicht erst angeboten. Außerdem fehlen zahlreiche eher exotisch anmutende Symbole, die ARIS® für die Modellierung von EPKs anbietet – man denke nur an die diversen Informationsträgersymbole von der DVD bis zum Karteikasten ... –, deren Nutzungshäufigkeit in der Praxis der ARIS-Modellierung allerdings eher beschränkt ist.

6.3.2 Modelltypenvorrat

Der Modelltypenvorrat von ARIS® ist sehr umfangreich und umfasst aktuell rund 100 Modelltypen. Die für die integrierte Prozessmodellierung wichtigsten sind in den Kapiteln 3 und 4 ausführlich vorgestellt worden. Microsoft Office Visio 2003 bietet nach Kategorien sortiert ebenfalls Unterstützung für zahlreiche Modelltypen, wobei der Unterstützungsumfang sich im Wesentlichen jedoch auf Vorlagen für die entsprechenden Symbole beschränkt. In der für die Prozessmodellierung relevanten Kategorie *Geschäftsprozess* stehen Vorlagen für folgende – in Microsoft Office Visio 2003 »Zeichnungstyp« genannten – Modelltypen zur Verfügung:

- Auditdiagramm
- Standardflussdiagramm
- Ursache/Wirkungsdiagramm
- Funktionsübergreifendes Flussdiagramm
- Datenflussdiagramm
- Fehlerbaumanalyse-Diagramm
- TQM-Diagramm
- Workflow-Diagramm
- EPK-Diagramm

Schon die Benennung »Zeichnungstyp« unterstreicht, für welche Zielsetzungen Microsoft Office Visio 2003 im Rahmen der EPK-Modellierung vorrangig eingesetzt werden kann. Es dient dem komfortablen, da werkzeugunterstützten Zeichnen einer EPK, jedoch nicht der integrierten Verwaltung von Modellen und Objekten. Eine ganze Reihe von in der ARIS-Konzeption und in ARIS® verwendeten Modelltypen wird von Microsoft Office Visio 2003 auch gar nicht erst angeboten, z.B. stehen die Modelltypen *Wertschöpfungskettendiagramm* und *Prozessauswahlmatrix* nicht zur Verfügung. Auf der anderen Seite bietet Microsoft Office Visio 2003 Modelltypen, die vielseitig einsetzbar sind, z.B. das *Ursache/Wirkungsdiagramm* oder das *Fehlerbaumanalyse-Diagramm*, die jedoch nicht zum ARIS-Konzept gehören und im Rahmen der integrierten Prozessmodellierung keine besondere Rolle spielen.

Insgesamt ist die Schnittmenge gemeinsamer Modelltypen zwischen ARIS® und Microsoft Office Visio 2003 eher gering. Dies überrascht angesichts deutlich anderer Zielsetzungen nicht. Folglich genügt ein Werkzeug wie Microsoft Office Visio 2003 immer dann zur Modellierung von Prozessen, wenn man sich ohnehin im Kern auf EPKs beschränken wollte. Legt man dagegen Wert auf die Nutzung eines breiten Modelltypenvorrats zur Modellierung der Steuerungssicht einschließlich der vielfältigen Verknüpfungsmöglichkeiten zwischen den einzelnen Modelltypen, eventuell orientiert an den verschiedenen Schichten (Ebenen) der Prozessmodellierung, ist die Nutzung eines echten Modellierungswerkzeugs unumgänglich.

6.3.3 Unterschiede in der Funktionalität zwischen ARIS® und Visio

In diesem Abschnitt soll zur Verdeutlichung in knapper Form erläutert werden, welche wesentlichen Unterschiede in der Funktionalität zwischen einem Grafikwerkzeug wie Microsoft Office Visio 2003 und einem Modellierungswerkzeug wie ARIS® bestehen. Ein zentraler Unterschied besteht zunächst einmal darin, dass dem Grafikwerkzeug eine Datenbank fehlt, in der Modelle und Objekte mit ihren Ausprägungen und Beziehungen – vergleichbar dem ARIS®-Repository – abgelegt werden könnten. Dadurch ist eine Integration der Modellierungsergebnisse, die maßgeblich auf dem Konzept der Ausprägungskopien und der Wiederverwendung von Objekten beruht, die wiederum eine Datenbankunterstützung erfordern, unmöglich. Selbstredend erübrigen sich damit auch eine Benutzerverwaltung mit entsprechendem Berechtigungskonzept und die Notwendigkeit der Konsolidierung der Datenbankinhalte sowie weitere datenbankbezogene administrative Aufgaben.

Mangels einer Integration der Modelle stehen zudem keine komfortablen Navigationsmöglichkeiten zwischen Modellen gleichen oder unterschiedlichen Typs zur Verfügung, die in ARIS® vorrangig über Hinterlegungsbeziehungen realisiert sind. Aber auch Modelle, die horizontal per Prozessschnittstellen in mehrere Teilmodelle zerlegt werden, müssen im Falle des Grafikwerkzeugs quasi »von Hand« wieder zusammengefügt werden. Es gibt keine Unterstützung durch Modellübersichtsfenster zur leichteren Orientierung in komplexen Modellen. Ebenso fehlt ein Objektfenster, das Nachforschungen zu sonstigen Verwendungen von Ausprägungen eines Objekts in anderen Modellen erleichtert, wobei das Konzept der Ausprägungskopien wie erwähnt ohnehin nicht unterstützt wird. Grundsätzlich sollte nämlich auch ohne Verwendung eines Modellierungswerkzeugs das Ziel einer möglichst ausgeprägten Wiederverwendung von Modellelementen verfolgt werden, das ohne entsprechende Datenbankunterstützung allerdings nur recht mühsam zu erreichen ist.

Ein Grafikwerkzeug wie Microsoft Office Visio 2003 erlaubt im Gegensatz zu einem Modellierungswerkzeug grundsätzlich beliebige Verbindungen der einzelnen Symbole. Microsoft Office Visio 2003 stört sich beispielsweise nicht daran, wenn in einer EPK Ereignisse mit Ereignissen oder Konnektoren mit Organisationseinheiten verbunden werden. Beides lässt ARIS® gar nicht erst zu. Die methodischen Hilfen zur EPK-Modellierung sind bei Microsoft Office Visio 2003 sehr beschränkt. Es ist daher unbedingt notwendig, sich im Vorfeld über einzuhaltende Regeln und Konventionen sowie über die Funktion der EPKs im ARIS-Konzept zu informieren, sofern man methodisch korrekte Modellierungsergebnisse erzielen möchte. Dies kann in Form der Teilnahme an Schulungen oder Einführungskursen an Hochschulen, aber auch in Form der Lektüre einführender Werke wie diesem geschehen. Dagegen bietet ein Werkzeug wie ARIS® sehr umfassende Hilfen an, auch in methodischer Hinsicht, es sei dazu nochmals auf das umfassende Methodenhandbuch verwiesen [IDS Scheer 2006c]. Eine den sogenannten »Semantik-Checks« vergleichbare Funktionalität (siehe Abschnitt 6.2.9.3) wird von Microsoft Office Visio 2003 nicht angeboten, somit sind die Modellierenden stärker selbst gefordert, eine regelkonforme Modellerstellung sicherzustellen.

Für die eigentliche Modellierungsarbeit stehen in Microsoft Office Visio 2003 nur wenige Hilfen zur Layoutgestaltung zur Verfügung, zu nennen ist insbesondere der sogenannte »Dynamische Verbinder« zur einfachen Verbindung von Modellelementen (Symbolen) durch Kanten in einer EPK, wohingegen ARIS® eine Vielzahl an Möglichkeiten zur Beeinflussung der Modellgestaltung und zur bequemen Umpositionierung von Modellelementen bietet, von denen in Abschnitt 6.2.11 nur die wesentlichen kurz vorgestellt worden sind.

Bei Einsatz weniger komfortabler Werkzeuge wird man dazu tendieren, möglichst selten Änderungen an Modellen vorzunehmen, auch nicht zu Testzwecken, damit der Arbeitsaufwand begrenzt bleibt. Das Generieren neuer Modelle aus bestehenden Modellen ist nur in Form einfachen Kopierens möglich. Genauso wie Semantik-Checks stehen auch alle anderen beschriebenen Möglichkeiten der Modellauswertung, d.h. alle Arten der aus ARIS® bekannten vorgefertigten oder selbst zu definierenden Berichte und Analysen, in Microsoft Office Visio 2003 nicht zur Verfügung. Dasselbe gilt für Funktionen, die bei ARIS® über Zusatzkomponenten oder andere Produktvarianten (vgl. Abschnitt 6.2.13) realisiert sind, z.B. die Simulation.

Aufgrund dieser erheblichen Unterschiede in der Funktionalität sind Produkte auf den Markt gebracht worden, die auf Microsoft Office Visio aufbauen, jedoch deutlich mehr Funktionen zur Prozessmodellierung und zur Verwaltung der Modellierungsergebnisse bieten und als preisgünstigere Alternative zu ARIS® gesehen werden können, z.B. Nautilus (siehe *http://www.agresso.com*) oder Semtalk (siehe *http://www.semtalk.de*).

Weitere – meist ebenfalls preisgünstigere – Alternativen stellen selbstverständlich grundsätzlich auch die jeweils aktuellen Versionen der anderen Modellierungswerkzeuge dar, die in den in Abschnitt 6.1 vorgestellten Studien untersucht wurden. Entsprechende Auswahlkriterien wurden ebenfalls in Abschnitt 6.1 genannt. Es sei nochmals darauf hingewiesen, dass diese alternativen Modellierungswerkzeuge nicht selten ebenfalls die Modellierung mit EPKs unterstützen. Im konkreten Einzelfall ist dabei zu prüfen, ob eine Datenbankunterstützung gegeben ist – sofern sie benötigt wird – und ob die gebotene Auswahl an Modell- und Objekttypen den eigenen Zwecken genügt.

7 Ausblick

Es wurde gezeigt, welche vielfältigen Nutzungsmöglichkeiten der Einsatz des ARIS-Konzepts mit sich bringt. Es wurde auch herausgearbeitet, dass Grundlagenkenntnisse der EPK-Modellierung leicht vermittelbar sind und damit bei einem breiten Personenkreis im Unternehmen vorausgesetzt bzw. nach Besuch entsprechender Weiterbildungsmaßnahmen erwartet werden können. Auf der anderen Seite sind zahlreiche Facetten der fortgeschrittenen Modellierungsarbeit vorgestellt worden, deren Beherrschung ein deutlich höheres Ausmaß an Ausbildung und Erfahrung verlangt. Folglich sollte es zur Nutzung der Integrationsvorteile der ARIS-Konzeption im Rahmen von Modellierungsvorhaben zu einer gegenseitig befruchtenden Zusammenarbeit zwischen Beteiligten mit Grundkenntnissen – insbesondere Vertretern der Fachbereiche, den Mitarbeitern, deren Arbeitsabläufe als Prozesse modelliert und optimiert werden, sowie der Geschäftsleitung – und solchen mit vertieften methodischen Kenntnissen, d.h. Modellierern und Methodenexperten, kommen.

Dies gilt insbesondere dann, wenn es um die Modellierung übergreifender Aspekte mithilfe von eEPKs in Kombination mit anderen Modelltypen der ARIS-Konzeption geht. Organisationsintern sind dazu Konventionen über die Art der Verwendung der vielfältigen Möglichkeiten, die ARIS bietet, zu treffen, etwa, welche Modelltypen für welche Ziele eingesetzt werden sollen. Hier kann es keine konkreten allgemeingültigen Vorgaben geben, zu individuell sind die Einsatzszenarien. Hinweise auf in der Praxis bewährte Konventionen sind dagegen an verschiedenen Stellen im Buch gegeben worden.

Für eine sinnvolle Zusammenarbeit ist die Einhaltung der formulierten Modellierungsregeln unerlässlich. Gerade im Rahmen fortgeschrittener Modellierungsaktivitäten wird man jedoch unter Umständen auf Problemsituationen stoßen, die mit dem Regelwerk nur bedingt gelöst werden können. Demzufolge sollten die Regeln auch nicht in jedem Fall dogmatisch angewandt werden, womit jedoch keinesfalls der Beliebigkeit hinsichtlich der Regeleinhaltung bzw. Regelverletzung Vorschub geleistet werden soll. Die Modellierungsverantwortlichen müssen für besondere Situationen in der Modellierungsarbeit deshalb einvernehmliche Lösungen finden, die die Vorteile der ARIS-Konzeption bewahren und dann auch durchgängig angewendet werden sollten. An einigen Stellen ist angedeutet worden, unter welchen Umständen die Verletzung bestimmter Regeln und Konventionen nützlich oder sogar unvermeidlich ist, man erinnere sich an Vorschläge zum Weglassen von Trivialereignissen und zum Duplizieren von Ereignissen in einem Modell.

Je umfänglicher die Prozesse eines Unternehmens modelliert sind, desto höher ist ihr Wert für ein Unternehmen. Dabei kann für Zwecke einer Übersichtsdarstellung auch akzeptiert werden, dass Vereinfachungen stattfinden und nicht alle Modellteile auf dem neuesten Stand sind, solange sich die Abweichungen in Grenzen halten. Selbstverständlich gilt die geforderte Toleranz gegenüber einer leicht eingeschränkten Aktualität nicht, sobald Prozessmodelle zur detaillierten Steuerung von Arbeitsabläufen oder als Basis zur Entwicklung von Anwendungssystemen dienen sollen. In diesen Fällen darf nicht einfach auf die entsprechenden Teile schon bestehender Prozessmodelle zurückgegriffen werden, sondern es muss der Realitätsausschnitt aktuell analysiert und modellhaft abgebildet werden. Daran können und sollen sich Verbesserungsmaßnahmen anschließen, die die Struktur eines Prozesses mehr oder weniger stark verändern können. Quasi als Abfallprodukt kann dabei dann auch eine Aktualisierung und Ergänzung des vorhandenen Prozessmodells erreicht werden, sofern – und dazu ist unbedingt zu raten – die Integration aktueller Modellierungsergebnisse und damit die abgestimmte Gestaltung ihrer Schnittstellen nach »außen« und auch zu schon bestehenden Modellen gewährleistet ist.

Es ist jedoch auch zu bedenken, dass sich EPKs ohnehin nur beschränkt zur exakten, formalisierten Beschreibung von Abläufen eignen, wie sie zur Anwendungssystementwicklung nun einmal notwendig ist (vgl. Abschnitt 4.5). Statt ihrer eignen sich z.B. Modelltypen der UML sehr viel besser dafür und werden in der Praxis auch sehr viel häufiger dazu eingesetzt. Eine Ablösung des ARIS-Konzepts durch UML ist dennoch nicht zu erwarten. Dafür sind EPKs zu etabliert und weisen zu viele Vorteile gegenüber den infrage kommenden UML-Diagrammtypen auf – vgl. Abschnitt 4.7.1. Nichtsdestotrotz ist die Verwendung »exotischer« Modelltypen des ARIS-Konzepts kritisch zu hinterfragen. Hier sollte das Minimalitätsprinzip gelten, und man sollte sich deshalb auf die wesentlichen, etablierten Modelltypen beschränken.

Die UML-Modelltypen mancher ARIS®-Versionen entsprechen außerdem nicht immer der aktuellen UML-Version, sodass sich ihre Nutzung grundsätzlich von vornherein verbietet. Hinsichtlich der Diskussion ARIS bzw. EPKs versus UML (vgl. Abschnitt 5.6) kann man somit schlussfolgern, dass sich beide Konzepte sehr gut ergänzen. Sie können sich dementsprechend gegenseitig auch nicht ersetzen. Die Beherrschung der ARIS-Methode stellt eine Schlüsselqualifikation für alle in der Prozessmodellierung Tätigen dar, genauso wie die Beherrschung der wesentlichen UML-Diagrammtypen für alle stärker an der Anwendungsentwicklung orientierten Mitarbeiter bzw. Absolventen Pflicht ist. Die kommenden Jahre werden zeigen, welche Bedeutung die Geschäftsprozesssprache BPEL und die Notation BPMN gegenüber der UML erlangen werden. ARIS bzw. EPKs werden sie mit Sicherheit nicht ersetzen, da sie ähnlich der UML einen zu ARIS ergänzenden Charakter im Rahmen der Prozessmodellierung besitzen.

Gerade im Zusammenhang mit übergreifenden, vielleicht gar unternehmensweiten Prozessmodellen wird häufig der Vorwurf laut, dass sie nicht aktuell gehalten werden können. Daraus wird meist kühn geschlossen, dass mit ihnen nichts anzufangen sei. Mit dieser Argumentation könnte und müsste konsequenterweise auf viele Überblicksdarstellungen auch in anderen Bereichen verzichtet werden. Man denke an jegliche Form der Dokumentation von Strukturen und Systemen im Unternehmen, z.B. Organigramme, Stellenbeschreibungen, IT-Architekturen, unabhängig davon, ob sie in elektronischer Form oder gedruckt vorliegt. Es ist eine Binsenweisheit, dass auch elektronische Dokumente veraltet sein können, wobei allerdings erschwerend hinzukommt, dass dies bei ihnen im Gegensatz zu gedruckten Dokumentationen meistens nicht erwartet wird und auch nicht immer leicht zu erkennen ist.

Samuel Johnson (1709-1784) – ein englischer Schriftsteller – stellte zum Thema Wörterbücher als einer besonderen Form von übersichtsartigen Dokumenten einst fest: »Wörterbücher sind wie Uhren, die schlechteste ist besser als gar keine, und von den besten kann man nicht erwarten, dass sie ganz genau gehen. Zumeist gehen die Wörterbücher etwas nach.« Während man bei Uhren inzwischen mit Sicherheit sehr genau gehende Exemplare finden kann, dürfte seine Aussage bezogen auf Wörterbücher angesichts der Dynamik jeder natürlichen Sprache weiterhin gelten.

Ähnlich dynamisch wie natürliche Sprache sind ohne Zweifel Prozesse im Unternehmen zu sehen. Sie verändern sich ständig, allerdings im Regelfall nicht sprunghaft, sondern kontinuierlich, analog zu Veränderungen in einer natürlichen Sprache. Angelehnt an Johnson kann man daher formulieren: »Unternehmensprozessmodelle sind wie Wörterbücher, das schlechteste ist besser als gar keines, und von den besten kann man nicht erwarten, dass sie jedes neue Wort berücksichtigen. Zumeist sind Unternehmensprozessmodelle nicht vollkommen aktuell.« Dies soll heißen, dass man sich bewusst sein muss, dass übergreifende Prozessmodelle so gut wie nie in allen Teilen und in jeder Einzelheit vollständig und auf dem neuesten Stand sein können. Dies soll aber auch heißen, dass man sehr wohl von ihnen profitieren kann, indem sie in der Regel einen guten Überblick für Management, Mitarbeiter und andere Interessierte über die wesentlichen Prozesse in einem Unternehmen und ihre Zusammenhänge bieten, da sich nur in den seltensten Fällen in kurzer Zeit starke Veränderungen an den wesentlichen Strukturen der Prozesslandschaft ergeben dürften. Von daher sollte man sich keinesfalls mit inselhaften Modellierungsaktivitäten zufriedengeben, sondern diese sukzessive zu einem Ganzen zusammenfügen, sodass spätestens in diesem Zusammenhang ein vertieftes ARIS-Modellierungswissen notwendig wird.

Anhang

A Modellierungsregeln

Ereignisregeln

Regel E1: Ereignisse haben grundsätzlich genau eine eingehende und genau eine ausgehende Kante.

Regel E2: Startereignisse lösen einen Prozess aus. Sie besitzen genau eine ausgehende Kante.

Regel E3: Endereignisse bilden die Ergebnisse eines Prozesses ab. Sie besitzen genau eine eingehende Kante.

Regel E4: Auf ein Ereignis folgt stets eine Funktion und umgekehrt. Ereignisse folgen somit nicht direkt aufeinander.

Regel E5: Ereignisse haben keine Entscheidungskompetenz, es handelt sich um passive Elemente, die nicht über den weiteren Ablauf entscheiden (vgl. dazu auch Regel K3).

Funktionsregeln

Regel F1: Funktionen haben genau eine eingehende und genau eine ausgehende Kante.

Regel F2: Auf eine Funktion folgt stets ein Ereignis und umgekehrt. Funktionen folgen somit grundsätzlich nicht direkt aufeinander.

Regel F3: Funktionen besitzen die Kompetenz, Entscheidungen über den weiteren Ablauf zu treffen.

Hinterlegungsregeln (Regeln zur Hinterlegung von EPKs in einer EPK)

Regel H1: Die auslösenden Ereignisse der zu verfeinernden Funktion werden als Startereignisse in der hinterlegten Verfeinerungs-EPK verwendet. Eventuelle Verknüpfungen der Startereignisse durch Konnektoren werden ebenfalls übernommen.

Regel H2: Die Ergebnisse der zu verfeinernden Funktion werden als Endereignisse in der hinterlegten Verfeinerungs-EPK verwendet. Eventuelle Verknüpfungen der Ergebnisse durch Konnektoren werden ebenfalls übernommen.

Regel H3: Alle Schnittstellenelemente in einer Verfeinerungs-EPK müssen auch im entsprechenden Modell auf der nächsthöheren Ebene modelliert werden. Neben Start- und Endereignissen (vgl. Regel H1 und Regel H2) betrifft dies z.B. Prozessschnittstellen oder externe Ereignisse.

Regel H4: Die zu verfeinernde Funktion ist nicht Bestandteil der Verfeinerungs-EPK, andernfalls könnte nicht von einer Verfeinerung im eigentlichen Sinne gesprochen werden.

Regel H5: Die Verfeinerungs-EPK trägt den Namen der verfeinerten Funktion.

Konnektorenregeln

Regel K1: Konnektoren sind entweder Verteiler mit einem Eingang und mehreren Ausgängen (*Split-Operator*) oder Verknüpfungen mit mehreren Eingängen und einem Ausgang (*Join-Operator*). *Hinweis: Die Regel K1 gilt für Doppelkonnektoren nicht.*

Regel K2: Alle Ein- und Ausgänge der Konnektoren sind jeweils vom gleichen Typ, d.h., sie verbinden entweder ausschließlich Ereignisse oder ausschließlich Funktionen mit dem Konnektor.

Regel K3: Nach Ereignissen folgt kein XOR- oder ODER-Konnektor zur Aufspaltung (*Split*) des Kontrollflusses (vgl. dazu auch Regel E5).

Regel K4: Konnektoren können direkt verkettet, d.h. hintereinander modelliert, werden, um komplexere Regeln ausdrücken zu können.

Objekttypübergreifende Modellierungsregeln für eine EPK

Regel M1: Es darf keine unverbundenen Modellteile geben, weder isolierte Funktionen, Ereignisse oder andere Objekte noch mehrere Teilketten.

Regel M2: Ein Modell besitzt stets mindestens ein Startereignis (auslösendes Ereignis, Anfangsereignis). *Hinweis: Prozessschnittstellen können ungeachtet dessen vor Startereignissen modelliert werden.*

Regel M3: Ein Modell besitzt stets mindestens ein Endereignis (im Sinne eines Ergebnisses). *Hinweis: Prozessschnittstellen können ungeachtet dessen nach Endereignissen modelliert werden.*

Regel M4: Kanten mit gleichem Anfangs- und Endknoten (»Schlingen«) sind nicht erlaubt.

Regel M5: Mehrfachkanten (mehrere Kanten zwischen zwei Knoten) sind nicht erlaubt.

Regel M6: Erweiterungsobjekte wie Datenobjekte, Organisationseinheiten, Dokumente, Anwendungssysteme, Hardware, Input- und Outputleistungen usw. dürfen nur mit Funktionen verbunden werden, nicht mit Ereignissen.

Regel M7: Auf Funktionen, die Entscheidungen treffen, folgen stets aufspaltende Konnektoren (im Regelfall XOR, in Ausnahmefällen ODER). Ereignisse in den verschiedenen Zweigen dokumentieren die verschiedenen Entscheidungsmöglichkeiten.

Regel M8: Prozesszweige werden aus Gründen der Ablauflogik grundsätzlich mit demselben Konnektor (UND, XOR, ODER) wieder zusammengeführt, der auch zur Aufspaltung genutzt wurde.

Regel M9: Ein Rücksprung geht immer von einem Ereignis weg, und zwar dem Ereignis, aus dem sich die Notwendigkeit für einen Rücksprung ergibt.

Regel M10: Ein Rücksprung mündet immer in einem Konnektor. Falls kein Konnektor vorhanden ist, muss ein neuer Konnektor eingefügt werden, grundsätzlich handelt es sich dabei um einen XOR-Konnektor.

Regel M11: Ein Rücksprung muss unmittelbar vor einer Funktion einmünden, um die Regel, Ereignisse und Funktionen stets abwechselnd zu modellieren, einhalten zu können.

Prozessschnittstellenregeln

Regel P1: Die Prozessschnittstelle steht anstelle einer Funktion in einer EPK.

Regel P2: Die Prozessschnittstelle in der aufrufenden EPK gibt einerseits durch ihre Positionierung die Verknüpfungsstelle an und andererseits durch ihre Bezeichnung, welche andere EPK aufgerufen wird, d.h., die Prozessschnittstelle trägt den Namen der aufgerufenen EPK.

Regel P3: In der aufgerufenen EPK gibt ein Prozessschnittstellensymbol ebenfalls die Verknüpfungsstelle an, und durch ihre Bezeichnung wird ausgedrückt, von welcher EPK der Aufruf erfolgt, d.h., die Prozessschnittstelle trägt den Namen der aufrufenden EPK.

Regel P4: In der aufrufenden EPK steht vor der Prozessschnittstelle ein Ereignis (oder mehrere). Dieses Ereignis wird in der aufgerufenen EPK nach dem dortigen Prozessschnittstellensymbol wiederholt. Falls es mehrere aufrufende Ereignisse waren, werden entsprechend alle wiederholt.

Regel P5: Im Fall von eingefügten Subprozessen steht das aufrufende Prozessschnittstellensymbol mitten im Kontrollfluss der EPK, aus der eine andere EPK aufgerufen wird. In der aufgerufenen EPK werden über entsprechende Prozessschnittstellensymbole Ein- und Aussprungstellen markiert.

Regel P6: Schleifen (Beispiel: Prozess A ruft Prozess B, Prozess B ruft Prozess C, Prozess C ruft Prozess A) oder Rekursionen (Beispiel: Prozess A ruft Prozess A) sind **nicht** zulässig.

Regel P7: Prozesswegweiser haben genau eine eingehende oder genau eine ausgehende Kontrollflusskante.

B Lösungen zu den Übungen

Generell ist anzumerken, dass Modellierungsaufgaben häufig die Eigenschaft haben, dass es eine mehr oder weniger große Bandbreite »richtiger« Lösungen gibt, abhängig davon, wie offen die Aufgaben formuliert wurden. Die folgenden Lösungsvorschläge sind dementsprechend häufig nicht als einzig richtige Lösungsmöglichkeit zu verstehen, sondern im Sinne von beispielhaften Lösungen.

Übung 1: Modellieren Sie einen **Funktionsbaum,** der die Aufgaben des Zimmerservice in einem Hotelzimmer bei einem Gästewechsel abbildet. Gehen Sie davon aus, dass folgende Aufgaben anfallen: das Entsorgen des Mülls, die Reinigung von Schlafraum und Bad, das Zurechtrücken der Möbel, das Lüften der Räume, das Neubeziehen des Bettes. Der Müll wird ganz zuletzt entsorgt, das Bett wird erst neu bezogen, nachdem die Möbel (z.B. das Bett) zurechtgerückt worden sind. Achten Sie darauf, dass Sie pro Zerlegung einer übergeordneten Funktion in Teilfunktionen nur jeweils ein Zerlegungskriterium (objektorientiert, prozessorientiert, verrichtungsorientiert) verwenden.

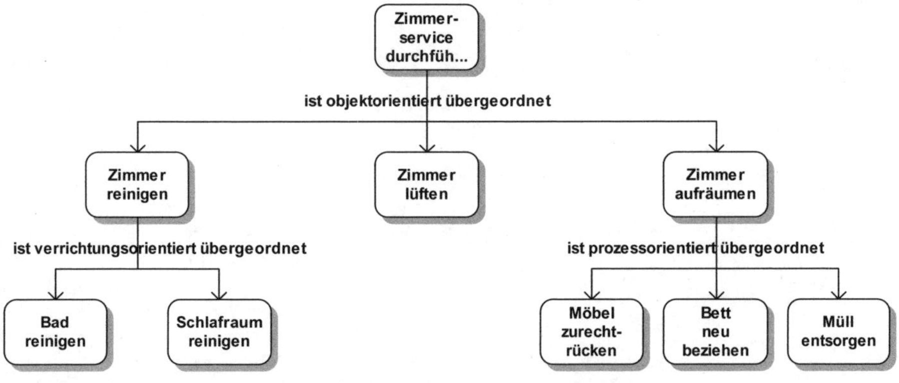

Abb. B–1 Lösungsvorschlag zur Übung 1 (Funktionsbaum)

Übung 2: Modellieren Sie ein **Zieldiagramm** für das Geschäftsziel »90 % der Gäste empfehlen das Hotel weiter«. Welche Teilziele lassen sich ableiten? Welche Leistungen und Erfolgsfaktoren sind so wichtig, dass sie modelliert werden sollten?

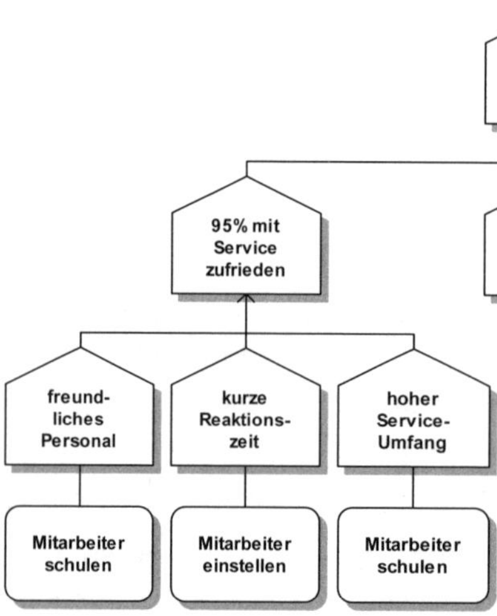

Abb. B–2 *Lösungsvorschlag zur Übung 2 (Zieldiagramm)*

Hinweis

Die Ziele sollten so formuliert werden, dass auch gemessen werden kann, ob sie erreicht worden sind. Im Beispiel kann dies per Befragung am Ende des Aufenthalts erfolgen.

Übung 3: Erstellen Sie ein Organigramm für ein großes Hotel. An der Spitze dieses Hotels steht der Hoteldirektor. Er wird unterstützt von einem Direktionssekretariat, einer Personalabteilung, einer Sicherheitsabteilung und einem Verkaufsförderungsteam. Alle diese unterstützenden Einheiten sollen als Stabseinheiten dargestellt werden. In der Linie unterstehen dem Hoteldirektor ein 1. Küchenchef, ein Restaurantchef und ein Chef des Beherbergungsbetriebs. Dem 1. Küchenchef unterstehen die Chefs der beiden Küchen A und B. Dem Restaurantchef unterstehen die Chefs der beiden Hotelrestaurants, der Chef der Bar sowie der Keller. Die Organisationseinheit *Keller* hat dabei Stabsfunktion. Der Leiter des Beherbergungsbetriebs ist der Hausdame, dem Chef der Rezeption und dem Kongressmanager vorgesetzt. Der Hausdame unterstehen die Etagengouvernanten (Synonym dazu: »Etagenleiter«; Etagen werden hierbei als Abteilungen interpretiert) für die Hoteletagen 1 bis 3. Dem Rezeptionschef unterstehen die Kasse, der Portier und eine Stelle Reservierung. Die Ebene der sonstigen ausführenden Mitarbeiter ohne Vorgesetztenfunktion soll nur angedeutet werden. Man denke an Kellner, Pagen, Zimmermädchen usw.

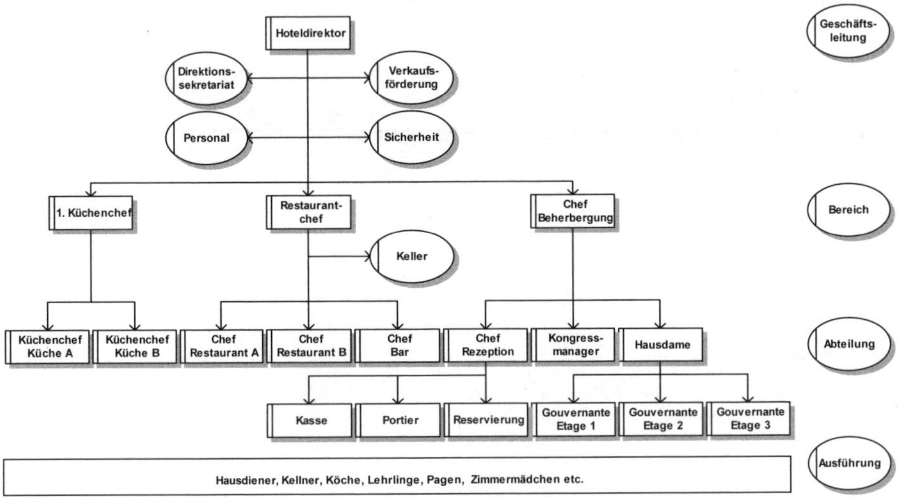

Abb. B–3 *Lösungsvorschlag zur Übung 3 (Organigramm)*

Übung 4: Erstellen Sie ein **Fachbegriffsmodell**, das folgende Fachbegriffe umfasst: Hotelzimmer, Zimmertyp, Bad, Dusche, WC, Minibar, Miniküche, Zimmermädchen, Raum, Raumgröße, Telefon. Gehen Sie davon aus, dass WC und Dusche Teile des Bads sind.

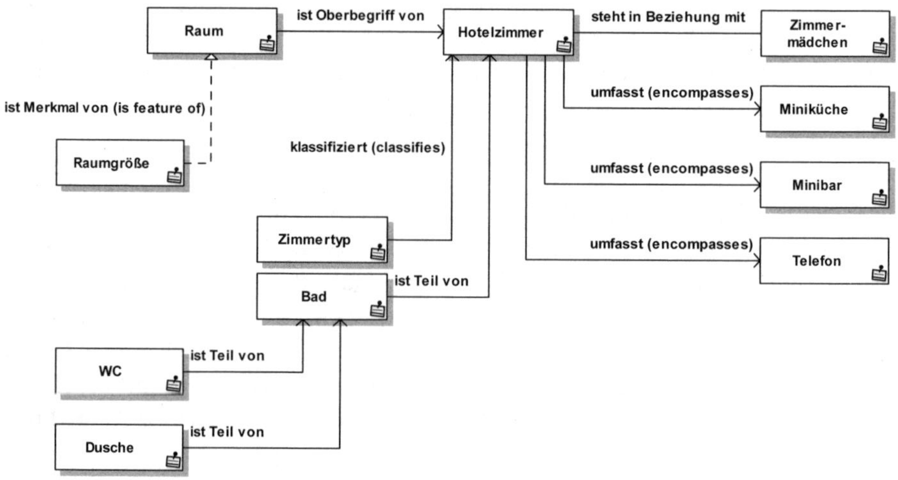

Abb. B-4 *Lösungsvorschlag zur Übung 4 (Fachbegriffsmodell)*

Hinweis

Es sind zum Teil auch andere Beziehungstypen möglich.

Übung 5: Modellieren Sie ein **eERM** für den Restaurantbereich von Hotels, berücksichtigen Sie dabei folgende Angaben:

a) Zu einem Hotel können mehrere Restaurants gehören. Ein Hotelrestaurant gehört zu genau einem Hotel.
b) Ein Hotelrestaurant wird von einem Restaurantchef geleitet. Ein Restaurantchef kann mehrere Hotelrestaurants leiten.
c) Ein Restaurantchef ist ein Mitarbeiter.
d) Ein Hotelrestaurant bietet mehrere Tische. Ein Tisch steht stets in einem bestimmten Restaurant.
e) Ein Tisch bietet eine bestimmte Anzahl Sitzplätze.
f) Ein Kunde kann einen oder mehrere Tische für eine bestimmte Zeit reservieren.
g) Kunden sind entweder Firmenkunden oder Privatkunden.
h) Zu einem Hotelrestaurant gehört eine Küche. Eine Küche kann mehrere Restaurants versorgen.
i) Eine Küche wird von einem Küchenchef geleitet.
j) Der Küchenchef ist ein Mitarbeiter.

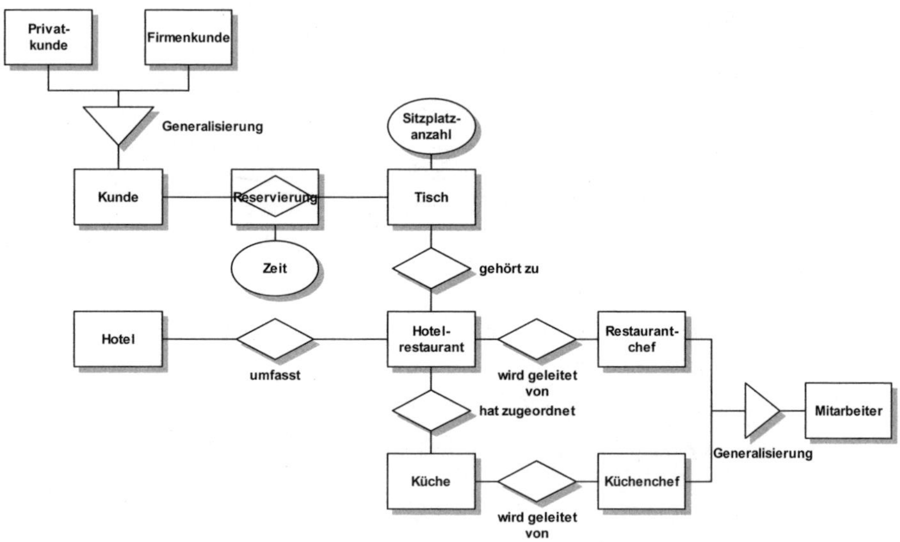

Abb. B–5 *Lösungsvorschlag zur Übung 5 (eERM)*

Übung 6: Modellieren Sie einen **Produktbaum** für die Vermittlung externer Angebote durch ein Hotel. Denken Sie an Beförderungsmöglichkeiten, Veranstaltungen im kulturellen und sportlichen Bereich, Ausflüge usw.

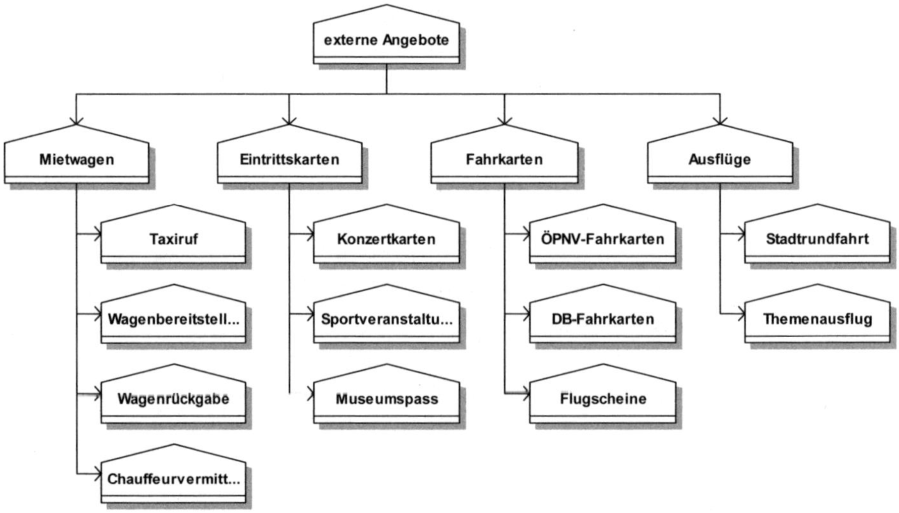

Abb. B–6 *Lösungsvorschlag zur Übung 6 (Produktbaum)*

Übung 7: Modellieren Sie mögliche Teilereignisse des Ereignisses *Aufenthalt gebucht* mithilfe eines **Ereignisdiagramms.** Dabei soll zwischen verschiedenen Arten der Buchungsübermittlung unterschieden werden, um unterschiedliche Prozessschritte folgen lassen zu können, abhängig davon, ob eine Buchung per Brief, per Telefon, per Fax, per E-Mail, über ein Formular der eigenen Website oder durch ein Partnerunternehmen (Reisebüro, Busunternehmen) erfolgt ist.

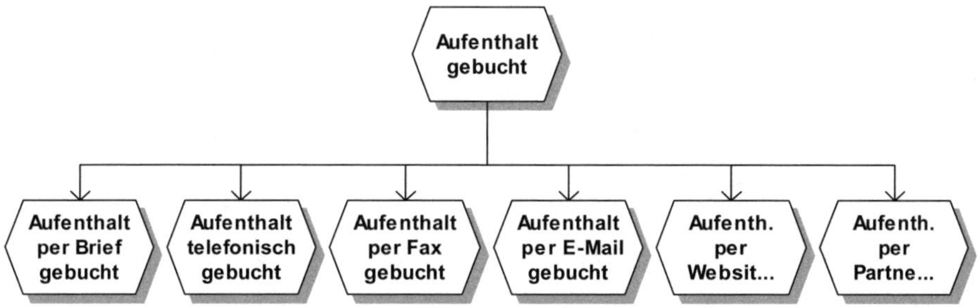

Abb. B–7 *Lösungsvorschlag zur Übung 7 (Ereignisdiagramm)*

Es ist zu überlegen, ob eine XOR-Verknüpfung modelliert werden soll, welche ausdrückt, dass eine Buchung stets über genau einen der Kommunikationskanäle zu erwarten ist und weder redundante noch kombinierte Buchungen abgefangen werden sollen. Dies würde zu folgender Darstellung führen:

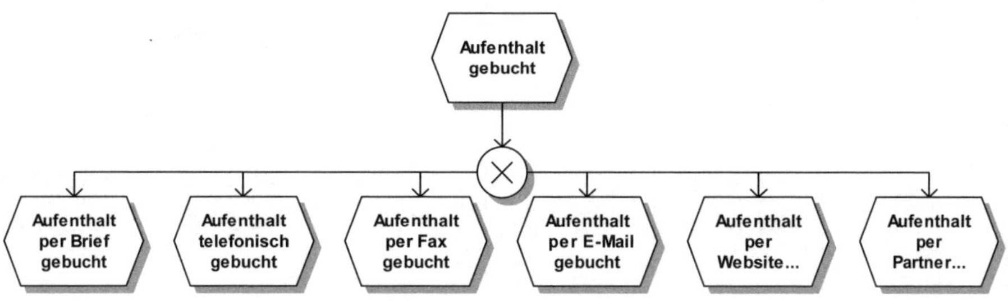

Abb. B–8 *Alternativer Lösungsvorschlag zur Übung 7 (Ereignisdiagramm)*

Übung 8: Erstellen Sie ein **Prozessauswahldiagramm**, das verschiedene Beherbergungsszenarien unterscheidet: Ein Gast kann entweder Frühstück oder Halbpension oder Vollpension buchen, er kann jedoch auch nur übernachten wollen. Er kann auch ein Hotelzimmer für längere Zeit als Dauergast ohne Verpflegung mieten. Hotelzimmer werden täglich, bei Dauergästen alle zwei Tage gereinigt. Dauergäste bezahlen die Miete für ihr Hotelzimmer monatlich im Voraus, andere Gäste erhalten ihre Rechnung nach Beendigung ihres Aufenthalts.

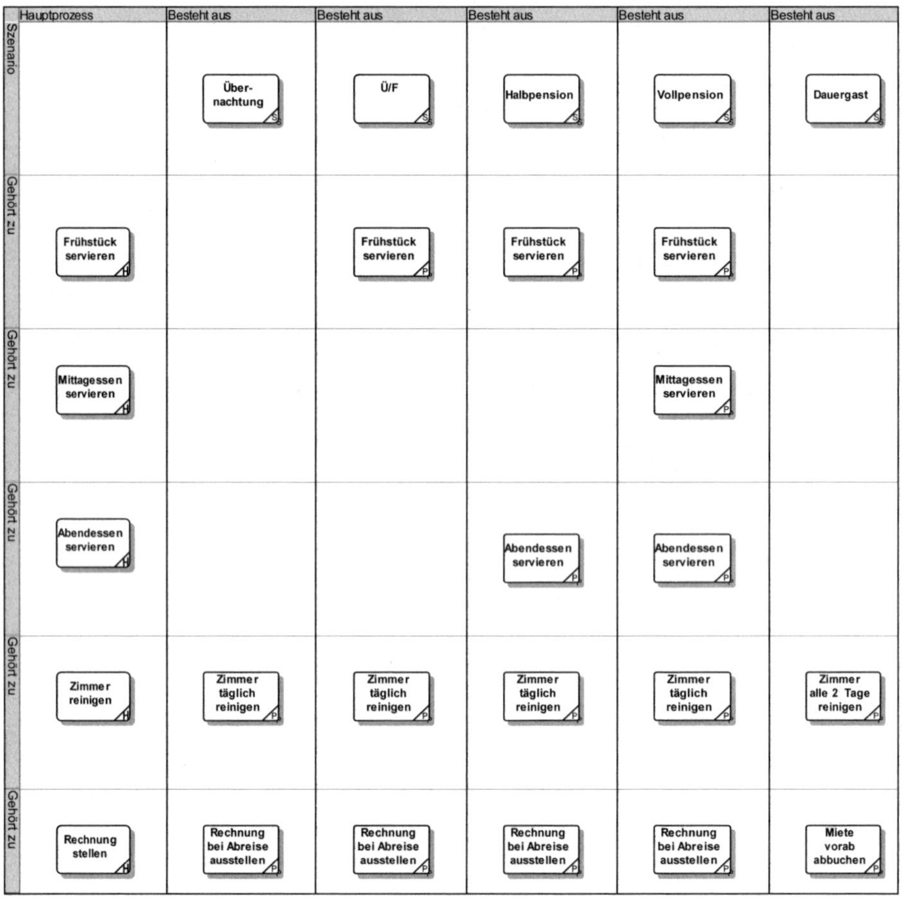

Abb. B–9 *Lösungsvorschlag zur Übung 8 (Prozessauswahldiagramm)*

Übung 9: Erstellen Sie ein *Wertschöpfungskettendiagramm* für ein Hotelrestaurant, das die Wertschöpfungskette vom Einkauf von Lebensmitteln bis zu deren eventuell nötigen Entsorgung umfasst.

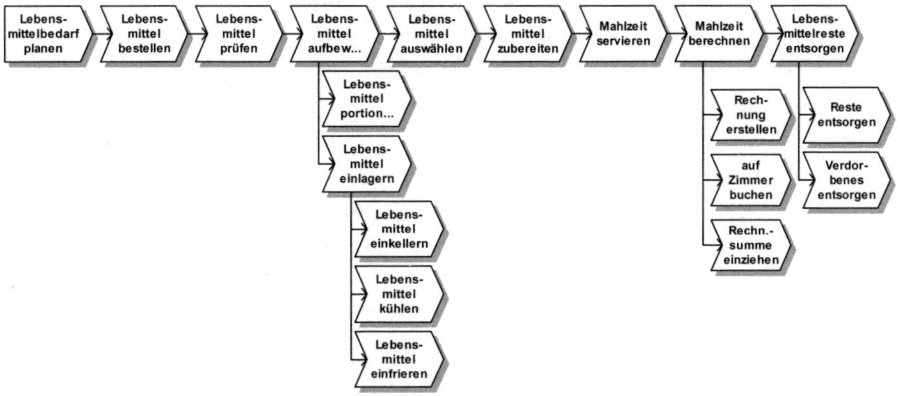

Abb. B–10 *Lösungsvorschlag zur Übung 9 (Wertschöpfungskettendiagramm)*

Übung 10: Modellieren Sie eine EPK, die die Bearbeitung einer Bestellung in einem Hotelrestaurant abbildet. Diese läuft vereinfacht wie folgt ab: Der Kellner kommt zum Gast an den Tisch und nimmt seine Bestellung auf. Er leitet sie weiter an die Küche und erfasst die Rechnungsposten. Danach bringt er dem Gast die bestellten Getränke, später das bestellte Essen. Abschließend bringt der Kellner dem Gast die Rechnung und kassiert den Rechnungsbetrag. Damit ist die Bestellung abgearbeitet.

Hinweis

Achten Sie bitte auf die Einhaltung der eingeführten Namensregeln für Ereignisse und Funktionen.

Abb. B–11

Lösungsvorschlag zur Übung 10 (EPK)

Übung 11: Prüfen Sie die in Abbildung 4–11 dargestellte EPK auf Regeleinhaltung und inhaltliche Plausibilität. Erläutern Sie die entdeckten Fehler.

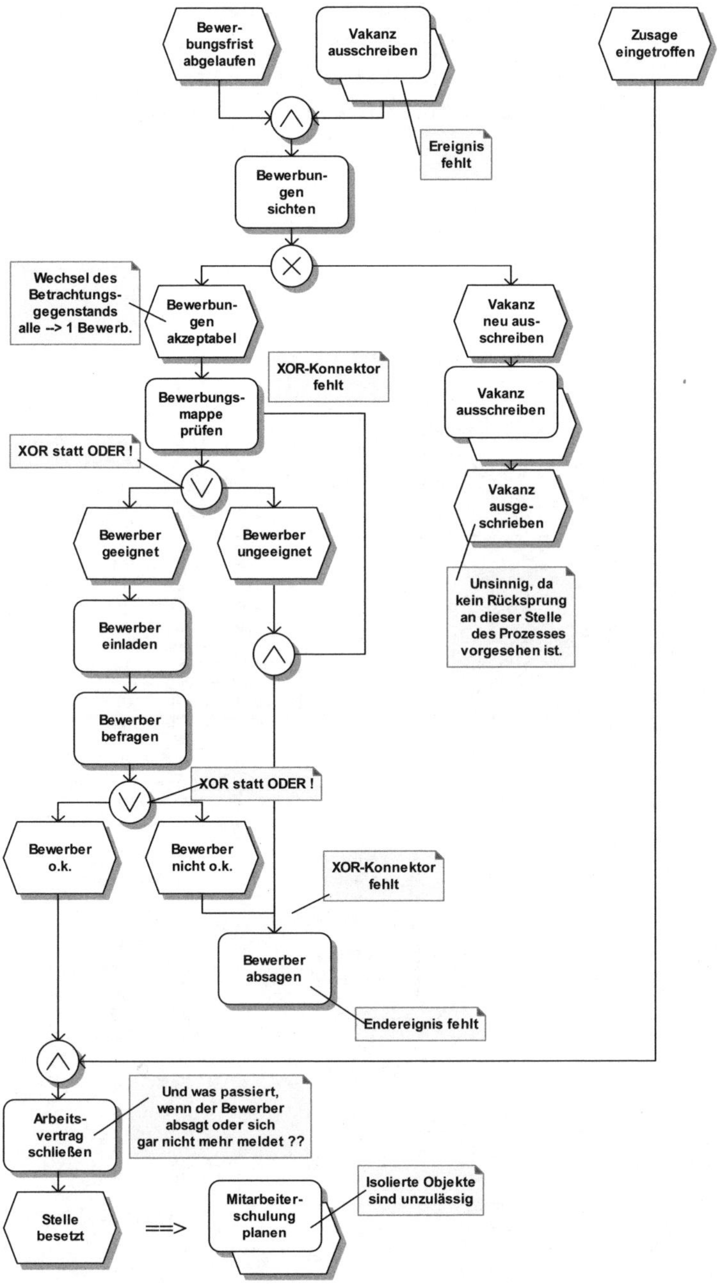

Abb. B–12 *Lösungsvorschlag zur Übung 11 (Fehlerhafte EPK)*

Übung 12: Modellieren Sie eine EPK, die darstellt, dass von Gästen vor Beginn ihres Aufenthalts eine Vorauszahlung der Übernachtungskosten verlangt werden kann, sofern Zweifel an deren Bonität bestehen. Sollte man sich zu dieser Maßnahme entschließen, wird die geleistete Vorauszahlung gebucht und eine entsprechende Quittung ausgestellt, bevor der Zimmerschlüssel ausgehändigt wird. Falls ein Gast die verlangte Vorauszahlung ablehnt, wird der Gast höflich verabschiedet, und es kommt kein Beherbergungsvertrag zustande. Sofern keine Vorauszahlung verlangt wird, ist nichts weiter zu tun, damit der Beherbergungsvertrag zustande kommt.

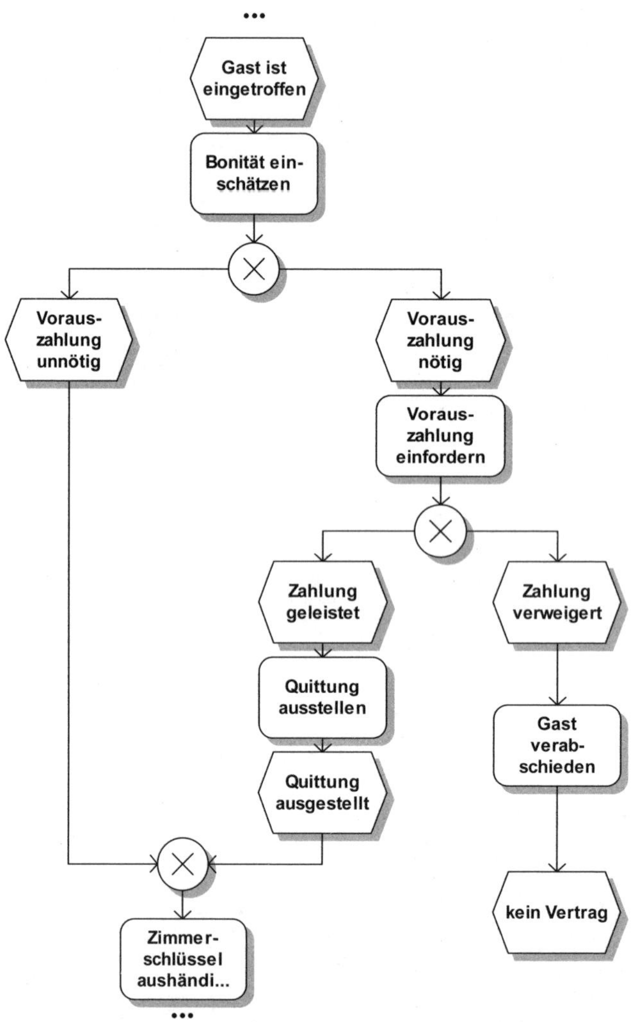

Abb. B–13 *Lösungsvorschlag zur Übung 12 (EPK – Nichtstun)*

Übung 13: Modellieren Sie die EPK aus Abbildung 4–34 ohne Nutzung eines IOR-Konnektors.

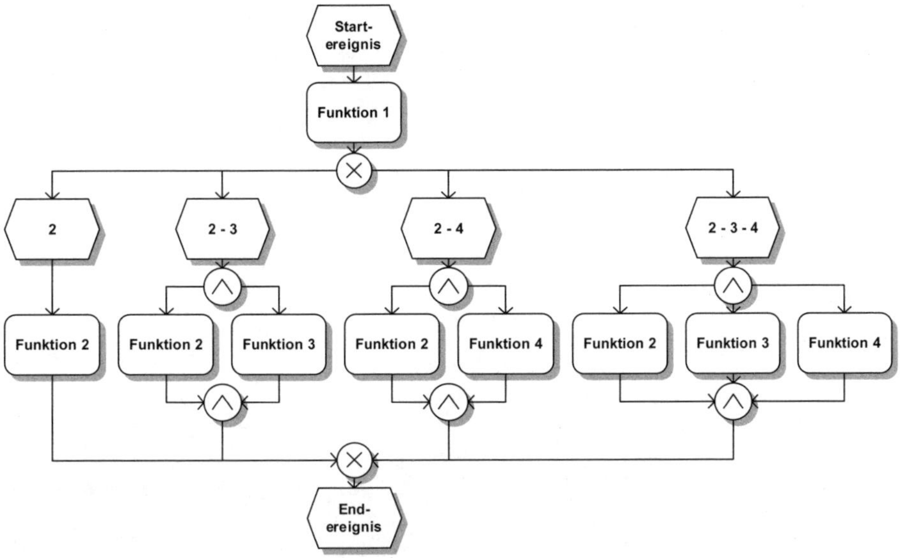

Abb. B–14 *Lösungsvorschlag zur Übung 13 (EPK ohne IOR-Konnektor)*

Abkürzungsverzeichnis

ARIS	Architektur integrierter Informationssysteme
BARC	Business Application Research Center
BI	Business Intelligence
BPEL	Business Process Execution Language
BPM	Business Process Management
BPMN	Business Process Modeling Notation
CASE	Computer Aided Software Engineering
CD-ROM	Compact Disk – Read Only Memory
DV	Datenverarbeitung
EDI	Electronic Data Interchange
eEPK	erweiterte ereignisgesteuerte Prozesskette
eERM	erweitertes Entity-Relationship-Modell
EPK	ereignisgesteuerte Prozesskette
ERM	Entity-Relationship-Modell
ERP	Enterprise Resource Planning
ET	Entscheidungstabelle
HTML	Hypertext Markup Language
IAO	Fraunhofer-IAO, steht für: Fraunhofer-Institut für Arbeitswirtschaft und Organisation
IDS	Integrierte Datensysteme
ISO	Internationale Organisation für Normung
IT	Informationstechnologie
IV	Informationsverarbeitung
LAN	Local Area Network

OMG	Object Management Group
PC	Personal Computer
PDA	Personal Digital Assistent
SEQ	Sequenz
SOA	Service Oriented Architecture
TQM	Total Quality Management
UML	Unified Modeling Language
VKD	Vorgangskettendiagramm
XOR	entweder oder

Literaturzeichnis

[**Allweyer 2005a**] Allweyer, T.: Geschäftsprozessmanagement. Strategie, Entwurf, Implementierung, Controlling. W3L-Verlag, Herdecke, Bochum, 2005.

[**Allweyer 2005b**] Allweyer, T.: Maßgeschneiderter Methodeneinsatz für die Entwicklung betriebswirtschaftlicher Software. In: Scheer, A.-W.; Jost, W.; Wagner, K. (Hrsg.): Von Prozessmodellen zu lauffähigen Anwendungen: ARIS in der Praxis. Springer-Verlag, Berlin u.a., 2005, S. 173-195.

[**Alves 2006**] Alves, A.: Web Services Business Process Execution Language Version 2.0: Committee Draft, 17th May 2006. OASIS, Billerica, 2006.

[**Andres 2005**] Andres, T.: Vom Geschäftsprozess zum Anwendungssystem. Modellgetriebene Entwicklung betriebswirtschaftlicher Software. Expert Paper. IDS Scheer AG, Oktober 2005.

[**Becker & Meise 2005**] Becker, J.; Meise, V.: Strategie und Ordnungsrahmen. In: Becker, J.; Kugeler, M.; Rosemann, M. (Hrsg.): Prozessmanagement. Ein Leitfaden zur prozessorientierten Organisationsgestaltung. Springer-Verlag, Berlin u.a., 2005, S. 105-154.

[**Becker et al. 2005**] Becker, J.; Kugeler, M.; Rosemann, M. (Hrsg.): Prozessmanagement. Ein Leitfaden zur prozessorientierten Organisationsgestaltung. 5., überarbeitete und erweiterte Aufl., Springer-Verlag, Berlin u.a., 2005.

[**Berger & Scheube 2006**] Berger, P.; Scheube, S.: Mitarbeiterbeteiligung in IT-Projekten durch gemeinsame Prozessgestaltung. In: Kruppke, H.; Otto, M.; Gontard, M. (Hrsg.): Human Capital Management. Personalprozesse erfolgreich managen. Springer-Verlag, Berlin u.a., 2006, S. 249-259.

[**Blechar & Sinur 2006**] Blechar, M.; Sinur, J.: Magic Quadrant for Business Process Analysis Tools. Gartner RAS Core Research Note G00137850, 2006.

[**Böhn et al. 2007**] Böhn, M.; Friedrich, D.; Englisch, S.; Freund, J.: Prozessmodellierungswerkzeuge. 14 Systeme für Dokumentation, Entwurf, Simulation und Analyse im Vergleich. Business Application Research Center (BARC), Würzburg, 2007.

[Brugger 2005] Brugger, R.: IT-Projekte strukturiert realisieren. Situationen analysieren, Lösungen konzipieren – Vorgehen systematisieren, Sachverhalte visualisieren – UML und EPKs nutzen. 2., vollständig überarbeitete und erweiterte Aufl., Vieweg, Wiesbaden, 2005.

[Bullinger & Schreiner 2001] Bullinger, H.-J.; Schreiner, P.: Business Process Management Tools. Eine evaluierende Marktstudie über aktuelle Werkzeuge. Fraunhofer IRB Verlag, Stuttgart, 2001.

[Bundesverwaltung 2005] Bundesverwaltung: Softwareprodukte zur Geschäftsprozessanalyse und -gestaltung. Bedeutung ihres Einsatzes und eine Übersicht zu ausgewählten Produkten. Aktualisierte Version 2.1, Juni 2005, *http://www.bsi.bund.de/fachthem/egov/download/6_GPA.pdf* (Zugriff am 04.06.2007).

[Chen 1976] Chen, P.: The Entity-Relationship Model. Towards a Unified View of Data. In: ACM Transactions on Database systems, 1. Jg., 1976, Heft 1, S. 9-36.

[Davis 2003] Davis, R.: Business Process Modelling with ARIS. A Practical Guide. 3. Aufl., Springer-Verlag, London u.a., 2003.

[Gadatsch 2005] Gadatsch, A.: Grundkurs Geschäftsprozess-Management. Methoden und Werkzeuge für die IT-Praxis. Eine Einführung für Studenten und Praktiker. 4., erweiterte Aufl., Vieweg, Wiesbaden, 2005.

[Grief 2005] Grief, J.: ARIS in IT-Projekten. Vieweg, Wiesbaden, 2005.

[Gruchman & Martenka 2005] Gruchman, G.; Martenka, K.: Prozessorientierte mySAP-Implementierung bei ZE PAK. In: Scheer, A.-W.; Jost, W.; Wagner, K. (Hrsg.): Von Prozessmodellen zu lauffähigen Anwendungen: ARIS in der Praxis. Springer-Verlag, Berlin u.a., 2005, S. 69-85.

[Gruhn & Laue 2005] Gruhn, V.; Laue, R.: Einfache EPK-Semantik durch praxistaugliche Stilregeln. In: Nüttgens, M.; Rump, F. (Hrsg.): EPK 2005 Geschäftsprozessmanagement mit Ereignisgesteuerten Prozessketten. Hamburg, 2005, S. 176-189.

[Hammer & Champy 1994] Hammer, M.; Champy, J.: Business Reengineering. Die Radikalkur für das Unternehmen. 4. Aufl., Campus Verlag, Frankfurt, New York, 1994.

[Haupenthal & Gontard 2006] Haupenthal, F.; Gontard, M.: There is no better way to ... HR Process Management – Optimierte HR-Produkte, -Prozesse und –Preise für die Lufthansa-Konzerngesellschaften. In: Kruppke, H.; Otto, M.; Gontard, M. (Hrsg.): Human Capital Management. Personalprozesse erfolgreich managen. Springer-Verlag, Berlin, Heidelberg, 2006, S. 89-113.

[Hoffmann et al. 1993] Hoffmann, W.; Kirsch, J.; Scheer, A.-W.: Modellierung mit Ereignisgesteuerten Prozeßketten. Universität des Saarlandes, Veröffentlichungen des Instituts für Wirtschaftsinformatik, hrsg. von A.-W. Scheer, Heft 101, Januar 1993.

[Ibert & Unterstein 2005] Ibert, W.; Unterstein, M.: Ansätze zur Bewertung alternativer Geschäftsprozessvarianten hinsichtlich der Durchlaufzeit. In: Strahringer, S. (Hrsg.): HMD-Praxis der Wirtschaftsinformatik 42. Jg., Heft 241, 2005, S. 67-76.

[IDS Scheer 2002] IDS Scheer AG: Zehn Jahre ARIS – Lebenslauf einer Software. Scheer Magazin, 11. Jg., 2002, Heft 2, S. 5.

[IDS Scheer 2004] IDS Scheer AG: Enterprise Architecture – IT City Planning. White Paper, April 2004, *http://www.leonardo.com.au/newsletters/jun04/IT_City_Planning_WP_de_2004-04.pdf* (Zugriff am 17.06.2007).

[IDS Scheer 2006a] IDS Scheer AG: Geschäftsbericht 2005, Saarbrücken, 2006.

[IDS Scheer 2006b] IDS Scheer AG: Schnelleinstieg ARIS 7.0. Saarbrücken, Oktober 2006.

[IDS Scheer 2006c] IDS Scheer AG: Methode ARIS 7.0. Saarbrücken, November 2006.

[IDS Scheer 2007a] IDS Scheer AG: Geschäftsbericht 2006, Saarbrücken, 2007.

[IDS Scheer 2007b] IDS Scheer AG: Globalisierung und Fokussierung. Zwischenbericht zum 1. Halbjahr und 2. Quartal 2007, Saarbrücken, 2007.

[IDS Scheer o. J.] IDS Scheer AG: IDS Corporate Factbook, *http://www.ids-scheer.de/sixcms/media.php/1069/Factbook0307_en.pdf* (Zugriff am 17.06.2007).

[Jost & Wagner 2005] Jost, W.; Wagner, K.: Der Weg vom Prozess zur Anwendung. In: Scheer, A.-W.; Jost, W.; Wagner, K. (Hrsg.): Von Prozessmodellen zu lauffähigen Anwendungen: ARIS in der Praxis. Springer-Verlag, Berlin u.a., 2005, S. 17-31.

[Keller & Partner 1999] Keller, G. & Partner: SAP R/3 prozessorientiert anwenden – iteratives Prozess-Prototyping mit Ereignisgesteuerten Prozessketten und Knowledge Maps. 3., erweiterte Aufl., Addison-Wesley, Bonn, 1999.

[Keller et al. 1992] Keller, G.; Nüttgens; M.; Scheer, A.-W.: Semantische Prozessmodellierung auf der Grundlage »Ereignisgesteuerter Prozessketten (EPK)«. Universität des Saarlandes, Veröffentlichungen des Instituts für Wirtschaftsinformatik, hrsg. von A.-W. Scheer, Heft 89, März 1992.

[Kirchmer 1996] Kirchmer, M.: Geschäftsprozessorientierte Einführung von Standardsoftware. Vorgehen zur Realisierung strategischer Ziele. Gabler, Wiesbaden, 1996.

[Klückmann 2006] Klückmann, J.: Geschäftsprozessdesign als Grundlage von Compliance Management, Enterprise Architecture und Business Rules. Expert Paper der IDS Scheer AG, Mai 2006.

[Kosiol 1976] Kosiol, E.: Organisation der Unternehmung. 2. Aufl., Gabler, Wiesbaden, 1976.

[Kruse & Scheer 1992] Kruse, C.; Scheer, A.-W.: Modellierung und Analyse dynamischen Systemverhaltens. Universität des Saarlandes, Veröffentlichungen des Instituts für Wirtschaftsinformatik, hrsg. von A.-W. Scheer, Heft 94, Oktober 1992.

[Kugeler & Vieting 2005] Kugeler, M.; Vieting, M.: Vorbereitung der Prozessmodellierung. In: Becker, J.; Kugeler, M.; Rosemann, M. (Hrsg.): Prozessmanagement. Ein Leitfaden zur prozessorientierten Organisationsgestaltung. Springer-Verlag, Berlin u.a., 2005, S. 221-267.

[Kuhlen 2004] Kuhlen, R.: Information. In: Kuhlen, R.; Seeger, T.; Strauch, D. (Hrsg.): Handbuch Grundlagen von Information und Dokumentation. 5. Aufl., Saur, München u.a., 2004, S. 3-20.

[Langner et al. 1997] Langner, P.; Schneider, C.; Wehler, J.: Prozessmodellierung mit ereignisgesteuerten Prozessketten (EPKs) und Petrinetzen. In: Wirtschaftsinformatik, 39. Jg., 1997, Heft 5, S. 479-489.

[Lehmann 1999] Lehmann, F.: Fachlicher Entwurf von Workflow-Management-Anwendungen. Teubner, Stuttgart, Leipzig, 1999.

[Mertens 1997] Mertens, P.: Die Kehrseite der Prozessorientierung. In: Controlling, Jg. 9, 1997, Heft 2, S. 110-111.

[Mertens 2006] Mertens, P.: Moden und Nachhaltigkeit in der Wirtschaftsinformatik. Arbeitspapier Nr. 1/2006, Universität Erlangen-Nürnberg, Wirtschaftsinformatik I, 2006.

[Misof 2006] Misof, D.: Prozesskostenrechnung mit ARIS am Beispiel eines HR-Outsourcing-Dienstleisters. In: Kruppke, H.; Otto, M.; Gontard, M. (Hrsg.): Human Capital Management: Personalprozesse erfolgreich managen. Springer-Verlag, Berlin u.a., 2006, S. 165-187.

[Nordsieck 1932] Nordsieck, F.: Die schaubildliche Erfassung und Untersuchung der Betriebsorganisation. Poeschel, Stuttgart, 1932.

[Nüttgens & Rump 2002] Nüttgens, M.; Rump, F.: Syntax und Semantik Ereignisgesteuerter Prozessketten (EPK). In: Desel, J.; Weske, M. (Hrsg.): Promise 2002 – Prozessorientierte Methoden und Werkzeuge für die Entwicklung von Informationssystemen, Proceedings des GI-Workshops und Fachgruppentreffens (Potsdam, Oktober 2002), LNI Vo. P-21, Bonn 2002, S. 64-77.

[Oestereich et al. 2003] Oestereich, B.; Weiss, C.; Schröder, C.; Weilkiens, T.; Lenhard, A.: Objektorientierte Geschäftsprozessmodellierung mit der UML. dpunkt.verlag, Heidelberg, 2003.

[OMG 2006] Object Management Group (OMG): Business Process Modeling Notation (BPMN) Specification: Final Adopted Specification, Needham, Februar 2006.

[Ortner 2005] Ortner, E.: Sprachbasierte Informatik. Wie man mit Wörtern die Cyber-Welt bewegt. Edition am Gutenbergplatz, Leipzig, 2005.

[Petri 1962] Petri, C.: Kommunikation mit Automaten. Schriften des Instituts für Mathematik Nr. 2, Universität Bonn, 1962.

[Porter 1992] Porter, M.: Wettbewerbsvorteile. Spitzenleistungen erreichen und behaupten. 3. Aufl., Campus-Verlag, Frankfurt/M., 1992.

[Reisig 1985] Reisig, W.: Petrinetze. 2., überarb. und erw. Aufl., Springer-Verlag, Berlin u.a., 1985.

[Richter-von Hagen & Stucky 2004] Richter-vom Hagen, C.; Stucky, W.: Business-Process- und Workflow-Management. Prozessverbesserung durch Prozess-Management. Teubner, Stuttgart u.a., 2004.

[**Rittgen 2000**] Rittgen, P.: Quo vadis EPK in ARIS? Ansätze zu syntaktischen Erweiterungen und einer formalen Semantik. In: Wirtschaftsinformatik, Jg. 42, 2000, Heft 1, S. 27-35.

[**Rolf 1998**] Rolf, A.: Grundlagen der Organisations- und Wirtschaftsinformatik. Springer-Verlag, Berlin u.a., 1998.

[**Rosemann 1996**] Rosemann, M.: Komplexitätsmanagement in Prozessmodellen. Methodenspezifische Gestaltungsempfehlungen für die Informationsmodellierung. Gabler, Wiesbaden, 1996.

[**Rosemann et al. 2005**] Rosemann, M.; Schwegmann, A.; Delfmann, P.: Vorbereitung der Prozessmodellierung. In: Becker, J.; Kugeler, M.; Rosemann, M. (Hrsg.): Prozessmanagement. Ein Leitfaden zur prozessorientierten Organisationsgestaltung. Springer-Verlag, Berlin u.a., 2005, S. 47-105.

[**Rosenkranz 2002**] Rosenkranz, F.: Geschäftsprozesse. Modell- und computergestützte Planung. Springer-Verlag, Berlin u.a., 2002.

[**Rump 1999**] Rump, F.: Geschäftsprozeßmanagement auf der Basis ereignisgesteuerter Prozeßketten. Teubner, Stuttgart u.a., 1999.

[**Sarshar et al. 2005**] Sarshar, K.; Dominitzki, P.; Loos, P.: Einsatz von Ereignisgesteuerten Prozessketten zur Modellierung von Prozessen in der Krankenhausdomäne. Eine empirische Methodenevaluation. In: Nüttgens, M.; Rump, F. (Hrsg.): EPK 2005 Geschäftsprozessmanagement mit Ereignisgesteuerten Prozessketten. Hamburg, 2005, S. 97-116.

[**Scheer et al. 1995**] Scheer, A.-W.; Nüttgens, M.; Zimmermann, V.: Rahmenkonzept für ein integriertes Geschäftsprozessmanagement. In: Wirtschaftsinformatik, Jg. 37, 1995, Heft 5, S. 426-434.

[**Scheer et al. 1997**] Scheer, A.-W.; Nüttgens, M.; Zimmermann, V.: Objektorientierte Ereignisgesteuerte Prozeßkette (oEPK) – Methode und Anwendung. Universität des Saarlandes, Veröffentlichungen des Instituts für Wirtschaftsinformatik, hrsg. von A.-W. Scheer, Heft 141, Mai 1997.

[**Scheer 1997**] Scheer, A.-W.: Wirtschaftsinformatik. Referenzmodelle für industrielle Geschäftsprozesse. 7. Aufl., Springer-Verlag, Berlin u.a., 1997.

[**Scheer 2001**] Scheer, A.-W.: ARIS – Modellierungsmethoden, Metamodelle, Anwendungen. 4. Aufl., Springer-Verlag, Berlin u.a., 2001.

[**Scheer 2002**] Scheer, A.-W.: ARIS – Vom Geschäftssystem zum Anwendungssystem. 4. Aufl., Springer-Verlag, Berlin u.a., 2002.

[**Schierenbeck 1999**] Schierenbeck, H.: Grundzüge der Betriebswirtschaftslehre. 14. Aufl., Oldenbourg, München, Wien, 1999.

[**Schmelzer & Sesselmann 2006**] Schmelzer, H.; Sesselmann, W.: Geschäftsprozessmanagement in der Praxis. 5., vollst. überarb. Aufl., Hanser, München, Wien, 2006.

[Schneider & Scheuring 2003] Schneider, G.; Scheuring, J.: Geschäftsprozesse modellieren (168). Einführung in die Geschäftsprozessmodellierung mit Beispielen, Repetitionsfragen und Antworten. Compendio Bildungsmedien, Zürich, 2003.

[Schütte 1998] Schütte, R.: Grundsätze ordnungsmäßiger Referenzmodellierung: Konstruktion konfigurations- und anpassungsorientierter Modelle. Gabler, Wiesbaden, 1998.

[Seidlmeier 2002] Seidlmeier, H.: Prozessmodellierung mit ARIS®. Eine beispielhafte Einführung für Studium und Praxis. Vieweg, Braunschweig, Wiesbaden, 2002.

[Specker 2005] Specker, A.: Modellierung von Informationssystemen. Ein methodischer Leitfaden zur Projektabwicklung. 2. Aufl., vdf Hochschulverlag AG an der ETH Zürich, Zürich, 2005.

[Staud 1999] Staud, J.: Ereignisgesteuerte Prozessketten für das Business Process Reengineering – Möglichkeiten und Grenzen. In: Britzelmaier, B.; Geberl, S. (Hrsg.): Wirtschaftsinformatik als Mittler zwischen Technik, Ökonomie und Gesellschaft, Teubner, Stuttgart, Leipzig, 1999, S. 291-311.

[Staud 2006] Staud, J.: Geschäftsprozessanalyse. Ereignisgesteuerte Prozessketten und objektorientierte Geschäftsprozessmodellierung für Betriebswirtschaftliche Standardsoftware. 3. Aufl., Springer-Verlag, Berlin u.a., 2006.

[Thomas et al. 2002] Thomas, O.; Hüsselmann, C.; Adam, O.: Fuzzy-Ereignisgesteuerte Prozessketten – Geschäftsprozessmodellierung unter Berücksichtigung unscharfer Daten. In: Nüttgens, M.; Rump, F. (Hrsg.): EPK 2002: Geschäftsprozessmanagement mit Ereignisgesteuerten Prozessketten. Proceedings, Trier, 2002, S. 7-16.

[Thomas et al. 2007] Thomas, O.; Leyking, K.; Dreifus, F.: Prozessmodellierung im Kontext serviceorientierter Architekturen. In: Fröschle, H.-P.; Reinheimer, S. (Hrsg.): HMD-Praxis der Wirtschaftsinformatik, 44. Jg., Heft 253, 2007, S. 37-46.

[Uthmann 1997] Uthmann, C. von: Nutzenpotentiale der Petrinetztheorie für die Erweiterung der Anwendbarkeit Ereignisgesteuerter Prozessketten. Vortrag im Rahmen des Workshops »Formalisierung und Analyse ereignisgesteuerter Prozessketten«, Universität Oldenburg, Juli 1997.

[van der Aalst et al. 2002] van der Aalst, W.; Desel, J.; Kindler, E.: On the semantics of EPCs. A vicious circle. In: Nüttgens, M.; Rump, F. (Hrsg.): EPK 2002: Geschäftsprozessmanagement mit Ereignisgesteuerten Prozessketten, Proceedings, Trier, 2002, S. 71-80.

[Versteegen 2002] Versteegen G. (Hrsg.): Management-Technologien. Konvergenz von Knowledge-, Dokumenten-, Workflow- und Contentmanagement. Springer-Verlag, Berlin u.a., 2002.

[Wall 2000] Wall, F. : Kostenwirkungen der Prozessorientierung. In: Wirtschaftsinformatik, Jg. 42, 2000, Heft 3, S. 210-221.

Index

E

F

G

H

I

K